Final de partida

Ana Romero

Final de partida

La crónica de los hechos que llevaron
a la abdicación de Juan Carlos I

la esfera de los libros

Primera edición: abril de 2015

Avenida de Alfonso XIII, 1, bajos
28002 Madrid
Tel.: 91 296 02 00
www.esferalibros.com

ISBN: 978-84-9060-303-1
Depósito legal: M. 909-2015
Fotocomposición: J. A. Diseño Editorial, S.L.
Impresión: Anzos
Encuadernación: De Diego
Impreso en España-*Printed in Spain*

Índice

A mis hijas, Victoria y Ana María.

Nota de la autora

«Que la gente sepa».
JOSEPH PULITZER

Esta es una historia extraña. Para mí viene de lejos, pero han tenido que pasar diecisiete años hasta que acabara viviéndola y contándola, o al revés.

En 1997 era una joven y ambiciosa redactora-jefe del diario *El Mundo*, donde dirigía una sección que nosotros llamamos Sociedad y los anglosajones, con muy buen tino, llaman «SMERSH»: *Science, Medicine, Education, Religion and all that Shit*. Ahí seguíamos todo tipo de noticias, desde la trágica muerte de Lady Di, la exmujer del príncipe de Gales, hasta las peleas del Gobierno de José María Aznar con el fallecido Jesús de Polanco a cuenta de unos descodificadores de los que pocos ya se acuerdan.

El accidente de Diana Spencer en un túnel de París requirió de la inteligente y decidida actuación política del primer ministro Tony Blair, que recondujo la actuación de la reina Isabel II, cuya frialdad respecto a la tragedia provocó el desapego de los británicos. Años más tarde, en mi propio país, observé a la Corona española huérfana de esa brújula política y moral bajo los mandatos consecutivos de los presidentes José Luis Rodríguez Zapatero y Mariano Rajoy.

Hubo en ese tiempo un suceso aparentemente inocuo —la presentación de una denuncia ante la policía por parte de la *ve-*

dette española Bárbara Rey— que años más tarde también volvió a mi vida profesional. En 1997 me sorprendió que la crónica de esa denuncia, prudentemente firmada por Fernando Mas, requiriera de más reuniones en el despacho del director que de espacio en el periódico. En esa sección de SMERSH aprendí mucho, aunque no de la familia real, de la que solo me ocupé en una ocasión antes de entrar en el siglo XXI.

Fue en la primavera de 1998, cuando viajé a Grecia para cubrir la visita oficial de los reyes don Juan Carlos y doña Sofía, la primera que la reina hacía a su país de origen desde que en 1981 acudiera allí seis horas para enterrar a su madre, la reina Federica. Me gustó especialmente seguir de cerca a doña Sofía, cuya foto en blanco y negro me había acompañado desde 1990 en el salón de mis padres: ella fue la maestra de ceremonias en la entrega de la beca Fulbright que me permitió hacer un máster de periodismo en la Universidad de Columbia en Nueva York, mi sueño desde que empecé a estudiar ciencias de la información.

Durante ese viaje a Atenas, uno de los artículos que escribí llamó positivamente la atención de don Juan Carlos, que quiso agradecerme el gesto en un periódico que se había mostrado especialmente *gamberro* con el monarca desde principios de la década de los noventa. Lo hizo, a su particular y *borbónica* manera, durante una parada en un museo de la Grecia antigua y en una sala repleta de desnudos masculinos. «Estos tíos serían todos maricones, ¿no?», me preguntó riendo. Esa fue mi primera experiencia directa con la denominada campechanía del rey emérito.

A partir de junio de 2010, me tocó asistir a la transformación, a cámara lenta, de esa *joie de vivre* que exhibía don Juan Carlos. Al principio sentí poco entusiasmo con la corresponsalía real, un trabajo hasta entonces relacionado sobre todo con bodas, bautizos y vacaciones en la nieve, y por lo tanto de escaso interés para un diario que había hecho del periodismo de investigación su seña de identidad. Pero el 8 de mayo de 2010 habían operado al rey *por sorpresa* y *El Mundo* se había encontrado sin ni siquiera un modesto número de teléfono móvil al que llamar para informarse; en ese momento, Rafael Moyano, jefe de la sección de Nacional, me ofreció combinar la información diplomática con la real, un cóctel muy a propósito, ya que en España la cobertura de Casa Real era bastante simple y directa: nadie entraba en oscuros rincones —nada que ver con lo que hizo Tom Catan, corresponsal del *Times* en Madrid, quien en 2007 se refirió a la «vida lujosa» y la condición de *playboy* de don Juan Carlos—. Las encuestas sonreían a la monarquía española y la economía a la sociedad. Los problemas vendrían a toro pasado.

Así las cosas, durante el primer año como corresponsal real apenas escribí unas cuantas crónicas. La primera, el 13 de julio de 2010, daba cuenta del encuentro de la selección nacional de fútbol, que acababa de ganar el Mundial en Sudáfrica, con la idílica familia real: los reyes don Juan Carlos y doña Sofía; los príncipes de Asturias, don Felipe y doña Letizia; las pequeñas infantas Leonor y Sofía y la simpática infanta Elena.

Ese primer día de verano paseé por los jardines afrancesados del palacio de La Zarzuela y disfruté de las vistas del monte de El Pardo. Descubrí que a los periodistas nos llamaban *habituales,* no en recuerdo del equipo médico habitual de Franco, sino porque éramos siempre los mismos y teníamos una acreditación especial para entrar en La Zarzuela. Fui comprendiendo que para ejercer bien el trabajo iba a tener que aprender a observar más que a preguntar, y me adentré, casi sin darme cuenta, en un mundo florentino lleno de intrigas que se parece bastante a una corte real, aunque en España insistimos en que la corte no existe. En ese *planeta Borbón,* muy diferente al resto del universo, la información está en los silencios, en las miradas y en los gestos más que en las migajas de pan que el jefe de prensa ofrece a los periodistas como si fueran hambrientas palomas en la plaza veneciana de San Marcos.

Durante ese primer paseo de verano por la terraza de La Zarzuela —los *habituales* siempre están obligados a llegar con bastante antelación a los actos—, no podía imaginar la partida de emociones que se estaba jugando en esos momentos dentro de aquellas paredes, no ajenas a algunos pecados capitales, como la lujuria y la codicia.

Corrieron los años, y de ese bucólico deambular en 2010 pasé a ser advertida en 2014 de que tenía entre mis manos «la información más sensible de este periódico» y que por lo tanto solo debía utilizar un «móvil de prepago» para hablar con mi interlocutor. ¿Qué causó ese cambio? ¿Cómo entró James Bond en las crónicas *rosas*? De eso va este libro, de la tormenta perfecta que entre 2010 y 2014 se desencadenó sobre don Juan Carlos y de su incapacidad para sortearla, y de cómo al rey emérito se le juntaron con endiablada sincronización los problemas personales con los de España. Rayos y truenos aderezados con esqueletos venidos del pasado.

Las redes sociales la emprendieron a dentelladas con los medios tradicionales españoles y, a partir de la caída en Botsuana, la puerta se abrió de par en par y por ella entraron a borbotones todo tipo de noticias nunca leídas, incluidas las averías de los aviones oficiales, metáfora perfecta de la crisis institucional y personal que sufrió la monarquía encarnada en la figura de Juan Carlos I durante esos cuatro años. Ocurrió todo al mismo tiempo, y cuando peor venía a todos.

«Se le marchitó el clavel», me dijo con gran clarividencia una persona de su entorno en sintonía con los números del Centro de Investigaciones Sociológicas (CIS): en 2010, los españoles aprobaron con una nota de 5,5 la monarquía, y en 2014 la suspendieron con un 3,72. Un descenso de la gloria al infierno adornado por factores internos y externos. Entre los primeros: la mala salud —nueve operaciones y dos luxaciones, una recurrente depresión, diferentes aficiones y el paso inexorable del tiempo sobre un hombre castigado por los excesos—, la corrupción dentro de la familia real —el caso Urdangarin o Nóos, que hizo preguntarse a los españoles si el propio rey no habría incurrido en una inadecuada actividad económica— y el escándalo de la irrupción pública de Corinna zu Sayn-Wittgenstein (a la que a partir de ahora identificaremos solo con sus iniciales: CSW), la última pareja estable y conocida de Juan Carlos I.

Los factores externos fueron la recesión económica que se cebó con España a partir de 2008, agravada por la crisis política que derivó de la corrupción y la incapacidad de los partidos tradicionales para dar respuesta a las necesidades de modernización de los españoles. El paro alcanzó al 27 por ciento de la población activa y los comedores sociales llenaron la geografía de un país que se volvió irritable y empezó a fiscalizar el modo de vida de sus dirigentes de una manera que no había hecho hasta entonces. Las redes sociales alimentaron el hambre por saber, y La Zarzuela empezó a ser vista como un lugar donde ocurrían muchas cosas que los ciudadanos desconocían. ¿Quién pagaba la fiesta? La tensión provocó una implosión en la Corona que acabó —parece que felizmente— en junio de 2014 con la llegada de Felipe VI al trono. Para unos más felizmente que para otros, pero con una sensación de descanso para todos.

Fueron cuatro años a veces insoportables desde que el camino empezó a torcerse para el monarca aquel sábado 8 de mayo de 2010 en el hospital Clínic de Barcelona. El rey se creía cercano a la muerte y, en lugar de aprovechar ese nuevo golpe de suerte que tuvo al serle diagnosticado un tumor benigno, siguió labrando su propia destrucción sin que los gestores de Zarzuela pudieran impedirlo. Indomable.

El sábado 14 de abril de 2012, justo cuando se cumplían ochenta y un años de la proclamación de la Segunda República en España, estalló la puerta del armario real. Los españoles se sintieron engañados por el rey, al que creían «trabajando» tanto en La Zarzuela que no había podido ir a visitar al hospital al mayor de sus nietos, el chico llamado Felipe pero conocido como Froilán, que se había disparado en un pie; pero resultó que estaba cazando elefantes en Botsuana en compañía de no se sabe bien qué señora rubia y desconocida.

A esa gran decepción se sumaron un país al borde del rescate económico y unos ciudadanos empobrecidos frente a un rey que antes de desaparecer en África había pedido «sacrificios al pueblo» y proclamado que el paro juvenil le quitaba «el sueño». ¿Una estafa o la cara oculta del monarca *playboy* de vida lujosa al que ya se había referido Tom Catan en 2007?

«No se las merece», me contestó una señora muy bien vestida a la que pregunté si el ramo de flores que llevaba era para don Juan Carlos. Estaba a la entrada del hospital del barrio de Prosperidad donde había sido ingresado el rey, con nocturnidad y alevosía, el viernes 13 de abril de 2012. Más que un detonante, Botsuana fue la espita que se abrió para liberar el gas letal que desde 1990 se acumulaba en La Zarzuela tras la etapa heroica de construcción política de España (1975-1992): la Transición, el intento de golpe de Estado (1981) y la entrada en la Unión Europea (1986).

A partir de 1992, concluida la Expo Universal y situada España en el mundo, Juan Carlos I quiso también disfrutar de una vida que nunca le había pertenecido del todo. Así lo ve al menos el profesor Paul Preston, autor de la mejor biografía, la única exhaustiva y realmente profesional, que existe del rey, que publicó por primera vez en 2003 y que ha ido actualizando hasta llegar al año 2000.

Procuro hablar con Preston al menos una vez al año. La última vez lo hice en el invierno de 2014, cuando le insté a trabajar en ese tramo final de la vida del monarca para publicar un segundo tomo de su excelente biografía. «¡Esa es la parte más aburrida! —exclamó con fino sentido de la ironía—. Tendría que convertirme en periodista de investigación para desentrañar escándalos económicos y sexuales, y yo soy historiador». El profesor Preston me explicó que trató de construir el siguiente argumento en su versión ampliada de 2013 para explicar los desatinos finales de Juan Carlos I: «Intenté hacer una especie de retrato psicológico: he aquí a un hombre que había tenido una infancia horrorosa, que había tenido que lidiar con Franco, que después tuvo que desempeñar un papel heroico y arriesgado en la Transición. Para colmo, luego le tocó ejercer el aburridísimo trabajo de embajador volante de España. Lo que debió de ocurrirle, y esto es una teoría mía, es que debió de caer presa del síndrome del *descanso del guerrero*. Seguramente pensó que le había llegado la hora de perseguir el placer verdadero, no solo el de los yates. El absoluto».

Por fortuna, yo tampoco soy esa periodista de investigación necesaria para seguir el rastro de los supuestos escándalos económicos y sexuales de Juan Carlos I. Este libro es una modesta crónica periodística de lo que ocurrió en esa última etapa del reinado de un hombre que aparentemente quiso disfrutar más de su vida personal, pero sin abandonar el trono de España.

En la primera parte, los años comprendidos entre 2010 y 2012, se sientan las bases de la posterior tragedia, y la acción tiene lugar de espaldas al público. Erróneamente, los hombres de Zarzuela dieron por «encapsulado» el escándalo del comportamiento del matrimonio Urdangarin-Borbón hasta que el 7 de noviembre de 2011 la policía entró a registrar la sede del Instituto Nóos. Ese 7 de noviembre fue a la monarquía española lo que la entrada, el 17 de junio de 1972, en el edificio Watergate de Washington DC al presidente Richard Nixon. Otro principio del fin, otro final de partida.

La segunda parte, de 2012 a 2014, queda identificada seguramente por la imagen de un elefante muerto, ese cuyo fantasma perseguirá de por vida a Juan Carlos I. Es en esos dos años cuando los resortes últimos del Estado —Gobierno, CNI y poderes fácticos como el expresidente Felipe González— se ven obligados a entrar en acción para mantener la estabilidad del país ante la seria duda de que Juan Carlos I empezaba a poner en peligro el futuro de la Corona.

Fueron veinticinco meses y medio en los que *vivimos peligrosamente*, como no me cansé de repetir rememorando la película que narraba la caída del presidente Sukarno en Indonesia a través del periodista interpretado por Mel Gibson. Dos años y pico en los que se quebró el siglo como unidad de tiempo de la monarquía —Asunción Valdés *dixit*— y se vivió al día y a veces al minuto. El *establishment* entró en el mismo pánico con el que aún huye de mí algún ministro del Gobierno de Rajoy. En esos meses que se hicieron tan largos, Zarzuela tuvo un único objetivo: «Mantenerse a flote». Sobrevivir.

Al final se produjo la abdicación de un rey que quiso morir en la cama «siéndolo», como hizo Fernando VII en 1833. Así lo repetía don Juan Carlos, seguramente de manera impostada, hasta mayo de 2014, cuando «las aguas en las que navegó desde niño se le secaron», según descripción gráfica de una persona de su entorno. Esta es la historia dura y triste del monarca en dique seco, con algún episodio tragicómico ocasional como aquella botella de champán etiquetada «007» que llegó a la sede del CNI en las Navidades de 2012 para que se la entregaran al general Félix Sanz Roldán, un hombre nacido en Uclés (Cuenca) que derrocha simpatía pero guarda poco parecido con el héroe de ficción creado por Ian Fleming.

Pudo y tuvo que haber habido más honor en el final de un rey que fue «un político excepcional», que condujo a España a la democracia en los años setenta del siglo pasado; «un líder fuerte» que salvó al país política y económicamente tras la muerte de Franco y «un hombre valiente» que se arriesgó cuando apenas tenía un 50 por ciento de posibilidades de éxito, según los diplomáticos extranjeros de la época. Así describen a Juan Carlos I personas que también critican la «falta de juicio» que le llevó a cometer «serios errores» al final de su exitoso reinado.

¿Será juzgado Juan Carlos I por sus logros políticos o por sus fracasos personales? «Los dos aspectos no se pueden separar —concluyó Preston en nuestra última conversación—. Los grandes errores políticos están conectados con la personalidad. Van mano a mano. Su abuelo, Alfonso XIII, cometió el gran error de su vida, apoyar a Primo de Rivera, porque tenía alma autoritaria».

¿Cómo es el alma de don Juan Carlos? ¿Por qué cometió una sucesión de errores personales a lo largo de veinte años? Su brillante hoja de servicios quedó manchada en el crepúsculo de su reinado de forma notable. Lo pasó mal él, se lo hizo pasar mal a su familia y puso en peligro el futuro de una institución que en España está cogida con alfileres. ¿Cuánto sufrió el rey durante estos cuatro años? Más de una persona me ha descrito la angustia de ver a un hombre mayor, solo y dolorido, con lágrimas en los ojos. A un monarca solo, profundamente solo. Abandonado por todos en una tarde de sábado o de domingo.

En la más absoluta soledad, además, después de haber sido objeto de la adoración de los españoles durante tantos años porque ignoró el mandato franquista y siguió los designios de los ciudadanos. «Lo importante no es saber si era demócrata o no —asegura Preston—. Lo relevante es que hizo lo que tenía que hacer, el único camino que podía seguir España entonces, que era el democrático». Así, con apenas treinta y siete años, se convirtió en un héroe para unos españoles que no eran monárquicos y que le entregaron, a cambio, un hermoso clavel rojo.

¿Por qué se le marchitó ese regalo que le hizo un pueblo entero? «Dejó de entender al país. Pensó que le perdonarían todo», afirma una persona cercana, que destaca cómo el paso de los años le produjo una atrofia política que le llevó a dilapidar el capital acumulado en los años setenta y ochenta del siglo pasado. «Me da mucha pena. No tuvo toda la ayuda que necesitaba», opina otra persona amiga, que apunta a la reina y a los hombres de Zarzuela con el dedo acusador.

Este no es un libro para señalar a unos y a otros. No pretendo juzgar, sino comprender por qué, como en las grandes tragedias de Shakespeare, el escenario dejó en la España del siglo XXI «víctimas mortales pero también heridos», como me recordó uno de los protagonistas de esta historia, que sigue vivo pero se siente mal. Es evidente que el rey se comportó de manera irresponsable. «Él sabía que hacía mal, pero no estaba dispuesto a dejar de hacerlo», señala una persona que estuvo muy cerca del monarca durante estos duros años.

También es cierto que hubo cortesanos que participaron en la irresponsabilidad al grito de «¡sí, señor!». Como los medios de comunicación, los grandes empresarios y los políticos que lo adularon, le prestaron sus aviones, lo invitaron a sus fincas y le rieron sus gracias. «Está como una flor», le susurró al oído un alto ejecutivo español en una de las últimas audiencias públicas en Zarzuela, cuando don Juan Carlos no estaba ya para esos piropos.

Un amigo que lo quiere bien compara el efecto de esta adulación con la «mala educación» que recibió su abuelo Alfonso XIII, mimado desde que nació hasta convertirse en un monarca insoportable. A don Juan Carlos fue la *carta blanca* que le dio el sistema político, económico y social salido de la Transición la que le hizo relajar sus costumbres hasta niveles «inaceptables», según este amigo.

Hubo pinceladas de George Orwell en versión española durante estos cuatro años. El monarca, pasara lo que pasara, solía aparecer «visiblemente mejorado», había «recuperado el pulso de la actividad» y estaba de «excelente humor». A veces llegué a dudar de mis propios ojos. Claro que una misma persona podía decir en público: «Yo le he visto muy bien, con la cabeza muy centrada», para luego añadir en privado: «Está fatal. Parecía que iba a echarse a llorar».

Había días en los que bajaba muy confundida del autobús real (el *ciervobús*, según lo apodó Lucía Yeste). Por eso uno de los capítulos de este libro se titula «El día de la marmota» (*Groundhog day*, como la película en la que el hombre del tiempo se ve atrapado en una misma jornada una y otra vez). «¿Me equivoco o estoy asistiendo al final de Juan Carlos I?», me pregunté más de un vez.

Pero los hechos periodísticos son obstinados además de sagrados, como dijo C. P. Scott, y el reloj del rey emérito comenzó a pararse sin remisión ese 8 de mayo de 2010, aunque hay que remontarse al año 2004 para encontrar el triple momento en el que sembró las semillas de la destrucción: en febrero conoció a CSW; en abril entró en prisión —aunque solo por dos meses— su hermano de sangre e intendente real, Manuel Prado y Colón de Carvajal, y en verano, el monarca hizo un préstamo-donación de más de un millón de euros a la infanta Cristina para que esta, junto a su marido, adquiriera en octubre de ese mismo año el palacete de Pedralbes por un total de siete millones de euros.

Este final de partida no se jugó por tanto en un solo *annus horribilis*, como le sucedió para bien a la monarquía británica, sino que duró casi diez *anni horribile.* Tanto indagar en lo que ocurrió para llegar a una conclusión que ya nos enseñó uno de los decanos de J-School, Osborn Elliot: «Un periodista tiene que tener la mente abierta, el deseo de aprender y el conocimiento de que la verdad no es siempre lo que parece».

Valió la pena ocupar un asiento privilegiado en el patio de butacas de esa particular obra de teatro —*Endgame*— sobre la que se interpretó una partida de ajedrez al más alto nivel del Estado. A veces a oscuras, me pareció oír a Hamm decirle a Clov a través de la pluma de Samuel Beckett: «Será el fin y me preguntaré qué pudo ocasionarlo y me preguntaré por qué tardó tanto [...]. Viejo final de partida perdida, final de perder».

Los actores hicieron un papel soberbio:

— Juan Carlos I, ese «león» que se fue quedando sin fuerzas ni apoyos y que tomó la decisión correcta porque pensó «en clave dinástica» como en 1975 cuando sacrificó a su padre y traicionó a Franco, según descripción de una persona cercana. En 2014, con setenta y seis años, aceptó con amargura lo que llevaba meses escuchando: si no cedía el trono a su hijo, la monarquía corría el riesgo de desaparecer.

— CSW, esa inquietante y hermosa dama daneso-alemana casi treinta años más joven que el rey, a la que apodé castizamente Concha, la última pareja estable del monarca mujeriego o *la última favorita*. «La pasión por ella, que aún perdura, es más fuerte de lo que muchos han querido aceptar», señala una persona cercana al rey desde 2004. CSW, que brilla en la esfera de los UHNWI (*Ultra High Net Worth Individuals*, la gente más rica del mundo) y que llegó a poner en jaque al Estado español.

— La reina doña Sofía, esa *gran profesional* de origen también germánico y con un gran objetivo en la vida: asegurar el trono a su único hijo varón, don Felipe. «No hay que ignorar el papel de doña Sofía dentro de ese *estado mayor* que intervino en el final del reinado de don Juan Carlos», me advirtió una persona conocedora de los hechos acaecidos fuera de escena.

— La desdichada infanta Cristina, perdida en su soberbia y en su triste condición de pariente desechada. Su marido, Iñaki Urdangarin, el bello padre de sus cuatro hijos, un exdeportista «que tenía que ir a la cárcel por tonto, no por chorizo», según el sentir general de Zarzuela expresado por una persona muy cercana.
— Los aspirantes al trono, don Felipe y doña Letizia, luchando por guardar los muebles del naufragio.
— Rafael Spottorno, más parecido a un secretario o a un valido según la vieja tradición de la monarquía española que a un jefe de la Casa del Rey del siglo XXI.
— El general Félix Sanz Roldán, el más político de todos los jefes de los servicios secretos españoles en democracia.
— Felipe González, considerado el mejor presidente del Gobierno de la España democrática a pesar de la mancha de los GAL.
— Las *chattering classes*, ese batiburrillo de empresarios, políticos, periodistas y demás figurantes que actúan dentro del espacio geográfico delimitado por la M-30. Un lugar físico que sería en el siglo XXI lo más parecido a la antigua Villa y Corte de Madrid, con sus correveidiles, sus conspiradores, sus aprovechados y sus coches oficiales. «Pepe, ¡nos han pillado!» fue el acertado casticismo que utilizó uno de esos habitantes del *beltway* madrileño, con conductor y escolta a la puerta de los restaurantes, para explicar el porqué de la abdicación del rey y el desmoronamiento del sistema salido de la Transición.

Fuera de escena, escuché a gente normal y corriente, esa que no accede a los reservados y a la que nadie identifica en los restaurantes del interior de la M-30. La mayoría silenciosa y del sentido común coincidió en trasladarme que don Juan Carlos se vio obligado a abdicar por la «frivolidad» y la «superficialidad» que demostró al final de su vida profesional.

Ahora, cuando sigue siendo rey pero no jefe del Estado, empiezan a surgir voces en España que cuestionan las supuestas comisiones que cobró durante su trabajo como el más especial embajador de España. Una persona cercana, desde Zarzuela, me lanzó esta pregunta y su respuesta: «¿Nos importaría si se hubiera quedado con tres al traer catorce a España? A mí no».

«Tú tienes el cuadro completo», me espetó un día uno de los principales peones de este tablero. Se refería quizá a la coincidencia de haber vivido en Londres y en Abu Dabi entre 2002 y 2009, dos lugares frecuentados por Juan Carlos I y por CSW, que organizó cacerías en Inglaterra a las que acudió el rey y que en Abu Dabi fue tratada como *agente* del monarca. La mejor manera de completar ese cuadro ha sido siguiendo al rey entre 2010 y 2014 y volviendo sobre sus pasos hasta 2015 para construir este libro.

Más de un centenar de personas en distintos lugares del mundo han compartido su tiempo y su conocimiento conmigo con extrema generosidad. La única condición fue siempre no ser identificadas. La mayoría de los entrecomillados de este libro corresponden a estos testimonios anónimos. Agradezco enormemente que hayan contribuido a una modesta aproximación a la historia reciente de España.

Por el apoyo permanente, quiero dar las gracias a Pedro J. Ramírez, director de *El Mundo* los primeros veinticinco años; a Ymelda Navajo, directora de La Esfera de los Libros, y a mi familia y amigos.

Capítulo 1

UNA NUEVA VIDA

«¡Inquieta vive la cabeza que lleva una corona!».
WILLIAM SHAKESPEARE, *Enrique IV*

Sábado, 8 de mayo de 2010, Barcelona.

En una habitación de la séptima planta del hospital Clínic, poco antes de las ocho de la mañana, el rey, de setenta y dos años, y CSW, de cuarenta y cinco, se cogen de la mano convencidos de que al monarca le espera la muerte. Don Juan Carlos está tumbado en la cama antes de entrar en el quirófano, donde le van a abrir el tórax para extirparle un nódulo en el pulmón. CSW, que está sentada a su lado, empieza a llorar como ya lo hizo la noche anterior en la clínica Planas, el centro privado de medicina donde se han alojado a menudo juntos y donde pasan desapercibidos aunque esté justo frente al vacío palacete de los Urdangarin-Borbón, quienes residen desde agosto de 2009 en Washington. Planas no parece un hospital, sino más bien una amplia casa como las que abundan en la parte alta de la ciudad, cerca del monasterio de Pedralbes. Desde hace años, el rey acude allí para seguir los tratamientos *antiaging* que le prepara su médico.

Según el entorno de CSW, la pareja del rey pasó toda la noche en un sofá de la clínica intentando darle ánimos mientras él se preocupaba por la inminencia de su muerte. A las siete de la mañana, cada uno salió por su lado hacia el Clínic, el prestigioso centro universitario ubicado en el Ensanche barcelonés y fundado a principios del siglo XX por Vicente Carulla, el abuelo de Valentín Fuster, el famoso médico español afincado en Nueva York. Carulla, rector de la Universidad de Barcelona, fue nombrado marqués por Alfonso XIII al igual que su nieto Valentín lo fue por don Juan Carlos.

Una vez recibida oficialmente el alta de ingreso, el rey y CSW se encontraron de nuevo en la habitación de la séptima planta, la zona privada del centro, que le fue asignada al monarca. Poco después de las nueve de la mañana, el rey fue operado y el nódulo resultó ser benigno. Todo se llevó a cabo en el más absoluto secreto y, desde el mismo quirófano, se le dio la buena nueva por teléfono al presidente del Gobierno, José Luis Rodríguez Zapatero, «una de las pocas personas que estaban en el ajo», según fuentes conocedoras de lo sucedido.

CSW, que llevaba seis años unida al rey y era entonces lo más parecido a su pareja estable, volvió a emocionarse, esta vez de alegría. Por poco tiempo. Tras comprobarse que el nódulo era benigno se le pidió que se marchara añadiendo que ya no era necesaria su presencia en el hospital ya que «la familia» estaba a punto de llegar. Según fuentes del entorno de CSW, hasta ese momento solo ella había estado al lado del rey ofreciéndole consuelo, y se quejó más de una vez ante don Juan Carlos por un tratamiento que consideraba brusco al tener que irse «por la puerta de atrás». Más de una vez tuvo que escuchar la misma respuesta: «Soy un rey, y estoy casado».

La reina doña Sofía, de setenta y un años, llegó al hospital ese sábado, pasado el mediodía, acompañada solo por la infanta Elena, que tuvo que interrumpir el concurso de hípica en el que estaba participando porque no sabía nada. Don Felipe, entonces príncipe de Asturias, se encontraba en Costa Rica en la toma de posesión de la presidenta Laura Chinchilla, ajeno también a lo que sucedía en Barcelona. En la misma situación estaba la infanta Cristina, que entonces vivía en Washington DC con su marido, Iñaki Urdangarin, y sus cuatro hijos.

Doña Sofía apenas entró y salió de la habitación de don Juan Carlos sin cruzar palabra con él. No obstante, pasó el resto del día en otras estancias del hospital hasta casi las nueve de la noche. Lo hizo por necesidades de ese guion que ha desempeñado con extraordinario celo durante casi medio siglo: hacer creer a los españoles que el matrimonio que ambos contrajeron aquel 14 de mayo de 1962, en Atenas, seguía gozando de buena salud.

Entre 2010 y 2013, la reina había tenido que aplicar hasta siete veces esa misma fórmula de protocolo hospitalario: pasar el día completo en el centro de turno, con su marido recién operado, mientras ella sonreía para los fotógrafos a la entrada y a la salida. Bien sola, bien acompañada por algún familiar. Ese primer día en el Clínic, ante los medios, la reina se comportó de forma impecable. «Tiene una salud impresionante», señaló en referencia al rey ante cámaras, fotógrafos y periodistas. «Está muy bien, descansando. Estoy bien, feliz ahora que ha pasado todo». Para más detalle, añadió: «Está muy bien de ánimo, eso no lo pierde nunca».

Entre los informadores había pocos corresponsales reales porque estos apenas habían tenido tiempo a reaccionar y desplazarse a Barcelona desde Madrid. El secreto fue tan absoluto que solo algún afortunado recibió una llamada de teléfono de Zarzuela, a las dos de la mañana, cuando el rey pasaba ya la noche en la Planas.

Eran tan grandes las prisas por que CSW desapareciera tras conocerse el resultado de la operación que esta comprobó con irritación cómo le cancelaron «hasta la cita con el dentista en la clínica Planas». CSW nunca se había llevado del todo bien con los funcionarios de la Casa del Rey, quienes, primero bajo la batuta de Alberto Aza y después de Rafael Spottorno, «hacían todo lo posible por apartarla del rey». Desde el entorno real se rechazan sus acusaciones y se mantiene que fue ella la que con su comportamiento «altivo» les hizo reaccionar negativamente. En cualquier caso, ese sábado 8 CSW se vio obligada a hacer la maleta y, a falta de vuelo directo para regresar a Londres, aprovechó para cenar esa noche en Barcelona con Bernie Ecclestone, el diminuto magnate británico de la Fórmula Uno.

La trastienda del asunto de Estado en el que se convirtió la operación de pulmón del rey no pudo ser más chabacana. Oficialmente, el sábado 8 de mayo se dieron a conocer dos comunicados nada más, ambos lacónicos: uno a primera hora de la mañana para informar de que el rey había ingresado para ser operado, y otro más tarde para anunciar que todo había salido bien. Solo el *estado mayor* de Moncloa, el CNI y La Zarzuela conocían la verdad.

El alivio duró poco. Por primera vez en treinta y cinco años de reinado y de estabilidad democrática, con la monarquía todavía con una popularidad incuestionada, existió la posibilidad de que el rey tuviera que abdicar. En la Casa se habían elaborado distintos escenarios para preparar el momento. Pero lo más importante es que, a partir de entonces, en la familia se abrió de cuajo «la idea del melón sucesorio». Ese melón ya nunca más volvería a cerrarse.

Pero, en 2010, la opción de abdicar era a todas luces prematura para el rey, quien entonces estaba «cerrado en banda» ante esa posibilidad y esgrimía un claro argumento para no abdicar: aún era un poco pronto para que su hijo tomara las riendas, sobre todo por su matrimonio con Letizia Ortiz, a la que don Juan Carlos nunca había tenido en alta estima. Sin embargo, en la mente de su entorno en La Zarzuela la idea empezó a madurar sin vuelta atrás a partir de esa intervención.

Su círculo fuera de palacio —interesadamente, según algunos— se encargaba de recordarle cuán necesaria era su presencia como rey de España. Ese *entourage*, si queremos evitar la palabra corte, formado fundamentalmente por grandes empresarios y políticos, le insistía en que él, y solo él, constituía la mayor y la mejor garantía de seguridad institucional para un país aún relativamente joven en las artes de la democracia. Cataluña y la crisis económica eran en 2010 las dos palabras clave para justificar la continuidad de don Juan Carlos. Más tarde, arreciarían dos motivos más: la negativa acogida de la princesa de Asturias por parte de los españoles y la necesidad de cerrar judicialmente el caso Urdangarin antes de pasarle el trono a don Felipe.

Según el relato oficial, unas pruebas rutinarias en Barcelona habían confirmado el 28 de abril de 2010 que el nódulo había crecido y que necesitaba ser intervenido de inmediato. Oficiosamente, la sola existencia del nódulo, antes incluso de saber que el tamaño se había modificado, preocupaba al rey y al *estado mayor* desde hacía meses.

Ese temor lo había compartido el monarca de forma especial con CSW, y la posibilidad de padecer una grave enfermedad provocó el reencuentro de la pareja a finales de 2009. A lo largo de seis años de relación, CSW había roto dos veces con don Juan Carlos «por distintas infidelidades». La primera fue en 2008. Don Juan Carlos seguía manteniendo la relación que venía de lejos con Marta Gayá, la divorciada mallorquina que fue su pareja más estable a partir de 1990. Sobre Gayá se escribe poco en España pero se habla mucho. Hace veintidós años, en plena *omertà* informativa sobre la vida privada del rey, Gayá se convirtió en protagonista de lo que fue interpretado como el primer ataque directo al monarca por parte de un medio de comunicación en España. Fue el diario *El Mundo*, con apenas tres años de vida, el que hizo algo insólito: el 19 de agosto de 1992 reprodujo una información del semanario italiano *Oggi* en la que se revelaba detalladamente la relación entre Gayá y el rey. La consecuencia directa del escándalo no fue la destitución del director, Pedro J. Ramírez, sino la del general Sabino Fernández Campo, jefe de la Casa del Rey, que no duró ni cinco meses más en el puesto.

El 8 de enero de 1993, Sabino fue cesado por el monarca y reemplazado por el diplomático Fernando Almansa, vizconde de Almansa, amigo del exbanquero Mario Conde. Lo que ocurrió en torno a su cese «dice mucho de la naturaleza del rey, de su concepto de lealtad y de su manera de entender la jefatura del Estado», según fuentes solventes, que ven en la información de *Oggi* la gota que colmó la paciencia del monarca en un asunto —Sabino— en el que llovía sobre mojado.

En junio de 1992, el monarca *desapareció* en Suiza justo cuando tenía que firmar el decreto de nombramiento de Javier Solana como nuevo ministro de Asuntos Exteriores en sustitución del fallecido Francisco Fernández Ordóñez. «El rey no está», dijo un irritado presidente Felipe González a los periodistas sin especificar dónde se encontraba el monarca. Los medios publicaron informaciones varias y contradictorias. Se habló de un «chequeo médico» y después de unas «vacaciones». Antes, se había informado de la cancelación de la fiesta de su santo, el día 24 de junio, «por exceso de agenda». ¿Cuál de las tres versiones era la verdadera? Ninguna. Don Juan Carlos se había ido a Suiza a acompañar a Gayá mientras esta recibía un tratamiento médico. Alguien se encargó de informar a los medios, y ese alguien fue Sabino Fernández Campo, que estaba harto de un comportamiento personal que consideraba inapropiado.

Ningún medio contó el verdadero motivo de la presencia del rey en Suiza, pero *El Mundo* fue de nuevo el que más ruido hizo. A cuatro columnas, el periódico dirigido por Ramírez advirtió en su portada que la ausencia real podía tener «consecuencias legales» porque autorizar la creación vía decreto de la Universidad de La Rioja, como se hizo esos días, cuando el rey estaba obviamente fuera de España, podía constituir un «delito de falsedad documental».

Eso ocurrió en junio de 1992, y en agosto *El Mundo* volvió a golpear al rey con la citada información de *Oggi*. Según me han contado, Ramírez estaba de vacaciones en Inglaterra cuando Melchor Miralles, que lo sustituía al frente del diario, lo llamó para que autorizara la publicación de la exclusiva de *Oggi*. Ramírez lo hizo con la osadía que le ha caracterizado a su paso por *Diario 16* y por *El Mundo*. Sorprendentemente, Sabino no pareció irritarse por la información del periódico *gamberro*, según algunos de los protagonistas de esta historia. De alguna manera, se empezó a interpretar que el jefe de la Casa parecía creer que podría meter en vereda al monarca asustándolo con informaciones de este tipo pero sin que llegara la sangre al río.

A la vuelta de Inglaterra, en septiembre, Ramírez recibió una llamada de Mario Conde que le hizo llegar la queja del rey porque, según Sabino, el director de *El Mundo* «no se había querido poner al teléfono» con el monarca tras la información de *Oggi*. Sorprendido, Ramírez contestó a Conde que él nunca había recibido una llamada del rey y que, por supuesto, jamás rechazaría atenderle. Según las mismas fuentes, Sabino jugó a dos barajas: le dijo a Ramírez que estaba contento con la información revelada sobre Gayá, y al rey que Ramírez no le cogía el teléfono.

Entonces, Conde organizó una cena en La Moraleja en casa de un íntimo amigo del rey, Paco Sitges, expresidente de Asturiana de Zinc y presidente entonces de los astilleros donde se iba a haber construido el tercer *Fortuna*. Primero llegó Ramírez y, una vez allí los tres, apareció el rey conduciendo su propia moto, según recuerdan algunos de los protagonistas. En esa cena, el rey comprendió que Sabino nunca le había pasado el teléfono a Ramírez, y confirmó así sus sospechas de que el general se había tomado demasiado en serio su papel de *tutor*. Previamente, el monarca había telefoneado a Agnelli, dueño de RCS, propietario a su vez de *Oggi*, para quejarse. El magnate italiano le había dicho que él no tenía nada que ver, que estaba indignado y que iba a poner a la venta sus acciones en *El Mundo*. Además, le confirmó que la fuente de información de *Oggi* provenía de España.

El 7 de enero de 1993, la noche antes de anunciarse el cese de Sabino, el rey telefoneó a Ramírez para adelantarle la noticia y agradecerle «el enorme servicio que había hecho a la Corona». Este agradecimiento hace pensar que el monarca atribuyó a Ramírez la cabeza del general Fernández Campo.

Parece ser que el rey, que está separado de hecho pero no de derecho de la reina desde hace décadas, mantuvo una especie de segundo *matrimonio* con Marta Gayá, infidelidades incluidas, hasta que CSW le exigió una exclusividad que supuestamente tampoco consiguió.

Algunas de las infidelidades con Gayá fueron notorias, como aquella con la que me topé en 1997 al frente de la sección de SMERSH. El 13 de junio, María García García, el verdadero nombre de Bárbara Rey, conocida por su protagonismo en el destape de los años de la Transición, presentó una denuncia en la comisaría de Tetuán, en Madrid, contra Manuel Prado y Colón de Carvajal, entonces *amigo del alma* e intendente del rey, por ser este uno de los posibles autores del robo de material gráfico en su casa. Según la actriz, en las cintas de vídeo, casetes y fotografías sustraídas de su domicilio aparecían «personas importantes».

Todo lo referente a Marta Gayá ocurrió hace más de dos décadas. La mallorquina es una mujer a la que los que la conocen sitúan «en otra liga» que a CSW. «Es una señora», me he cansado de oír sobre ella incluso de personas que nunca la han visto. Esa definición se basa en el hecho de que Gayá nunca ha dado que hablar públicamente; jamás ha conversado con la prensa y, en la actualidad, sigue manteniendo una «respetuosa amistad» con el rey, que se preocupa por ella hasta el punto de asegurarse de que algún matrimonio amigo la acompañe a cenar cuando viene a Madrid.

Sin embargo, la relación del rey con CSW fue por derroteros diferentes. En septiembre de 2009, ella volvió a hacer algo a lo que nunca nadie se había atrevido antes: romper por segunda vez con el monarca, montándole el mayor de los espectáculos, al comprobar que este había cometido una segunda infidelidad, tras abandonar definitivamente a Gayá como le había prometido. Según el entorno de CSW, esta vez fue con una mujer madura especializada en alcoholismo y drogadicciones que de vez en cuando acude a programas de televisión y que fue presentada al rey por la hija de uno de sus mejores amigos de Barcelona.

Mientras CSW asistía a su padre, que se estaba muriendo de cáncer pancreático, el rey «se distraía» con esa otra mujer aduciendo que «CSW no le hacía suficiente caso». Las mismas fuentes señalan que, tras la muerte del padre y la ruptura con Juan Carlos I, CSW sufrió una depresión de tres meses que la obligó a guardar cama porque «no podía mover la espalda».

Conocedora del flanco débil del rey con las mujeres, CSW había peleado desde el principio por hacerse con un sitio especial en la vida del monarca, y parece ser que «en determinados momentos» estuvo a punto de conseguirlo. Por ejemplo, a finales de 2009, cuando don Juan Carlos mantuvo una singular conversación con el presidente del Gobierno, José Luis Rodríguez Zapatero, y que días más tarde repitió casi en términos idénticos con el ministro de Asuntos Exteriores, Miguel Ángel Moratinos, con el que mantenía una relación muy estrecha que continúa hoy en día, sobre todo desde que Moratinos se ha alejado de la política activa y se dedica a la consultoría internacional.

El argumento del monarca ante sus interlocutores ya lo había discutido antes con CSW: pasados los setenta años había llegado la hora de desacelerar el intenso ritmo de trabajo que llevaba prácticamente ininterrumpido desde aquel 22 de noviembre de 1975 en el que fue proclamado rey por las Cortes y «coronado» cinco días después en una misa de unción en el monasterio de los Jerónimos de Madrid. «Quería iniciar una nueva vida», recuerdan algunos de los que conocieron sus planes a finales de 2009. Esa nueva agenda vital incluía realizar menos viajes oficiales al extranjero y, sobre todo, una petición expresa: que no se le organizaran viajes de Estado junto a la reina. Esto era debido, según explicó el rey, a que su matrimonio «ya no era como antes». Habló en términos elogiosos de la figura de la reina Sofía, pero afirmó que ya no estaba enamorado de ella. Por primera vez, citó expresamente a CSW como la mujer con la que podía plantearse la posibilidad de compartir el último tramo de su vida. Por primera vez, la palabra divorcio entró en el vocabulario de la élite española de la mano del propio rey, que siguió refiriéndose a una posible separación de la reina incluso después de entender en 2013 que CSW no iba a aceptar nunca casarse con él.

Así, el monarca empezó a preguntarse en alto por qué «todos» podían divorciarse (por ejemplo, su hija la infanta Elena) excepto él. O casarse «con quien quisieran» (como el príncipe Felipe, que en 2004 contrajo matrimonio con una periodista divorciada, rompiendo así por primera vez la regla entre los herederos al trono) menos él. Más de una persona que lo oyó expresarse en estos términos recuerda ahora que se alarmó ante la posibilidad de que de verdad llegara a producirse un divorcio entre los reyes, algo que la reina Sofía nunca aceptaría.

Don Juan Carlos pidió también algo muy concreto a los representantes de la Administración socialista con los que conversó: su deseo de incrementar el número de viajes a la península arábiga, que en esos años constituía un fantástico destino económico al que los líderes occidentales acudían atraídos por la potencia de los petrodólares. Arabia Saudí (a través de la familia Al-Saud) y Emiratos Árabes Unidos (UAE, en sus siglas en inglés, con la familia Al-Nahyan pero también la Al-Maktoum) eran los destinos *top* del rey. Asimismo, incluía en su lista de deseos: Kuwait, Qatar y Omán, pero siempre «en otro nivel de prioridades».

Sus deseos se convirtieron en órdenes. La diplomacia española comenzó a rediseñar el trabajo público del rey hasta el punto de que comenzó a producirse algo inédito: viajes reales sobre los que los embajadores no informaban al Ministerio de Asuntos Exteriores por petición expresa de la Casa del Rey.

Lo que no trasladó el monarca a sus interlocutores fue que al cumplir los setenta años, el 5 de enero de 2008, CSW había multiplicado sus peticiones para que se decidiera de una vez a «aclarar y dignificar» su relación con ella. Son incontables las veces que CSW le pidió con insistencia al monarca la conveniencia de que explicara a los españoles que la reina y él formaban «un gran equipo profesional» pero que su vida personal la compartía con otra mujer. En otras palabras, que pusiera fin a la doble vida que había llevado durante casi todo su reinado.

El rey no quiso o no pudo seguir este consejo y optó por una solución intermedia y de espaldas a la opinión pública que, a tenor de lo sucedido posteriormente, resultó equivocada, como fue instalar a CSW en el monte de El Pardo en una casa muy cercana a La Zarzuela, contraviniendo así lo dispuesto en la legislación española: «El monte de El Pardo, como bien integrante del Patrimonio Nacional, estará afecto al servicio y uso del rey y de los miembros de la real familia, para el ejercicio de la alta representación que la Constitución y las leyes le atribuyen».

Decidió instalar a CSW allí porque era extranjera y para evitar otro escándalo como el de 1992 con Gayá y la firma de los decretos. Marta Gayá tenía casa en Palma de Mallorca y en Madrid, de modo que nunca se planteó la necesidad de buscarle una vivienda cerca del monarca para que pudieran verse. Su relación con la mallorquina estaba bien establecida: el rey acudía con ella a cenar con amigos y pasaban vacaciones juntos invitados por conocidos personajes de la banca y la empresa española. No obstante, nunca hubo una vivienda en común.

CSW, además de extranjera, tenía un hijo muy pequeño, de apenas dos años, cuando comenzó la relación. Lo más cómodo era que viviera a su lado en España y no en hoteles como había hecho hasta 2006. Por eso, ese año se empezó a reformar el pabellón de tres habitaciones llamado La Angorilla, pero al que ellos se referían como La Casita, situado al lado de La Zarzuela. Por una carretera interna que une ambas viviendas, se tardan exactamente ocho minutos en coche desde La Casita hasta el palacio, que, ironías de la vida, no deja de ser otro antiguo pabellón de caza pero mucho más grande, sobre todo a partir de las numerosas ampliaciones que se le han ido haciendo a lo largo de los años de reinado.

Antes de la reforma, La Angorilla estaba «muy dejada», y hasta los sofás mostraban mordeduras de perros. Con la ayuda del famoso interiorista malagueño Jaime Parladé, marqués de Apezteguía, y su particular *shabby look* o arte para mezclar estilos antiguos y modernos, así como de Zara Home y de Beccara, el pabellón se transformó en el hogar a tiempo parcial de CSW y del pequeño Alexander, que estableció una relación muy estrecha con el rey: «Ambos hablaban de animales, armas y coches», señalan quienes los vieron juntos, que además destacan cómo al pequeño le gustaba «tener a un referente masculino en su vida». Así, por ejemplo, el 18 de febrero de 2012, el rey pasó el décimo cumpleaños de Alexander con CSW en la misma estación de esquí en los Alpes suizos en la que fueron fotografiados juntos en febrero de 2010, pero sin que las imágenes fueran nunca publicadas porque las compró una revista *amiga* de la Casa del Rey.

Aunque no salían en los medios de comunicación, la relación de la pareja era perfectamente conocida en el mismo círculo madrileño que también protegió a Gayá. Dentro de la franja de la M-30, la carretera de circunvalación que transforma la capital del reino en un pequeño y elitista pueblo donde las noticias no publicadas y los rumores se confunden muchas veces con la realidad, CSW era la novia oficial del rey.

De nuevo fue *El Mundo* el que hizo público lo que solo era conocido entre una élite. El 20 de marzo de 2010, como ya había hecho en 1992 con Gayá, el diario de Ramírez informó sobre «La bella princesa que triunfa en España», según el título de *La Otra Crónica* (*LOC*, el suplemento *rosa* del diario, que sale los sábados). *LOC* subtituló: «Divorciada, inteligente, cazadora, ahora solidaria, se ha instalado en Madrid. Presidió una cena, en la que estuvo el rey, que ha sido investigada en Alemania por defraudar a Hacienda». En el artículo, eso sí, nada se decía sobre su condición de *novia* oficial de don Juan Carlos.

A día de hoy —Ley de Transparencia por medio—, cuesta imaginar al rey Felipe VI ingresando en secreto en un hospital para operarse de un posible cáncer acompañado por una mujer extranjera con la que comparte vida y casa en Madrid. Bajo el mandato de don Juan Carlos, las cosas eran distintas. Los medios de comunicación respetaban que la vida privada de los dirigentes públicos, el rey el primero, permaneciese fuera del ojo público. El problema con CSW surgió, a diferencia de lo que había ocurrido con otras mujeres, cuando las líneas entre lo privado y lo público formaron una intersección que acabó provocando un problema de Estado.

La prensa extranjera, siempre más abierta, se adelantó al año 2007 para referirse sin rubor a los problemas que empezaban a surgir en torno a la Corona, fue entonces cuando Tom Catan, el corresponsal del *Times*, se refirió al rey «playboy» de España. Pero en España solo habían saltado algunos de los problemas: la infanta Elena anunció el «cese temporal» de su matrimonio con Jaime de Marichalar; la revista satírica *El Jueves* fue retirada por hacer una grosera broma sobre los príncipes de Asturias en su portada; el rey mandó callar a Hugo Chávez en la Cumbre Iberoamericana y un grupo de independentistas catalanes quemó fotos de los monarcas durante su visita a Cataluña en septiembre. Los negocios del matrimonio Urdangarin, en plena ebullición entonces, no habían trascendido aún al ojo público. Tampoco las actividades empresariales de CSW al calor de su relación con el rey. Solo *El Mundo* había publicado un primer artículo en febrero de 2006 en su edición de Mallorca sobre los extraños negocios de Urdangarin, pero ningún medio más le siguió.

Así quedó todo más o menos bien guardado hasta 2010, cuando la crisis económica en España se volvió apremiante. Ahí fue cuando al rey se le empezó a notar una clara falta de reacción política ante los acontecimientos. La Administración socialista de Rodríguez Zapatero estaba ya en caída libre y el PP de Mariano Rajoy solo prestaba atención a su asalto al poder al socaire del desastre económico.

El monarca tenía cosas más urgentes en las que pensar, como su quebrada salud y su capacidad para mantenerse al frente de la Corona. Los dirigentes políticos estaban en su mundo, y el rey en el suyo. El viernes 7 de mayo de 2010, el día antes de su importante operación, don Juan Carlos recibió en La Zarzuela a

Joseph Biden, vicepresidente de Estados Unidos. Lo acompañaron el ministro de Asuntos Exteriores, Miguel Ángel Moratinos, y los embajadores de España en Washington DC, Jorge Dezcallar, y de Estados Unidos en España, Alan Solomont.

De don Juan Carlos es bien conocido su desinterés por la lectura profunda de *papeles* y su desconocimiento del detalle diplomático de las reuniones, de la misma manera que son conocidos sus destellos de genialidad en eso que los anglosajones llaman *the small talk*, la charla previa a la entrada en materia. «Es listo, rápido», destacan de él los diplomáticos, que se refieren a sus golpes y sus ocurrencias como la chispa que alegra tediosos encuentros. Los que le quieren bien califican esta manera de ser de auténtico don. Los más críticos, sin embargo, y sobre todo los extranjeros, encuentran otra palabra, que sirve en inglés y en español por igual: *charlatán*.

Ese viernes 7 de mayo su don de gentes brillaba por su ausencia. A juzgar por algún testigo directo, «el rey estaba ido». Biden intentó en varias ocasiones hacerse con la atención del monarca, ya que la reunión era de la máxima importancia. España sufría ya las consecuencias de la crisis económica que había estallado dos años antes tras la caída de Lehman Brothers. Biden había ido a ver al rey para decirle lo que cuatro días más tarde, ese histórico martes 11 de mayo, le espetó Obama a Zapatero, sin miramientos y por teléfono: «España tiene que actuar ya, antes de que sea demasiado tarde y arrastre al resto de la Unión».

«El rey estaba en otra cosa» por una razón bien justificada: el miedo a padecer un cáncer de pulmón y a tener que abdicar. Antes de ese encuentro con Biden, algunos diplomáticos acreditados en España ya habían percibido, e informado a sus capitales de ello, que el monarca mostraba «claros signos» de estar perdiendo el gusto por la acción de reinar. Para muchos diplomáticos no era ningún secreto la existencia de CSW y su doble vida. A pesar de la «discreción» que el soberano exige a las personas a las que les pide favores, hay secretos muy difíciles de guardar aunque, en 2010, la brecha de información entre la España normal y la oficial siguiera funcionando. Los españoles no sabían que el monarca aspiraba a un reinado más *light* en cuanto a obligaciones.

Ese verano, cuando decidió reducir drásticamente sus vacaciones en Mallorca, a todos les pareció lógico: debido al postoperatorio del nódulo, no hubo recepción de las instituciones a la llegada de los reyes en la base aérea de Son Sant Joan, sencillamente porque el rey llegó más tarde y la reina se instaló sola en Marivent, algo que ya se ha convertido en una costumbre.

Por primera vez, el monarca tampoco participó en la Copa del Rey de vela, donde el príncipe acaparó la atención, y se limitó a aparecer públicamente en una cena con la tripulación del *Bribón* y en las recepciones al presidente Rodríguez Zapatero y a Michelle Obama, que ese verano decidió veranear en Marbella con sus hijas.

El declive físico de don Juan Carlos comenzó claramente tras la intervención de mayo de 2010, pero, desde que el verano anterior se rompiera el brazo derecho en el barco, su dedicación a la caza había quedado mermada. La operación tuvo además un especial significado aparte del médico: debido a la supuesta inminencia de la muerte, la familia real se preocupó por primera vez seriamente por su futuro, desde el político hasta el económico. La infanta Cristina, inquieta por su mala relación con la futura reina Letizia, pidió a don Juan Carlos directamente que aclarara y resolviera todo lo referido a su testamento. Y, de reojo, miraban también con sospecha la existencia de esa pareja estable instalada con su hijo en el monte de El Pardo.

La operación en Barcelona, y el secretismo que la rodeó, tuvo otra consecuencia: la falta de transparencia multiplicó los rumores, muchos de ellos falsos, y los medios de comunicación decidieron que tenían que observar más de cerca a la Casa Real. Había que prepararse ante los posibles vaivenes en la jefatura del Estado. Así, con la idea inicial de «hacer algún que otro viaje con el rey y tener un móvil al que llamar» por si algún día el monarca volvía a ingresar repentinamente en el hospital, el 21 de junio de 2010 algunos periodistas nos reunimos a almorzar en Madrid en un restaurante de nombre premonitorio: El Escondite.

Invitaban Ramón Iribarren, jefe de prensa de la Casa, y su número dos, Javier Arenas. Yo conocía bastante bien a Iribarren, un alto funcionario —técnico de información— que estuvo destinado en la embajada de España en Rabat, donde había hecho un buen trabajo. También lo había tratado en Buenos Aires, donde me atendió con enorme generosidad. Tras el almuerzo, me convertí oficialmente para mi periódico en corresponsal de una Casa Real con un monarca en decadencia y al que solo conocería convaleciente.

El primer objetivo era ponerme al día en operaciones y habituarme al lenguaje médico. Fue quizá por ello que presté poca atención a la noticia que, un mes más tarde, el 22 de julio de 2010, recogió solo *El Confidencial*: en Palma de Mallorca, el instructor del caso Palma Arena, José Castro, había abierto pieza informativa sobre el Instituto Nóos y los convenios firmados en 2005 y 2006 entre la Fundación Illesport, el Instituto Balear de Turismo (Ibatur, dependiente del Gobierno balear) y el instituto presidido entonces por Iñaki Urdangarin, el marido de la infanta Cristina.

Decía ese medio digital, que ya demostraba un especial empuje respecto a sus competidores en papel, que el expresidente de Baleares, Jaume Matas, no había podido explicar con exactitud por qué pagó 1,2 millones de euros al Instituto Nóos para que organizara una conferencia de tres días.

La noticia pasó desapercibida. El único problema aparente era la salud del monarca. Para tranquilizar a los españoles, el rey cerró el año 2010 su discurso de Navidad con la siguiente afirmación: «Sigo y seguiré cumpliendo siempre con ilusión mis funciones constitucionales al servicio de España. Es sin duda mi deber, pero es también mi pasión».

Capítulo 2

ESA MUJER, LA SEÑORA DEL PABELLÓN

«Dejen a los hombres vivir como esclavos si así lo desean.
Yo no lo haré».
BOUDICA, reina de los icenos en el siglo I

Final de la temporada de caza 2004, La Garganta, Ciudad Real.

Al día siguiente de conocer a CSW, el rey no podía disimular su encantamiento. «Ella era muy lista. Entonces no hablaba una palabra de español y ahora lo pilla todo», recuerda un empresario español que estaba en febrero de 2004 en el almuerzo ofrecido por Gerald Cavendish Grosvenor, duque de Westminster, en su finca de La Garganta, situada en el parque natural castellano-manchego del valle de Alcudia y sierra Madrona.

El empresario no olvida cómo se le iban los ojos y las manos al monarca tras la directora gerente de la agencia británica de caza Boss & Co Sporting Agency que, antes de empezar a tirar, le había presentado el dueño de la finca, el duque en cuestión. Juan Carlos se quedó prendado de una mujer en la que solo vio virtudes: destreza con las armas, belleza, inteligencia, juventud, estatus social similar como miembro de una familia noble alemana, amor declarado por África, simpatía, ambición y fascinación por las aventuras al aire libre, ya fuera la natación rodeada de tiburones, la pesca submarina que luego acaba en una barbacoa en el Caribe o la navegación por alta mar.

¿Quién daba más? En enero de 2004, CSW acababa de cumplir treinta y nueve años y el rey, sesenta y seis. Dos veces divorciada y madre de dos hijos, uno de ellos de veintitrés meses entonces, estaba tirando por trabajo ese fin de semana en el mayor coto de caza de España. Hacía cuatro años que se dedicaba, junto al experto en deportes de riesgo Jeremy Culham, a organizar «los mejores tiros» a millonarios americanos y a jeques árabes, ya fueran perdices en España, jabalíes en Austria o elefantes en África.

CSW y su socio se ocupaban de todo: armamento, transporte, comida, vinos. Cualquier capricho personal del cliente era atendido rápidamente por la avispada germano-danesa, ampliamente dotada para las relaciones sociales. Las cosas le han ido bien: diez años después de esa cacería en Ciudad Real, CSW ha terminado siendo vecina de su anfitrión, el duque de Westminster, que es el hombre más rico del Reino Unido por un patrimonio rural y urbano valorado en más de trece mil millones de dólares. Ahora viven ambos, pared con pared, en el elegante barrio de Belgravia, propiedad casi entera del duque, un hombre de sesenta y tres años que ha sabido aumentar ampliamente la fortuna que heredó. Además de La Garganta, que adquirió en 2001 al duque de Baviera, Gerald Westminster tiene otras dos fincas en Inglaterra (Eaton Estate y Abbeystead Estate) y una en Escocia (Reay Forest Estate), cada cual más impresionante.

La finca española, de quince mil hectáreas, se acerca en tamaño a la de Los Alarcones, del ganadero Samuel Flores (suegro de Adolfo Suárez Jr.); pero por sus trofeos humanos, la del duque inglés podría definirse como la más cosmopolita de España: en ella cazan desde el príncipe Guillermo de Inglaterra, su ahijado, hasta la princesa Carolina de Mónaco.

En La Garganta, el flechazo entre el monarca *playboy* y la audaz princesa por matrimonio fue rápido, según cuentan los presentes en la citada cacería. El rey aún seguía frecuentando a la decoradora mallorquina Marta Gayá, pero su entorno no se sorprendió cuando empezó a dejarse ver con CSW. Hubo algunas excepciones, como un destacado político español que, junto a su mujer, se convirtió en íntimo amigo de Gayá y que desconfió siempre de los verdaderos motivos de CSW.

En general, entre 2004 y 2012 el *establishment* político y económico español abrió sus brazos a CSW «para agradar a su majestad». En febrero de 2004 aún gobernaba en España el PP de José María Aznar, y Mariano Rajoy se perfilaba como su seguro sucesor en las cercanas elecciones. Sin embargo, los atentados yihadistas del 11 de marzo dieron un giro dramático a ese plan preestablecido, y el socialista José Luis Rodríguez Zapatero llegó al poder en un año trágico y políticamente muy convulso. Ese fue el año en el que CSW se afianzó en España como nueva compañera oficial del rey.

Apenas seis semanas después de conocerla, el monarca ya le estaba pidiendo cosas. Lo primero, organizar la boda de los príncipes de Asturias que iba a tener lugar en el mes de mayo. «Sí, es verdad que él me ha presentado a mucha gente, pero yo a él también», suele decir abiertamente CSW, una mujer de fuerte carácter que según su entorno tiene como referente a Boudica, la reina celta que habitó en Britania y que encabezó la mayor revuelta en la isla contra el imperio romano en los años 60 y 61 de nuestra era.

Lo segundo, que le buscara un empleo «digno» a Iñaki Urdangarin, al que ese año el rey tuvo que prestar-donar un millón de euros para que pudiera comprar la casa de Pedralbes con un crédito de La Caixa.

De encargo en encargo, tres años más tarde, CSW estaba tan establecida como pareja del rey en España que fue invitada a participar en la celebración de la Copa de América en Valencia, como tripulante 18, a bordo del *Desafío Español*. Igual distinción —la de ir a bordo con los diecisiete tripulantes pero sin participar— tuvieron el propio monarca, su hija la infanta Cristina y su yerno Iñaki Urdangarin.

Tenía además CSW, en 2007, su casa en el monte de El Pardo y todas sus necesidades cubiertas por los empleados de La Zarzuela, que se referían a ella con respeto como «la señora del pabellón». Y muchos de los recados que CSW tenía que hacer en Madrid capital iban precedidos de una llamada de palacio en la que se anunciaba la llegada de una «amiga» del rey a la que el monarca quería que se tratara bien.

Con altibajos en la relación, las cosas siguieron así hasta el 14 de abril de 2012. Hasta esa fatídica fecha para el monarca, conocer a CSW era señal de formar parte del *entourage* íntimo de don Juan Carlos, algo que producía un indisimulado placer en un entorno palaciego muy dado a atraer a arribistas. Después, tras el escándalo de Botsuana, la consigna cambió misteriosamente y el recuerdo de CSW empezó a evaporarse incluso de la mente de aquellos que en su día se habían jactado de conocerla. CSW se transformó en la España postBotsuana en alguien a quien las élites solo conocían «de oídas».

A partir de 2012, CSW comenzó a ser vista asimismo como culpable de la mayoría de los problemas del rey. La gota que colmó el vaso del frente *antialemana* fue la entrevista que publicamos en *El Mundo* el domingo 24 de febrero de 2013. Para defenderse de las acusaciones que recaían sobre ella, CSW no tuvo otra cosa que hacer que referirse a su «trabajo gratis y confidencial» para el Gobierno español. Todavía están esperando en el Congreso de los Diputados a que el ministro de Asuntos Exteriores, José Manuel García-Margallo, acuda a dar las explicaciones pertinentes sobre unos trabajos que tanto recuerdan a esos recados que Manolo Prado, el *superembajador* del pasado, realizó para el rey y para España.

En esa misma semana, CSW se dejó ver en *El Mundo*, en *¡Hola!* y en *Paris Match*. Un año después del escándalo de Botsuana, los españoles asistieron estupefactos a la irrupción pública de una mujer que nadie definía entonces como la pareja oficial del rey pero que todos sabían que lo era. Una señora monárquica *de toda la vida* exclamó angustiada al ver la portada de *El Mundo* el domingo 24 de febrero de 2013: «¡Esto es lo peor que le ha pasado nunca al rey!».

A día de hoy, CSW goza de bastante mala prensa dentro y fuera de España. Al preguntar por ella aquí, apenas una persona me la describió en términos objetivos como «una mujer muy inteligente, hermosa, fría, preparada, de mundo, políglota y encantadora». El resto de los entrevistados utilizó términos como «ese ser», «esa mujer», «esa mujer diabólica», «esa mujer que tanto daño ha hecho a España», «la rubia» o calificativos peores, machistas y groseros. Entre los más halagüeños, me topé con adjetivos como «manipuladora» y «enredadora». «Corinna viene del arroyo, y por eso la entiendo tan bien», fue el resumen que me hizo una persona que supuestamente forma parte del círculo de amigos de Juan Carlos I, si es que eso existe.

¿Una versión castiza de Wallis Simpson, la plebeya americana por la que Eduardo VIII renunció a un trono y a un imperio en 1936? Decididamente, no. Mrs. Simpson, divorciada de un primer marido y en trámites de divorcio del segundo, se casó con el exrey de Inglaterra el 3 de junio de 1937. En lo único que recuerda el caso de CSW al famoso de los duques de Windsor es en que también a la «consultora global» se le atribuye, como en su día a Mrs. Simpson, una influencia fuera de lo normal, casi maléfica, sobre el monarca. «Llegó un momento en que sabía cuándo me repetía las palabras que le había dicho ella», me explicó un colaborador del monarca que vio en CSW el peor ejemplo de una *femme fatale*.

Pero ¿quién es su alteza serenísima la princesa Corinna zu Sayn-Wittgenstein, esa que «tanto daño le ha hecho al rey y a España»? Las palabras entrecomilladas corresponden a la definición que de CSW hace un hombre aparentemente decente, que conoce bien a Juan Carlos I y que está convencido de que su trabajo ha estado siempre destinado a hacer «lo mejor para España». Este empresario no ha tenido relación directa con CSW, de la misma manera que tampoco trató nunca a Manolo Prado, Javier de la Rosa o Mario Conde, pero se atreve a situarla en un nivel similar a los casos citados, a los que considera todos «personas que se aprovecharon del rey en su propio beneficio».

Pocos de los entrevistados reconocen el dicho anglosajón tan adecuado para este caso: «*It takes two to tango*», «Dos no bailan si uno no quiere». Sobre todo cuando uno de ellos es uno de los jefes de Estado más longevos y reputados de Occidente, una especie de versión española de Helmut Kohl o de Mijaíl Gorbachov. La mayoría prefiere atribuirle a CSW más capacidad de enredo que al rey incapacidad para gestionar su vida personal con ejemplaridad. Existe la caricatura de la pérfida extranjera que vino a España a aprovecharse de un rey mayor y enamoradizo, un hombre generoso y amigo de sus amigos.

Existe también el convencimiento en el entorno de CSW de que ella fue el chivo expiatorio, el eslabón más débil de un reinado que venía viciado de lejos. En ocasiones, para defender su honor mancillado, CSW no ha dudado en transformarse en Boudica y apoyarse en la lanza de Schillings, uno de los principales bufetes de Londres. Otras ha optado por el silencio.

En varias ocasiones he entrevistado a CSW, con la que aún mantengo una correspondencia electrónica. Por el contrario, nunca recibí respuesta oficial a mi petición de entrevista con el rey. Cuando he intentado hablar con él, se ha negado. Por tanto, todo lo que aquí escribo sobre él está basado en testimonios de personas que han interpretado sus sentimientos y sus palabras.

CSW ha tenido una vida ajetreada con domicilios en Fráncfort, Río de Janeiro, Marbella, Ginebra, París, Londres, Montecarlo y Madrid. En algunos de estos sitios he hablado con gente que la conoce. A ella le gusta definirse como una «ciudadana del mundo», que es una expresión que suelen utilizar los que carecen de raíces como ella. CSW es muchas personas a la vez, pero la manera en la que es vista por los demás se asemeja bastante a la definición que de ella hizo durante el escándalo de Botsuana el hilarante Taki Theodoracopulos, la mente detrás de *Taki's Magazine*, la revista social seguida en Manhattan, Mayfair y Gstaad: «Una mujer ambiciosa que se aproxima a los cincuenta años que se lo ha montado bien social y económicamente. Wittgenstein es una chica normal del sur de Alemania que se convirtió en princesa al casarse con la oveja negra de una familia alemana noble».

CSW, que por nacimiento pertenece efectivamente a la clase media, entró por matrimonio en el *Almanaque de Gotha*, de donde no parece muy dispuesta a salir. Allí, en la página 715 del primer volumen de la biblia mundial de la nobleza, encontramos algunos datos biográficos suyos más fiables que los de Wikipedia: nació en Fráncfort el 28 de enero de 1965, hija de Finn Bönning Larsen, un ciudadano de origen danés-húngaro, y de su segunda esposa, la alemana Ingrid Sauerland. Tiene dos hermanos mayores del primer matrimonio de su padre y otro más pequeño, Sven Erik, con el que comparte la misma madre. Su padre tenía más de cuarenta y cinco años cuando ella y su hermano pequeño vinieron al mundo, y eso explica en parte, según la propia CSW, la «absoluta adoración» que sentía por él.

El pequeño *Gotha* de color carmín es la mejor fuente para hacerse con las fechas correctas y para comprobar lo cortos que fueron sus dos matrimonios. CSW tenía veinticuatro años cuando se casó en París con el norteamericano Philip Adkins, un banquero de inversiones siete años mayor que ella nacido en Michigan el 27 de julio de 1958. Apenas cuatro años duró esa unión, de 1989 a 1993, de la que nació Nastassia en 1992, que hoy día trabaja en Londres en el *hedgefund* de una buena amiga.

A los treinta y cinco años, CSW se casó por segunda vez con el *Fürst* (príncipe, en alemán) Johann Casimir Ludwig Karl Andreas Maria Rudolf zu Sayn-Wittgenstein, un hombre once años menor que ella nacido en Coblenza el 4 de mayo de 1976. Ese segundo matrimonio duró, sobre el papel, cinco años, del 26 de octubre de 2000 al 6 de octubre de 2005, pero en realidad fue mucho más breve. En febrero de 2004, cuando CSW inició su relación con el rey, ya llevaba tiempo separada del padre de su hijo Alexander, que nació el 18 de febrero de 2002 y es el mayor de los nietos de la Casa Sponheim, que así se llama la rama en cuestión de esta familia noble que data de 1128. El niño recibió el nombre de Alexander Kyril Ludwig Peter Salentin Maria Gabriel cuando fue bautizado cuatro meses más tarde en la capilla católica del castillo de los Sayn-Wittgenstein en Alemania. Antes de su nacimiento, sus padres habían contraído matrimonio católico en Salzburgo después de que Corinna consiguiera anular su unión con Philip Adkins. Hubo otro niño que nació muerto el 26 de noviembre del año 2000, apenas un mes después de que Corinna y el príncipe contrajeran matrimonio civil en Chelsea, el barrio de Salamanca en versión Londres. CSW estaba en avanzado estado de gestación cuando se casó con el príncipe, y ese detalle hizo que un amigo de Casimir se negara a ser testigo de la boda: «No me dio buena espina».

El matrimonio «fue difícil» desde el principio debido al gusto por la vida nocturna del príncipe alemán, pero en junio de 2001 la trágica muerte en accidente de coche de Filippa, una hermana más joven que Casimir, los unió temporalmente, según el entorno de CSW. La pareja no nadaba en la abundancia: Casimir era más conocido en los clubs nocturnos de Londres que en las oficinas de la City. Ella se ocupaba del mantenimiento del hogar con su trabajo en Boss & Co, que la obligaba a viajar constantemente.

Si está divorciada, ¿por qué sigue usando el apellido y el título del que fue su segundo marido? La razón parece obvia, pero cuando la entrevisté por primera vez ella explicó que su acuerdo de divorcio incluye el uso vitalicio del apellido para hacerlo coincidir con el de su hijo (mientras el niño sea menor de edad tiene derecho a ello en Inglaterra a efectos de facilidad en los documentos oficiales y de viaje), así como a ser denominada «alteza serenísima» hasta que Casimir vuelva a casarse, algo poco probable teniendo en cuenta la agitada vida social del príncipe.

En el primer perfil que escribí sobre ella en *El Mundo*, antes de conocerla, la denominé «la comisionista de los tres nombres», basándome en los testimonios de terceras personas. Después de conocerla, esa historia en blanco y negro se llenó de grises. CSW no es una mujer al uso, pero no hay que olvidar que fue el rey el que facilitó su entrada en España y el que provocó, en última instancia, el escándalo.

Sobre ella llama la atención la excelente relación que mantiene con sus dos exmaridos, muy especialmente con el primero, Adkins, el exempleado de Citigroup que, tras dejar la banca de inversiones, se dedicó a la cría de caballos en su finca de Sussex, al sur de Inglaterra. A través de CSW, Adkins es hoy un hombre muy cercano a Juan Carlos I, con el que ha cazado en numerosas ocasiones, al que acoge en su enorme casa de campo cuando el monarca visita Inglaterra y con el que tan pronto almuerza en Madrid como en Los Ángeles.

Adkins, de cincuenta y siete años, es un hombre atractivo y atlético con una buena cabeza financiera. Uno de sus caballos, Parkmore Ed, llegó a brillar en algunas carreras pero, según fuentes del sector, en el entorno ecuestre sigue siendo un «ambicioso *amateur*». Protege a CSW, que es la madre de su única hija, y en pleno escándalo postBotsuana, no dudó en tapar a su exmujer al calificarla de «amiga» y solo «amiga» del rey en la edición española de la revista *Vanity Fair*.

Casimir, por el contrario, tiende a ser protegido por CSW, que ha llegado a definirlo como «un buen tipo, perfectamente benigno, pero un desastre». Durante años, ella lo ha ayudado económicamente, aunque según fuentes de Londres parece que ahora «empieza a salir de los tabloides para enderezar su vida profesional». Ella se cuida mucho de hablar negativamente sobre la familia Sayn-Wittgenstein, a la que siempre se declara «muy cercana». Extrañamente, un amigo de la familia no esconde sus sentimientos hacia ella: mantiene que los Sayn-Wittgenstein se esfuerzan por no hacer ostentación de sus credenciales aristocráticas mientras que CSW «pasea el título de princesa como tarjeta de visita en un mundo de *name droppers* —los que utilizan los apellidos para medrar— y arribistas».

En España, los Sayn-Wittgenstein están emparentados con Aline Griffith, la condesa viuda de Romanones, cuyo hijo, Luis de Figueroa y Griffith, estuvo casado con la princesa Theresia zu Sayn-Wittgenstein, tía de Casimir. CSW conoce bien la finca Pascualete de los Romanones en Extremadura, donde ha llegado a compartir habitación con Alejandra Rojas. Alejandra Rojas es la única hija que Charo Montarco tuvo al casarse con el anciano duque, que se había quedado viudo. Durante un tiempo, Rojas fue novia del segundo hijo de Nati Abascal, que siempre se ha ocupado muy estrechamente de Alejandra.

Así es el mundo de CSW: un tupido entramado de nombres, títulos y negocios que ella atiende con elegancia y simpatía. La primera vez que la vi me llamaron la atención sus piernas, tan largas, y sus ojos tan claros. Por su físico y su pelo está claro que es europea del norte, pero por su forma de ser podría haber nacido en el sur. Tiene una mente ágil, una risa fácil y una charla amena que la llevan a encontrar siempre estupendos apodos. Sabe elegir el vino, usar el perfume justo y mantener la distancia cuando es necesario; o, por el contrario, hacer reír a carcajadas a su interlocutor si el momento lo requiere.

CSW puede ser, efectivamente, muy simpática, ocurrente, llena de vida y de energía, pero en un segundo puede también cambiar de humor y ponerse en guardia. Esta es la mejor definición que he oído de Corinna, y a ella le gusta repetirla: «Un hombre con cuerpo de mujer». Algunos atribuyen esa alegría de vivir a los genes húngaros de su padre, al que adoraba, y que murió de cáncer pancreático en agosto de 2009 a punto de cumplir los ochenta y nueve años. Una *joie de vivre* que supo compartir con Juan Carlos I durante casi diez años.

Su padre, Finn Larsen, era el representante en Europa de las líneas aéreas brasileñas Varig, lo que le proporcionó contactos internacionales que no habría hecho en el tranquilo suburbio de Bad-Soden donde vivía, a las afueras de Fráncfort. En verano, los Larsen iban de vacaciones a Río de Janeiro y a Marbella, donde se dejaron fotografiar en el Marbella Club, según el álbum familiar. En la localidad malagueña, el matrimonio Larsen se acercó a la *jet set* internacional de los años setenta y ochenta del siglo pasado, y allí CSW conoció a Kiko, el hijo mayor del príncipe Alfonso de Hohenlohe y de Ira de Fürstenberg; también, según un conocido de la familia citado por el diario alemán *Bild*, fue donde se «enamoró de la dulce vida: desde entonces ha buscado siempre la compañía de los ricos y los famosos». Ella lo niega, y afirma que *siempre* formó parte de esos ricos y esos famosos.

A los dieciocho años, CSW se fue a Ginebra a estudiar Relaciones Internacionales a la Webster University, que es una rama de la universidad americana de San Luis, y allí se especializó en «el conflicto religioso en Oriente Medio», según su entorno. De esa época datan sus primeros contactos con gente del Golfo Pérsico, cuyas familias *bien* enviaban a sus hijos a estudiar al extranjero.

Con veintiún años se instaló en París. Allí «trabajaba duro» para mantener un minúsculo apartamento en una buena ubicación, algo que siempre ha sido muy importante para ella: «*Location, location, location!*». En el número 26 de la avenue Montaigne, una de las mejores zonas de París, se convirtió en vecina de miembros de la *jet set* internacional, como los multimillonarios colombianos Santo Domingo. Para aumentar sus ingresos, dio clases de idiomas a los hijos de Martine Chancel, una alta ejecutiva de L'Óreal a la que conoció mientras trabajaba en el departamento de *marketing* internacional. Martine fue para ella una especie de segunda madre, y su marido, el periodista radiofónico Jacques Chancel, su mentor en las artes de la comunicación.

El siguiente paso profesional de CSW la llevó de la mano de Chancel a la Compagnie Générale des Eaux (CGE), una empresa hoy desaparecida y que dio lugar al gigante de telecomunicaciones y medios Vivendi. Mientras trabajaba en CGE, conoció a Adkins, que entonces estaba destinado en Japón con Citigroup, donde había empezado a trabajar tras formarse en dos de las mejores universidades de Estados Unidos, Columbia y Harvard. Parece ser que Adkins ganó mucho dinero en la banca de inversión y se retiró muy joven.

Dos años después de contraer matrimonio, en 1991, la pareja se instaló en Londres con Adkins ya retirado y como gran inversor de una cervecera en Australia. En 1995, con treinta años, y ya divorciada y madre de una niña pequeña, CSW empezó a frecuentar en Londres a Luce Danielson, la diseñadora de joyas belga que posteriormente se convertiría en la segunda mujer de Winston Spencer-Churchill, nieto de Winston Churchill, y cuya familia sigue formando parte destacada en la agenda de contactos de CSW. Luce Spencer-Churchill, viuda desde hace unos meses, sigue siendo una de sus grandes amigas.

Como también lo es otra viuda, Lily Mahtani, que estuvo casada con el duque de Marlborough, John George Vanderbilt Henry Spencer-Churchill, señor de Blenheim Palace (donde nació el primer ministro Winston Churchill, su primo hermano), que murió hace poco con ochenta y ocho años. Mahtani, que tiene la misma edad que CSW, asistió junto a su amiga en 2014 al Louis Vuitton Cruise Line Show de Montecarlo.

Hay una tercera Spencer-Churchill en el listado de amigas. Se trata de lady Alexandra Spencer-Churchill, la hija más pequeña del duque, que fue su asistente personal en la agencia Boss, y una figura fundamental en la organización de la boda de los príncipes de Asturias.

Como Luce Danielson con el *nietísimo* de Winston Churchill, CSW (que entonces usaba indistintamente su apellido de soltera, Larsen, o el de su exmarido, Adkins) estuvo a punto de casarse con su nuevo novio, el multimillonario Gert-Rudolph Flick («Muck» Flick), nieto del fundador de la Mercedes, veintidós años mayor que ella y dos veces divorciado. Sin embargo, este prefirió hacerlo con una mujer de nombre parecido —Corinne Müller-Vivil—, pero doce años más joven que CSW.

Poco después, se quedó embarazada de Casimir, segundo hijo varón de los siete hijos del príncipe Alexander zu Sayn-Wittgenstein y la condesa Gabriele von Schönborn-Wiesentheid.

Los amigos de Casimir en Londres son, como él, guapos y de conocidos apellidos: Zac Goldsmith, millonario ecologista hijo de sir James Goldsmith y lady Annabel, hermano de Jemima, quien fue mujer del millonario pakistaní Imram Khan y novia del actor Hugh Grant; Sophia Hesketh, la estilista hija de lord Fermor-Hesketh, o lord Frederick Windsor, «Freddie», hijo de los príncipes Michael de Kent y sobrino de la reina de Inglaterra. Una época, compartió piso y andanzas nocturnas en King's Road con otro príncipe alemán, Lucio Solms (otro *Fürst* de largos apellidos, pero con una carrera más prometedora en Morgan Stanley).

Después del divorcio de CSW, al príncipe Casimir se le conocen novias como la modelo Amanda Cronin, la noble Cecilia von Bismarck o la rica americana Tinsley Mortimer. Durante un tiempo, casi trabajó para el multimillonario Arpad, «Arki», Busson, ex de Uma Thurman.

En 1999, un año antes de casarse con Casimir, CSW empezó a trabajar para Boss & Co, la empresa de armas y caza más antigua del Reino Unido, que entonces aún ocupaba su histórica sede en el número 16 de Mount Street y estaba entre las tres grandes junto a Purdey & Sons —adquirida en 1994 por Richemont, el gigante del lujo que incluye a Cartier y Montblanc— y Holland & Holland —comprada en 1996 por Chanel.

Boss & Co tuvo menos suerte que sus competidores: fue comprada por un grupo de empresarios británicos de menor potencia financiera que los gigantes Richemont y Chanel. CSW aprovechó la oportunidad y, convertida en directora gerente, inició la transformación de la mustia tienda, que apenas vendía doce escopetas al año, en una agencia deportiva en toda regla. Era la única mujer ejecutiva de la empresa, y entró muy fácilmente en un mundo de hombres como especialista en la organización de *hunting parties*, que son la versión glamurosa de las monterías. Así se lo contó ella misma al *Times* en esa época: «Cazar es la gran escapada y es lo que les gusta a los hombres más poderosos de Gran Bretaña. Es una actividad muy masculina, las mujeres prefieren ir al Chelsea Flower Show. No suenan los teléfonos y tiene el efecto de poner a todo el mundo al mismo nivel. De ahí que sea un contexto ideal para los negocios».

A través de esas *monterías-fiestas* se codeó, aún más, con millonarios provenientes de todo el planeta. A los norteamericanos ricos, al igual que a los rusos y los árabes, todos ellos *nouveaux riches* de las finanzas globales, les encanta cazar en el viejo mundo en vivo y en directo, lo más cerca posible de la rancia y a menudo empobrecida aristocracia europea.

CSW hacía de vínculo, de organizadora, de animadora, de participante. Uno de sus principales clientes fue el magnate del acero Vladimir Lisin, presidente de la Federación de Caza de Rusia y dueño de un espectacular castillo en Escocia. Y, de la mano de estas monterías, no tardaría en pasarse a la intermediación internacional como forma de vida y a transformarse en consultora global de negocios.

Mientras la agenda de contactos de CSW se convertía en su más preciado bien, la competencia se hacía cada vez más dura para la tienda fundada en 1814 por Thomas Boss. Según CSW, fue el multimillonario sudafricano Johann Rupert el que supo descubrir en ella potencialidad como «mujer de negocios». A través de Richemont, Rupert era también el dueño de Purdey, uno de los dos principales competidores de Boss, y tuvo así ocasión de conocerla, viéndola «en acción» en los eventos que se organizaban en Londres para potenciales cazadores. Según la propia CSW, fue Johann Rupert el que le recomendó que se desvinculara de Boss, cuyo futuro se presentaba muy incierto, y que creara su propia empresa. Otras fuentes subrayan «la casualidad» que hay detrás de la constitución de su empresa de asesoría, Apollonia Associates, justo un año y pico después de conocer al rey.

Ella mantiene que Apollonia estaba ya en su mente cuando inició la relación con don Juan Carlos, aunque tardó año y medio en dejar la armería y crear la empresa de *consulting* global. «No era una rubia muerta de hambre, como dicen de mí en España. Ya me había convertido en una mujer de negocios internacional con un Rolodex por el que más de uno habría matado», me recordó durante aquellas primeras entrevistas en referencia a esa vieja agenda giratoria que se convirtió en sinónimo de persona bien relacionada gracias a Pierre Salinger —Lucky Pierre—, el histórico portavoz del presidente John F. Kennedy.

Según la información pública disponible, Apollonia Associates fue inscrita en el directorio de empresas del Reino Unido el 1 de noviembre de 2005. Sus numerosos traslados provocaron la sospecha de la prensa española, que se interesó por los pasos de la compañía a partir del escándalo de Botsuana. Según el círculo de CSW, las diferentes estructuras de Apollonia saltan de un país a otro dependiendo del lugar geográfico donde se esté desarrollando el trabajo. Así, la filial, del Reino Unido se disolvió el 3 de abril de 2012 porque cesaron sus operaciones en ese país.

Otra rama figuró en La Valetta, Malta, hasta el verano de 2014 como Apollonia Associates Limited bajo el número C50777 y como Appollonia Associates Holdings con el C50776, porque CSW y su socia, la española Isabel Falkenberg, trabajaron en la venta de una empresa subsidiaria de Investindustrial (propiedad de la familia Bonomi, dueña de PortAventura) que requería un territorio *onshore* (es decir, local) como Malta para pagar los impuestos correspondientes. CSW y Falkenberg concluyeron la venta de la empresa de Investindustrial a una compañía del Gobierno de Abu Dabi en 2013 y cerraron la operación en La Valetta el año siguiente.

En la actualidad, la empresa matriz, que se llama Apollonia Holdings, está radicada en Mónaco, donde CSW tiene residencia desde 2008 y donde cuenta con dos oficinas. Según dicen, la empresa sigue estando «perfectamente operativa».

Leyendo su antigua página web en el Reino Unido, Apollonia crea «soluciones estratégicas» y es «experta en gestión de relaciones estratégicas para instituciones internacionales, gobiernos y grandes inversores individuales, representándolos en localizaciones geográficas donde carecen de contacto directo con las instituciones relevantes para maximizar los beneficios de sus intereses profesionales».

En 2008, cuando CSW se trasladó a vivir a Mónaco ciento ochenta y seis días al año por motivos fiscales, la dirección postal pasó a figurar en Montecarlo, pero, en la ficha antigua de La Valetta, su lugar de residencia figura en España. La directora de AA es ella misma, mientras que el secretario es un ciudadano inglés llamado Richard Frederick Maxwell Cook, especialista en gestión de sociedades en paraísos fiscales que opera desde Panamá (su oficina está en Ciudad de Panamá en el segundo piso de la Torre Marbella, situada en East 53rd Street).

Esta mujer sofisticada y de negocios fue la persona con la que el rey se topó en La Garganta. Sus circunstancias, tan distintas de las de la decoradora mallorquina Marta Gayá o de las de la *vedette* Bárbara Rey, llegaron a provocarle con los años un cierto desprecio por España, a la que, según su entorno, llegó a ver como una especie de «república bananera» regida por un «capitalismo de viejos amigos».

En el inicio, sin embargo, don Juan Carlos y CSW sintieron una inmediata conexión a través de la caza y los negocios internacionales. Por eso el rey confió desde el principio en su criterio y le encargó diversos trabajos. Durante más de un año, entre febrero de 2004 y el verano de 2005, don Juan Carlos llamaba a menudo a la tienda de Mount Street para hablar con CSW haciéndose pasar por un tal «Mr. Schumer».

La luna de miel de don Felipe y doña Letizia fue uno de estos encargos y sigue estando considerada como un éxito rotundo: duró treinta y dos días y fue absolutamente paradisíaca, aunque solo haya imágenes de los príncipes en Cuenca, Teruel, Zaragoza, Navarra y País Vasco. El segundo trabajo, que comenzó con una cena en Londres el 22 de junio de 2004 con Iñaki Urdangarin, no salió adelante y provocó daños colaterales inimaginables entonces, como esa imagen de CSW sentada el 28 de octubre de 2004 en la mesa presidencial del Valencia Summit, la conferencia organizada por el Instituto Nóos con fondos públicos.

Ese año 2004 hubo una tercera petición profesional del rey a CSW: que le ayudara a organizar una visita privada a Rusia para normalizar las relaciones con Vladimir Putin, porque temió que Madrid se dispusiera a variar su política antiterrorista tras la súbita retirada de tropas de Irak. Zapatero tenía previsto viajar a Moscú el 1 de diciembre para tranquilizar a Putin, pero canceló la visita en el último momento hasta el día 10. El rey empezaba preocuparse por el giro de la política exterior del presidente del gobierno socialista y quería acercarse a Putin, así que CSW se puso manos a la obra con Vladimir Lisin, el magnate del acero al que conocía por su trabajo organizando cacerías y que forma parte de la lista de oligarcas de cabecera de Putin. Este preparó en junio de 2005 la visita privada del rey al Kremlin y, a partir de ese viaje, las relaciones entre Putin y Juan Carlos I se han ido estrechando hasta alcanzar un nivel de intimidad parecido al que el rey emérito tiene con algunos mandatarios árabes como el actual rey de Arabia Saudí, Salman bin Abdulaziz al-Saud.

En 2005, según una persona que los trató desde el principio, la relación entre el rey y CSW era ya la de una pareja estable. «Se comportaban como almas gemelas», recuerda mi confidente, que comparte a medias la opinión de otras personas de que CSW vino a ocupar en el corazón y en la cabeza de don Juan Carlos el lugar dejado por Manolo Prado y Colón de Carvajal, quien durante treinta años fue el gestor del patrimonio del monarca pero también «su amigo más íntimo».

El rey pareció olvidarse de los serios problemas de imagen que le causaron en la anterior década Prado y sus amigos Javier de la Rosa y Mario Conde y se volcó con CSW. Según Pepe

García Abad en su libro *La soledad del rey*, publicado en 2004, Mario Conde fue «la más peligrosa y comprometedora» amistad del monarca. Escribe Abad: «Conde compartió el destino carcelario, inquietante para la monarquía, con otros financieros que integraron la corte de los negocios de Juan Carlos I: Manuel Prado y Colón de Carvajal, Javier de la Rosa, José María Ruiz Mateos, Francisco Sitges, Zourab Tchokotua, Alberto Cortina y Alberto Alcocer. Conde superó a todos en ambición». Diez años más tarde, los hay en España que definen la de CSW como la relación «más peligrosa» del rey, más incluso que las de los citados, y la que más aceleró su abdicación antes de tiempo. El entorno de ella, sin embargo, niega rotundamente estas acusaciones.

Una persona cercana a Manolo Prado me describió al intendente del rey como «un tipo muy simpático y con mucha cara» que nunca terminó sus estudios pero que «ejercía como embajador de España con una prestancia que ya quisieran para sí muchos funcionarios de Exteriores». No en vano, sus padres fueron un diplomático chileno y una aristócrata española descendiente de Cristóbal Colón. Como el rey, era «arrojado, confiado y embaucador». Han pasado a la historia de los libros sobre la Transición española algunas de las «delicadas misiones» que este hombre hizo para el monarca, desde la famosa visita a Ceaucescu en Rumanía para conseguir hilo directo con Santiago Carrillo o la que hizo a Kissinger en Washington para conseguir su apoyo durante la Marcha Verde. Pero cuando la política se normalizó en España, llegó la hora del dinero. A Prado le gustaba definirse como intendente real de Juan Carlos I, al igual que el conde de Ruiseñada lo fue de Alfonso XIII o el conde de los Gaitanes de don Juan de Borbón. El problema surgió cuando fue condenado junto a Javier de la Rosa por apropiación indebida a través de KIO. Hasta ahora, ninguna investigación periodística ha podido determinar si Prado actuaba «en su nombre».

El entorno de CSW rechaza categóricamente la definición de «amante y administradora» del rey que le dan algunos en España. Ella siempre ha cuidado mucho su imagen debido al trabajo que desempeña, y su entorno denuncia el «daño para su reputación» que ha sufrido desde que en 2012 se hizo pública su relación con el rey.

Sin embargo, todo hace pensar que el caso de Prado, el anterior «favorito real» fue peor que el de CSW. Además de sufrir daño en la imagen, este acabó ingresando en prisión en su Sevilla de adopción el 26 de abril de 2004. Dos meses después salió «por razones de salud» y, a día de hoy, su viuda, Celia García-Corona, sigue preservando la memoria de su marido y la lealtad que él guardó hasta el final a don Juan Carlos. No obstante, otros allegados no dudan en afirmar que el monarca «lo dejó tirado» cuando empezaron a salir las noticias sobre los negocios. Prado enfermó, don Juan Carlos dejó de llamarlo y cuando iba a Sevilla «ni siquiera pasaba a darle un abrazo», según el relato de personas cercanas a la familia: «Manolo se dio cuenta de que lo había abandonado, pero le fue leal hasta el último día, incluso lo defendía delante de terceros».

Aun así, señalan estas fuentes, la procesión iba por dentro: «Se quería morir, no tenía ilusión por seguir viviendo». Con varios *bypass* y un cáncer de piel, Prado murió finalmente el 5 de diciembre de 2009 «sin un duro», porque al parecer se lo embargaron todo, incluidas las fincas y las casas. Su hijo pequeño, Álvaro, que estudia en Madrid, ha sido amadrinado por una prima del padre, que le paga los estudios y lo hospeda en su casa. Su segunda esposa, Celia García-Corona, carece de pensión de viudedad porque Prado no cotizó en ningún momento de su vida.

Para los allegados de Prado que se han decidido a hablar sobre «lo mal que se portó el rey con Manolo», el monarca «se aparta de todo lo que le es tóxico, como hizo con su propio padre, don Juan, en un momento dado. Eso, para los que les toca sufrirlo, es humanamente muy doloroso». Lo que pasó con su amigo «es un episodio muy duro y muy ilustrativo de cómo trata el rey a la gente que deja de servir sus intereses».

Otras fuentes ofrecen un relato menos dramático de los últimos días de Prado, y apuntan a que el rey «cuidó» hasta el final de su antiguo embajador en misión especial a través de Alberto Alcocer. Ese supuesto trato exquisito llevado a cabo por personas interpuestas ayudaría a explicar el silencio también exquisito del *hermano* de Juan Carlos I.

Para los dos de los cinco jefes de la Casa del Rey, CSW fue un tremendo dolor de cabeza. Primero Alberto Aza, de 2004 a 2011, y después Rafael Spottorno, de 2011 a 2014, llegaron pronto a una conclusión similar: «El problema con ella no es la cama, sino la billetera». A pesar de los disgustos, ambos tuvieron suerte: no fueron fulminantemente cesados a instancias de CSW, como supuestamente sí consiguió Marta Gayá con José Joaquín Puig de la Bellacasa, fugaz número dos de Sabino Fernández Campo, que saltó por los aires a petición expresa de la mallorquina, conocedora de la pobre opinión que el diplomático, católico practicante, tenía sobre su relación con don Juan Carlos.

Aun así, los diplomáticos Aza y Spottorno sudaron la camiseta. Y el cargo, aunque tiene rango y sueldo de ministro, ha visto disminuido su prestigio social tras los escándalos que ensombrecieron la última etapa del rey.

Aza, un hombre tan alto como don Juan Carlos y tan solo un año mayor que él, llevaba tiempo harto de una situación que él intuía «iba a acabar muy mal». El diplomático, hoy convertido en miembro vitalicio del Consejo de Estado, ha echado una «losa de silencio» sobre todo ese periodo para que actúe como una «capa que todo lo entierra». Los últimos tiempos en la Casa fueron tan difíciles para él que acabaron «afectando a su salud».

La jefatura de la Casa del Rey tenía que haber sido para él, sin embargo, la guinda del pastel en una prestigiosa carrera diplomática labrada en los despachos del poder. En junio de 1977, sustituyó a Carmen Díez de Rivera al frente de la jefatura de gabinete de Adolfo Suárez, el primer presidente de la democracia española. Lo entrevisté el año 2001, para el libro que escribí sobre Carmen, como director de la OID (Oficina de Información Diplomática, el brazo armado de comunicación del Ministerio de Asunto Exteriores) y así conocí sus suaves maneras y su aspecto de hombre bueno y tranquilo. Aza compartió conmigo su experiencia política, derivada de esa cercanía al poder y de los importantes acontecimientos vividos. Igual que a muchos, me pareció el perfecto hombre de Estado.

Durante ocho años, Aza fue embajador en Londres, donde se guarda de él un excelente recuerdo, quizá por su carácter flemático. A finales de 2002, tras un breve interregno como secretario general, llegó la jefatura de la Casa del Rey, un cargo que parecía irle como anillo al dedo, pero la luna de miel duró poco tiempo: el caso Nóos y CSW le amargaron la existencia.

«El rey lo engañaba con otros pelotas que le ayudaban a darle esquinazo», recuerda una persona del entorno en referencia a los problemas de Aza para controlar a don Juan Carlos. «Cada vez costaba más trabajo disciplinarlo. Engañaba también al presidente del Gobierno [entonces José Luis Rodríguez Zapatero]. Su actitud no era razonable, pero no había forma de pararlo. Sus problemas con CSW en esa época acrecentaron su indisciplina».

Esos *problemas* que el entorno de Zarzuela intuía entre el rey y CSW derivaban de la salud del primero. Cuanto mayor era su deterioro físico, más se obsesionaba con CSW y más se incrementaba su mal humor.

La primera mitad de 2011, los últimos meses de Aza en Zarzuela, fue especialmente dura para el diplomático asturiano. El año comenzó con la broma de Catalunya Radio, que hizo al rey ponerse al teléfono creyendo que lo llamaba Artur Mas. Al caer en ella, el monarca enfureció con todos, empezando por Aza.

El rey cada vez sufría más dolores de los que confesaba y tuvo que dejar de navegar y de cazar. Aunque en Zarzuela lo sabían, la crisis económica azotaba a España y Aza decidió duplicar las audiencias de carácter financiero. En primavera de 2011, cuando se empezaba ya a temer el rescate europeo y con una prima de riesgo de más de 200 puntos, don Juan Carlos recibió al influyente Josef Ackermann, presidente del Deutsche Bank, quien le avisó de los puntos negros del país: cajas de ahorro, autonomías y reforma laboral. Se empezó a filtrar a los medios la «intensa preocupación» con la que el monarca seguía el estado de la economía española. Don Juan Carlos sabía que el paro iba a dispararse a medida que se fueran poniendo en práctica las medidas del *telefonazo* del presidente de Estados Unidos a Zapatero en 2010.

Un punto de especial fricción con Aza fueron los viajes «ágiles» y «necesarios», según fuentes diplomáticas, con los que el monarca se desplazaba fuera de España sin la reina. Por ejemplo, el del 8 de abril de 2011, cuando almorzó en Berlín con el presidente Christian Wulff con el objetivo declarado de «tranquilizar» a Europa sobre los recursos de España para hacer frente a la crisis.

Esa Semana Santa, por primera vez en la historia, el rey no acudió a la tradicional misa del Domingo de Resurrección en la catedral de Palma, el acto religioso y familiar por antonomasia de la familia real. Zarzuela esgrimió la excusa de que don Juan Carlos tenía que «preparar» la visita oficial a España del emir de Qatar, Hamad bin Jalifa al-Thani y de su esposa, la jequesa Mozah. ¿Uno de los jefes de Estado más veteranos de Occidente no podía hacerse la foto porque tenía que *estudiarse* una visita? El motivo verdadero, el enorme rechazo que la reina doña Sofía provocaba en su marido, quedó claro viendo la televisión cuando llegaron el emir y su espectacular esposa a Madrid el 25 de abril de 2011: al recibir a pie de avión a los Al-Thani, el exmonarca tuvo un gesto grosero con la reina, a la que apartó bruscamente con la muleta de la alfombra roja. Juan Carlos I presentaba además un rostro gris y macilento, con las mejillas cubiertas por retazos de barba rala, una imagen más propia de alguien que había estado trasnochando que preparando un viaje de trabajo.

El muletazo inaceptable del rey heló la sangre de los *hombres de gris* de Zarzuela. Ramón Iribarren, el amable jefe de prensa de entonces, hizo una ronda de llamadas telefónicas entre los periodistas, consciente de que el gesto del monarca se había visto claramente por televisión.

Su conducta empezaba a ser «poco razonable», según los términos eufemísticos de su entorno. A lo largo de estos años, he visto detalles feos de don Juan Carlos hacia doña Sofía, con la que rara vez cruza palabra. Pero ese 25 de abril fue la constatación, en vivo y en directo para mí, de lo mal que iban las cosas en palacio.

El año anterior, el 25 de julio de 2010, en Santiago de Compostela, se produjo el aperitivo de la guerra que libraban los reyes. Ese día, durante la tradicional ofrenda al santo en la catedral de Santiago, el rey le espetó a la reina: «¡Suéltame, coño!», cuando esta le intentó ayudar al subir con dificultad el tramo de escaleras que conduce a la imagen del apóstol. A través de Televisión Española, los ciudadanos pudieron ver el extraño intercambio entre los reyes, ya que don Juan Carlos gesticulaba bruscamente con las manos. No oyeron, sin embargo, su grosero comentario. Sí se corrió la voz, por un palacio horrorizado, de la pérdida de formas públicas del rey.

De nuevo en 2011, apenas unos meses después de la llegada del emir de Qatar, don Juan Carlos volvió a mostrarse grosero con doña Sofía. Esa vez, al recibir al papa Benedicto XVI, el 20 de agosto, en el aeropuerto. Sobre la alfombra roja, don Juan Carlos hizo moverse a la reina y colocarse lejos del papa, de modo que él pudiera caminar a la derecha de Benedicto XVI. También aquí hubo un intercambio desagradable entre ellos a pesar de estar en presencia del santo padre. La reina llegó a mirar hacia los hombres de gris como pidiendo ayuda por el comportamiento incomprensible del monarca.

Nueve días después del muletazo con el emir de Qatar, el miércoles 4 de mayo de 2011, se suponía que el rey estaba de nuevo «trabajando» en La Zarzuela cuando, a media mañana, una web marroquí informó de su presencia en Marrakech para solidarizarse con Mohammed VI tras el atentado yihadista que había acabado con la vida de diecisiete personas. ¿Por qué no se anunció ese desplazamiento? Según Zarzuela, era una «visita privada» para dar el pésame al rey de Marruecos. ¿Por qué visita privada? Porque en el avión, y en contra de los deseos de Aza, viajaba CSW, que fue recibida en Marruecos como «pseudoconsorte» del rey. Tres días más tarde, don Juan Carlos se puso en manos del doctor Ángel Villamor en el hospital USP San José de Madrid para operarse de la rodilla derecha y, tras la operación, decidió hacer la rehabilitación en Barcelona para que CSW pudiera pasar más desapercibida a su lado.

La armadura del rey empezó a quebrarse al mismo tiempo que la paciencia de Aza, quien aprovechó la coincidencia de su setenta y cinco cumpleaños y la vacante de un puesto vitalicio en el Consejo de Estado para despedirse de Zarzuela. Le esperaba un trabajo cómodo y con empaque institucional en el antiguo palacio del duque de Uceda, en la calle Mayor de Madrid. Cuando presentó su dimisión, el rey la aceptó. Al despedirse de sus compañeros, los que se quedaron intuyeron el significado de sus palabras: «Vienen tiempos muy complicados». El caso Nóos estaba en apariencia encapsulado, pero Aza probablemente sospechaba que se trataba de «un *tsunami* que acabaría llevándose por delante a todos».

En agosto de 2011, al borde de la piscina del hotel Meliá en la urbanización Novo Sancti Petri de Chiclana de la Frontera, Spottorno recibió la llamada del rey con la buena nueva: sería el próximo jefe de la Casa. Algunos dicen que vieron al diplomático con champán y otros con vino. Brindar, brindó, ajeno a lo que se le venía encima. Spottorno, cuya imponente estatura supera casi a la del rey, ya había saboreado en los nueve años en los que fue número dos de Almansa los sinsabores de la vida privada de los habitantes de Zarzuela, muchos provocados por mujeres, como Gayá, Rey o Eva Sannum, la novia noruega del príncipe de Asturias.

Curtido en la diplomacia, donde llegó a ser jefe de gabinete de Francisco Fernández Ordóñez y de Javier Solana, es un hombre culto y divertido con excelentes contactos en la prensa, especialmente con el Grupo Prisa.

El 4 de septiembre de 2011, cuando Spottorno aún no se había instalado en Zarzuela, el rey volvió a operarse con Villamor, esta vez del tendón de Aquiles izquierdo. En la rueda de prensa posterior se nos dijo que el rey tardaría entre siete y diez semanas en volver a andar con normalidad, pero justo al mes, el 4 octubre, emprendió viaje a Sevilla para inaugurar la planta termosolar que los Sendagorta habían construido en Fuentes de Andalucía.

El proyecto, en asociación con el Gobierno de Abu Dabi, contó con la presencia del todopoderoso jeque Mohammed bin Zayed al-Nahyan y de su hermano Abdulá, el ministro de Asuntos Exteriores. Don Juan Carlos no dudó en acudir a Sevilla a instancias de CSW, que había servido de enlace entre él y los Al-

Nahyan, atraídos a España por las primas a las energías renovables que el Gobierno de Rodríguez Zapatero incrementó exponencialmente a partir de 2005.

Por culpa de este esfuerzo físico realizado antes de tiempo, ocho días más tarde el rey tuvo que ser transportado en un vehículo militar durante el desfile de la última fiesta nacional en la que la familia real estuvo al completo: reyes, príncipes de Asturias, infanta Elena y el matrimonio Urdangarin-Borbón en la tribuna oficial.

En noviembre, coincidiendo con el registro judicial de la sede del Instituto Nóos en Barcelona, el monarca decidió realizar un viaje perfectamente prescindible teniendo en cuenta lo que estaba ocurriendo en España: se marchó al Golfo Pérsico con CSW, quien en Doha asistió sola a una cena de gala organizada por el emir y su bella Mozah en la que se recaudaron quince millones de dólares para obras de caridad en países musulmanes. Juntos se presentaron después a la Fórmula Uno de Abu Dabi, a la que el rey llevaba acudiendo desde la primera edición en 2009.

Durante ese viaje, el 14 de noviembre, Sheikha Fátima, la máxima autoridad femenina de Emiratos Árabes, ofreció un banquete a algunas «dignatarias» que asistían a la Fórmula Uno en la isla de Yas. Junto a las esposas de los presidentes de Sudáfrica y de Gabón, así como la del príncipe Faisal bin Hussein de Jordania, acudió CSW como pseudomujer del rey de España.

Sheikha Fátima, cuyo título es el de Madre de la Nación y es una de las mujeres más ricas del mundo, recibió a las cuatro «dignatarias» en el palacio Al-Bahar, un equivalente protocolario al palacio de El Pardo de Madrid. ¿Quién gestionó la presencia de CSW en Al-Bahar? Porque, al parecer, el embajador de España en Abu Dabi, Gonzalo de Benito, solo supo a posteriori que ella había estado almorzando con la jequesa.

«Las dignatarias están visitando el país para asistir a la ceremonia de clausura del Gran Premio de Fórmula Uno Etihad Airways

Abu Dabi», señaló la agencia oficial de noticias de EAU, que informó también de la presencia de cinco jequesas. Según fuentes solventes, una de las jequesas se refirió a CSW como «segunda esposa del rey de España».

Spottorno pudo comprobar así, recién instalado en su puesto, el enorme poder que ejercía la alemana sobre el monarca, que seguía sus consejos «al pie de la letra». El jefe del CNI, el general Félix Sanz Roldán, ya le había puesto la proa a CSW, y Spottorno se unió a él en el recelo hacia «esa mujer» que viajaba con el rey a su antojo sin informar adecuadamente al Gobierno.

Esta inusual manera de viajar había cobrado fuerza bajo el Gobierno de Zapatero: los viajes privados del rey, aunque incluyeran encuentros con los líderes del país de destino, no seguían la línea habitual de información del Ministerio de Asuntos Exteriores, sino que eran comunicados, como mucho, al gabinete del ministro. Justo antes de la caída en Botsuana, algunos embajadores empezaron a cuestionar esta manera de trabajar. Dos en concreto llegaron a preguntar a sus superiores si debían escribir telegramas al Ministerio sobre las visitas (personales) que el rey había realizado a los países en los que estaban destinados en marzo y en abril de 2012. Eran viajes privados pero realizados con medios públicos y con entrevistas con los líderes de esos países. ¿Diplomacia pública o privada? ¿Tradicional o no tradicional? ¿Del jefe del Estado español o de Juan Carlos de Borbón?

Controlar a don Juan Carlos, considerado por muchos «un tío muy listo», se convirtió en misión principal e imposible para Spottorno. El teléfono móvil, al que el monarca es adicto, no facilitó las cosas. Sus círculos de amistades son variados, hay políticos —Felipe González, Javier Solana, Josep Piqué...—; miembros del Ibex —Juan Miguel Villar Mir, César Alierta, Isidre Fainé, Guillermo de la Dehesa, Javier Monzón, el fallecido Emilio Botín...—; los *de siempre* —los Albertos, Miguel Arias, Josep Cusí, Paco Sitges, el abogado granadino Jerónimo Páez...— y *los que quedan* de la infancia-adolescencia —su primo el infante don Carlos, que padece una enfermedad degenerativa, Alonso Álvarez de Toledo, Fernando Falcó, Carlos Griñón, Antonio Eraso...

Y antes que todos y por encima de todos, CSW, a la que Spottorno más temía porque había creado un nuevo círculo en torno al monarca, el de más influencia y el menos controlable. «Menos provinciano» que el español, según ella, y «más peligroso» según el jefe de la Casa.

Capítulo 3

NO SERÁ PARA TANTO

«La vulgaridad de vida banaliza la Corona y vacía el trono».
JAVIER GOMÁ, *Ejemplaridad pública*

Viernes, 12 de diciembre de 2011, palacio de La Zarzuela.

En el palacio de La Zarzuela crecieron los tres hijos de los reyes de España sin una hoja de ruta bien establecida. Tras el desastre del caso Urdangarin, a más de una voz dentro de estas paredes he oído lamentarse por la ausencia de «reglas claramente definidas» que ayudasen a las infantas y al príncipe de Asturias a desenvolverse en la vida. Los dedos acusadores apuntaron a los distintos jefes de la Casa, desde el general Sabino Fernández Campo a Rafael Spottorno, pasando por Fernando Almansa y Alberto Aza. ¿Por qué ellos no escribieron, negro sobre blanco, los derechos y deberes de los miembros de una monarquía constitucional? ¿Por qué no se creó una lista civil, como en otros países democráticos del entorno? En las quejas no se incluía al marqués de Mondéjar por ser el primer jefe, apenas una figura paternal importada por el príncipe desde el tardofranquismo.

Además de los sucesivos encargados de la Casa, los dedos acusadores apuntan a la clase política que ha tenido más de treinta años para cambiar la Constitución y elaborar un Estatuto de la Corona. ¿Y los propios reyes? Sobre todo don Juan Carlos, un rey políticamente demócrata pero de costumbres privadas absolutas que se sentía más cómodo navegando en libertad. La acusación contra doña Sofía se centra más en ser vista como una reina nacida para reinar ella y para que reinara su descendiente masculino olvidando que «familia e institución van unidas en las monarquías».

¿Qué llevó en estos últimos años a la desestructuración total de la familia real? Es difícil encontrar fuentes objetivas al margen de una corriente de simpatía especial hacia don Juan Carlos o doña Sofía. El resumen del relato ofrecido es que al rey le falló el compás moral, mientras que la reina «fue incapaz de formar una familia» y «se olvidó del hombre que hay detrás del rey», además de «no saber educar a sus hijos».

Algo debió de torcerse seriamente en esa familia cuando doña Cristina, en pleno auge del caso Urdangarin, llegó a afirmar entre lágrimas: «Me educaron en lo que tenía que hacer, pero nunca me dijeron lo que no debía hacer».

Esa ausencia de una sólida estructura familiar e institucional que imperó en La Zarzuela ayuda a entender también la respuesta del rey don Juan Carlos cuando se le avisó, tan pronto como en 2005, de los problemas que acarreaban los negocios de su yerno favorito, el guapo, el simpático, el que gozaba de su protección: «No será para tanto».

Don Juan Carlos cometió un gran error. La historia ha demostrado que el caso Nóos fue para tanto y para más, un auténtico torpedo en la línea de flotación en su reinado. Un cuento de hadas que empezó en 1997 con la boda entre la princesa y el balonmanista olímpico y que se torció a partir de 2011 con la infanta irresponsable y el marido supuesto delincuente, padres de cuatro niños pequeños.

El lunes 12 de diciembre de 2011, seis años después de que el rey ignorase la primera luz roja acerca del caso Nóos, los periodistas fuimos convocados al palacio de La Zarzuela. Mientras subíamos expectantes por el monte de El Pardo sabíamos que las cosas iban mal, pero desconocíamos la cadena de errores en la que se había embarcado la familia real hasta que, con el barco ya en zozobra, Rafael Spottorno mandó parar. Según fuentes cercanas al jefe de la Casa, en esa difícil tarea le ayudó el «olfato político de don Juan Carlos y su profundo sentido de la supervivencia personal y dinástica».

Ese día acudíamos a media mañana al palacio para una reunión informativa de contenido no especificado. Había sido muy duro para la Casa del Rey el mes transcurrido desde que el 7 de noviembre se produjera el registro judicial en la sede del Instituto Nóos en Barcelona. El puente de la Inmaculada había terminado dándoles la puntilla: La Zarzuela se había convertido en una *casa de los líos* tras el desmentido oficial del gabinete de comunicación el jueves 8 —en el que se daba marcha atrás sobre la supuesta salida de la infanta Cristina de la familia real—, el segundo comunicado del duque de Palma desde Washington DC —que exoneraba de toda responsabilidad a la Casa del Rey— y la inoportuna visita de la reina doña Sofía a los Urdangarin-Borbón en su casa de Estados Unidos, inmortalizada a todo color en el *¡Hola!* ¿Qué irían a contarnos?

En el camino desde la verja de entrada, que dura unos diez minutos, siempre me ha gustado mirar los ciervos y los gamos que campan libremente entre alcornoques. A veces descansan sobre los matojos, y rara vez se inmutan al paso de los vehículos. En realidad, el palacio de La Zarzuela no existe como tal. Se trata de un recinto vallado en el monte de El Pardo y formado por varios edificios en torno a uno original, que es donde teóricamente viven los reyes don Juan Carlos y doña Sofía desde febrero de 1963.

Ese mal llamado palacio de La Zarzuela, la primera construcción del complejo, era un pabellón de caza en el que los Borbones habían disfrutado de una de sus mayores aficiones prácticamente desde el siglo XVIII. El monte donde se encuentra le debe el nombre al color parduzco de su vegetación, y sus quince mil hectáreas forman un maravilloso parque privado compuesto por alcornoques, pinos y romero.

Durante la Guerra Civil, ese pabellón original quedó casi destruido por los combates y Carmen Polo, la esposa del general Franco, se encargó personalmente de restaurarlo y decorarlo para que los recién casados príncipes Juan Carlos y Sofía tuvieran un lugar donde vivir en España. El resultado de su intensa labor decorativa todavía resulta claramente visible: se le conoce como *estilo Villavicencio*, apodado así en los años sesenta y setenta del siglo pasado en honor al *superjefe* franquista de Patrimonio, el general Fernando Fuertes de Villavicencio, que pasó toda la vida decorando estancias para el caudillo y que fue *heredado* durante seis años, hasta 1981, por don Juan Carlos.

Ese edificio original, llamado *Cristales* en la jerga de la Casa del Rey, es una casona de aire campestre rodeada de pinos, algunos asistidos por muletas para que no sigan doblándose. Allí, aparte de la residencia de los reyes eméritos, se celebran audiencias y comidas oficiales. Tiene dos plantas: la primera para los empleados y la segunda para el salón de audiencias, los despachos de don Juan Carlos y don Felipe (hasta que el rey emérito contó con el suyo propio en el Palacio Real en 2015) y las distintas alas del rey y la reina, donde han hecho sus vidas de forma separada desde hace décadas.

Gracias al general Fuertes de Villavicencio, al entrar en Cristales parece que uno va a participar en la serie *Cuéntame*. Hay mucha barandilla dorada, mucha madera clara y mucho *gadget* —desde bustos de los reyes eméritos cuando eran muy jóvenes hasta espejos ahumados y recuerdos varios que han ido dejando las distintas visitas—. La alfombra rosa y beis tiene los tonos difuminados por el paso del tiempo, y el aire es rancio y cuartelero, muy masculino y de mucho uniforme, lo que aumenta el contraste al mirar hacia las cuatro torres de Madrid, ese pequeño *skyline* ultramoderno que se avista perfectamente desde la puerta de entrada.

Luego está el resto de los edificios. Los periodistas tenemos un acceso extremadamente limitado al complejo. Solemos ser convocados a Magnolias, donde hay otro salón de audiencias y más despachos para ese centenar y medio de personas que trabaja a tiempo completo para la familia real. Seguridad tiene su propio edificio, como también Administración. Para el príncipe de Asturias adulto se construyó a un kilómetro de Cristales el llamado Pabellón del Príncipe, un edificio quizá excesivamente grande donde han seguido viviendo los reyes Felipe y Letizia después de su proclamación. Hay también un moderno pabellón de caza —construido de espaldas a la opinión pública en los años de bonanza económica por más de tres millones de euros— para los trofeos cinegéticos del rey. También está el ala de invitados, una parte del recinto que se hizo famosa entre los españoles porque allí se alojaron los duques de Palma cuando Urdangarin vino desde Washington para declarar por primera vez a Palma de Mallorca.

La reina Sofía no se ha volcado en la decoración de La Zarzuela. Durante los diez últimos años, siempre se ha dicho que su hogar ha estado en Londres y su lugar de trabajo en Madrid. Ella, que habla mejor inglés que español, que ha tenido a su hermano Constantino viviendo allí a tiempo completo, que es culturalmente más británica que latina, formó en Londres con sus hermanos y sus sobrinos el hogar que don Juan Carlos construyó en La Angorilla y en los viajes con CSW.

Más de una vez ha sido vista la reina comprando en las tiendas de King's Road, en Chelsea, como una más. A ella, que le apasiona comprar, sin embargo rara vez se la ha podido encontrar en una tienda del barrio de Salamanca en Madrid con la naturalidad que aparece en el Gap de King's Road. Según me han contado, doña Sofía no veía con buenos ojos que CSW intentara situarse en la alta sociedad londinense a pesar de mantener una relación con el rey, y en alguna ocasión maniobró incluso para que su hijo Alexander no fuera invitado a cumpleaños de compañeros de colegio.

Durante el puente de la Inmaculada de 2012, quedó patente para los españoles esta soltura de la que hablo con la que doña Sofía se mueve por la capital británica. La revista *¡Hola!*, publicación de cabecera de la reina madre, mostró unas imágenes suyas cargada de paquetes en época prenavideña. Como contrapunto a la poca gracia que hicieron esas imágenes en la España de la crisis, Zarzuela filtró de inmediato que la reina se había alojado en un hotel mucho más modesto que su habitual Claridge's, donde el precio de la habitación normal es de seiscientos euros la noche. La *suite*, a partir de los mil quinientos euros.

Allí en el Claridge's son muchos los que a lo largo de estos años se han cruzado con la reina, siempre sin don Juan Carlos. La presencia del piloto militar del Grupo 45 que siempre la acompaña y del personal de seguridad y diversos asistentes era el mejor indicio de su llegada para los afortunados españoles que han podido alojarse en este magnífico hotel de Mayfair, una institución creada en 1856 por William y Marianne Claridge. Durante la Segunda Guerra Mundial, numerosos miembros de la realeza europea lo utilizaron en su exilio, entre ellos los griegos. En julio de 1945, Winston Churchill declaró territorio yugoslavo la *suite* 212 para que el príncipe heredero Alejandro II pudiera decir que había nacido en su propio país.

El Claridge's fue también el hotel favorito de los padres de la reina, Pablo y Federica de Grecia, y la familia lo ha seguido utilizando para sus celebraciones. Allí tuvo lugar, en abril de 1999, el grandioso bautizo del príncipe Constantino Alexios, segundo hijo de su sobrino Pablo y de la millonaria norteamericana Marie Chantal Miller. Uno de los siete padrinos del niño fue el príncipe Felipe.

Que se sepa, la última visita oficial de la reina al Claridge's se produjo el 29 de abril de 2011, cuando se quedó allí para asistir a la boda del príncipe Guillermo con Kate Middleton. Cada vez más, tanto doña Sofía como don Juan Carlos evitan ser fotografiados en hoteles de estas características.

Como decía, ese lunes 12 de diciembre nos esperaban en Magnolias en torno a una gran mesa de trabajo. La costumbre era hacer pequeños resúmenes de la situación protagonizados por el reducido equipo de prensa de Zarzuela, liderado entonces por Ramón Iribarren, un alto funcionario de la Administración del Estado a quien el caso Urdangarin le hizo batir una marca récord: fue el jefe de prensa que menos tiempo duró en Zarzuela, apenas dos años.

Ese día, sin embargo y para nuestra sorpresa, apareció el recién estrenado equipo de alta dirección: el nuevo jefe de la Casa, Rafael Spottorno, y su número dos, Alfonso Sanz Portolés, un diplomático que lleva más de veinte años en Zarzuela y que ahora es el secretario del rey emérito además del consejero diplomático del rey Felipe. Sanz, adscrito a protocolo hasta que Spottorno lo nombró secretario general (número dos), es posiblemente uno de los hombres más herméticos de Zarzuela —solo superado por Jaime Alfonsín, el actual jefe de la Casa del Rey.

Con el café servido y los saludos de rigor, comenzó la reunión. De entrada, se recordó la etiqueta, que se mantiene inalterable: prohibido grabar —solo se toman notas—, hablar por teléfono hasta el final del encuentro, enviar mensajes o tuitear y citar a los portavoces por su nombre.

Nuestra expectación estaba justificada, pues no pasó mucho tiempo hasta que Spottorno nos comunicó el motivo de la reunión: decretar el alejamiento de Iñaki Urdangarin de la agenda oficial de la Casa del Rey. ¿La razón? «No se ajusta a la ejemplaridad que requiere esta casa». Tres fueron los requisitos establecidos ese día para la Corona: «Ejemplaridad, estabilidad y neutralidad». Spottorno es un hombre muy simpático con una gran dosis de ironía, herencia quizá de una madre sevillana. Tiene otra cara, no obstante, que sale a relucir afortunadamente en menos ocasiones que su sentido del humor: es un lado glacial, racional, que puede llegar a ser brutal y que más de uno ha experimentado en su propia carne. De esa parte de su personalidad, muy útil en la etapa última de Zarzuela, algo pudimos intuir ese día: procedió a ejecutar a Urdangarin ante la prensa con una frialdad y una naturalidad encomiables.

La sentencia de muerte civil para Urdangarin y su insistencia en alejar a CSW de Zarzuela le valieron no pocos enemigos. Tras la abdicación de don Juan Carlos, y cuando él mismo tuvo que renunciar a su puesto de consejero del rey debido al escándalo de las tarjetas *black* de Caja Madrid, más de uno recordó con sarcasmo al hombre que aplicó esas exigencias de ejemplaridad. Rafael Spottorno Díaz-Caro, sesenta y nueve años, el hombre que entró a formar parte de la alta política española desde que lideró los gabinetes de Francisco Fernández Ordóñez, primero, y de Javier Solana, después; el diplomático definido como «prisaico» por su relación familiar con el diario del Grupo Prisa, el gigante de aspecto sacerdotal, pisó callos y pagó por ello, pero como más de uno dijo al respecto: «Va en el sueldo».

En cuanto a la infanta Cristina, como tomar notas no es tan exacto como grabar, yo anoté en ese *briefing* que Spottorno respondió así al preguntarle por su suerte: «Ya veremos». Otros periodistas, sin embargo, escribieron: «Ya se verá». En cualquier caso, la idea fue que el futuro de la segunda hija del rey quedaba fiado a los acontecimientos, al desarrollo judicial del caso. Pronto pudimos comprobar que Cristina de Borbón no volvería a participar en ningún acto oficial a excepción de la misa para conmemorar el nacimiento de su abuelo, don Juan, en junio de 2013. Acudió sin su marido y concentró todas las miradas, que solo se desviaron de ella para posarse sobre doña Letizia, una princesa de Asturias que ese día apareció aún más malhumorada que de costumbre. Sus motivos tendría.

A pesar de lo rotundo de su anuncio, Spottorno se refirió también al «juicio paralelo» que estaba sufriendo el marido de la infanta como consecuencia de una «filtración constante que es una injusticia en estado puro».

De poco sirvió el intento del jefe de la Casa de respetar la presunción de inocencia de Urdangarin. A partir de ese momento se creó una situación muy difícil para la Casa del Rey, que inicialmente quiso separar al matrimonio Urdangarin-Borbón de la agenda oficial pero no de la privada y familiar. A medida que avanzaba el caso, el esfuerzo se demostró imposible. La monarquía parlamentaria occidental es una institución democrática que se sustenta en la familia, y la de don Juan Carlos estaba completamente rota a esa altura del año 2011.

De las veinticinco monarquías que quedan en el mundo, tan solo quince son parlamentarias, instituciones del pasado que basan su utilidad presente en una mezcla de pragmatismo y de ligazón sentimental con los ciudadanos. En la mayoría de los casos sirven para reforzar la identidad de los ciudadanos del país en cuestión, para arroparlos en sus desgracias o para representarlos ante el resto del mundo. En ningún caso para dar malas noticias o para inquietar a la opinión pública, que fue lo que empezó a hacer la familia real española a partir del otoño de 2011.

Tras el anuncio de Spottorno, la familia real española dejó oficialmente de ser un remanso de paz para convertirse en una fuente de noticias de primera página. Se abrió además una espita indeseable para la jefatura del Estado: los medios empezaron a interesarse como nunca antes por las celebraciones familiares, aparte de poner el foco en las finanzas de *toda* la familia real y no solo en las del matrimonio Urdangarin-Borbón. Esas Navidades, los duques de Palma acudieron a hurtadillas a Zarzuela en Nochebuena y los príncipes de Asturias decidieron replegarse en su vivienda junto a la familia de doña Letizia en vez de compartir mesa con ellos después del alejamiento oficial decretado. Si no eran aptos para representar al pueblo español, ¿lo eran para cenar con la familia que representa a ese pueblo? Un difícil dilema que la actual reina Letizia parece que supo dirimir con absoluta decisión.

El caso es que el 12 de diciembre de 2011 se había empezado a construir una barrera pública destinada a salvar a la Corona de perecer ahogada en el fango de la corrupción. Un muro cortafuegos de enorme coste emocional. A pesar de las dificultades a las que se enfrentaron, los constructores de dicho muro siempre se escudaron en un plan B por si la obra fallaba. Así lo explicó uno de ellos: «Tenemos un gran recambio».

No hubo tiempo material para que la operación «Salvar a la Corona» se diseñara a largo plazo o se reflexionara seriamente. En principio fue la reacción al *miniwatergate* del 7 de noviembre de 2011, que tenía que haber sido un lunes sin interés especial en la vida pública de don Juan Carlos, quien acudió tan tranquilo al salón náutico de Barcelona para inaugurar una exposición de su primer *Fortuna*, el barco de 1967 con el que había participado en las regatas olímpicas de Kiel.

La tarde-noche le deparó una desagradable sorpresa: un doble registro policial casi simultáneo en Barcelona y en Valencia. En Barcelona, la policía judicial entró en los números 224 y 125 de la calle Balmes y puso al tanto a toda España de eso que desde Zarzuela se trataba de ocultar desde hacía seis años. Los hechos, obstinados, ya no pudieron ser ignorados. Rebuscando entre papeles y ordenadores hasta las dos de la madrugada, los agentes enviados por el fiscal Pedro Horrach y el juez José Castro encontraron la *cueva del tesoro Nóos* con sus tres rincones: el instituto del mismo nombre, un supuesto organismo sin ánimo de lucro que el duque de Palma presidió entre el 28 de noviembre de 2004 y el 14 de junio de 2006 y que actuaba como recaudador de dinero público; Aizoon S.L., la sociedad patrimonial propiedad a medias de Iñaki Urdangarin y Cristina de Borbón, una suerte de hucha familiar para el dinero público desviado, y Baxton Consulting, la empresa fiscal destinada a defraudar a Hacienda y evitar pagar impuestos por el dinero público *ganado.*

En varias sedes de la Generalitat Valenciana también se encontró documentación relativa a contratos con el Instituto Nóos. Los políticos del PP que gobernaban Baleares y Valencia en esa época habían entregado a Urdangarin casi siete millones de euros públicos para celebrar cinco inocuas ediciones de conferencias deportivas (Valencia Summit e Illes Baleares) en las que «se podía conocer a gente importante».

En Barcelona se registró también el domicilio de Diego Torres, el vicepresidente de Nóos, el exprofesor de Esade con cara de empollón que vio en el olímpico-real Urdangarin a la gallina de los huevos de oro. Ambos acabaron peleados por dinero, y en su inquina hirieron a la monarquía española con intentos de chantaje y cubriéndola con un espeso manto de sospecha.

El material incautado por la policía en la noche barcelonesa y en Valencia ayudó al meticuloso juez Castro a demostrar el sonrojante caso de los duques de Palma, algo tan feo e impropio de los miembros de una familia real. Antes de que pasara un mes desde los registros, Zarzuela intentó que los duques de Palma pidieran disculpas, devolvieran el dinero y corrieran un tupido velo sobre el asunto. Pero el matrimonio se negó a ello convencido de su inocencia.

Heridos en su orgullo, se creyeron engañados por Torres y abandonados por la Casa Real, a la que veían necesitada de un chivo expiatorio para calmar el creciente sentimiento antimonárquico de los españoles. Esa obstinada negativa a reconocer el error continúa en estos momentos, y explica por qué la infanta Cristina aún no ha renunciado a su posición como sexta en la línea de sucesión de la Corona. La Carta Magna de 1978, en su sobreprotección al rey y a la familia real, deja en manos de la propia infanta la decisión de renunciar, y no establece ningún mecanismo legal para que los españoles, supuestamente soberanos, la obliguen a ello. Su hermano, el rey Felipe, dispone de armadura moral pero no legal para hacerlo. Ese otro *agujero negro* de la Constitución, un traje hecho a medida en su día para el rey don Juan Carlos, produce confusión entre los españoles, que rechazan a la infanta Cristina como una potencial reina de España.

La soberbia de Iñaki Urdangarin y Cristina de Borbón hizo acto de presencia desde el primer día. El viernes 11 de noviembre de 2011, tres días después del registro en Barcelona, los duques menospreciaron los consejos del equipo legal y de comunicación de Zarzuela. Urdangarin decidió tomar las riendas del caso tras tachar de «desastre» a los funcionarios reales y afirmar: «Esto lo arreglo yo con un amigo de Telefónica».

En la tarde-noche del viernes, en Madrid, y a través de la Agencia EFE, difundió un breve comunicado desde Washington

DC que puso los pelos de punta a los empleados del rey en Zarzuela. Urdangarin aseguró que defendería su «honorabilidad e inocencia» y que lo haría «desde la convicción» de que su «actuación profesional ha sido siempre correcta».

El ofendido duque añadió: «Cuando conozca los pormenores de las diligencias previas del Juzgado de Instrucción número 3 de Palma de Mallorca, que en este momento son formalmente secretas, podré pronunciarme sobre su contenido».

Ni disculpas, ni sombra alguna de humildad. Pero podría haber sido peor. Sí se consiguió evitar la pretenciosa declaración institucional que había querido hacer el duque consorte ante las cámaras de televisión. «Se pensó que era el rey parando el golpe de Estado del 23-F», recuerdan con ironía teñida de amargura desde Zarzuela.

Impotentes, los funcionarios de la Casa se declararon incapaces de hacer entrar en razón al que hasta ese año había seguido siendo considerado el *yerno bonito* del rey don Juan Carlos. Dos semanas más tarde, Urdangarin tomó un avión, voló a Madrid y mantuvo un desagradable encuentro con el rey y con el príncipe de Asturias en el despacho del monarca en Cristales. La reunión con don Juan Carlos y don Felipe consiguió bajar las ínfulas de Urdangarin en su segundo comunicado, emitido el sábado 10 de diciembre de 2011, al final de la *semana de los líos*. Por fin, «ante la acumulación de informaciones y comentarios aparecidos en los medios de comunicación relativos a mis actuaciones profesionales», el duque se declaró deseoso de «puntualizar» una especie de petición de disculpas: «Lamento profundamente que los mismos estén causando un grave perjuicio a la imagen de mi familia y de la Casa de su majestad el rey, que nada tiene que ver con mis actividades privadas».

Leído a fondo, parecía que Urdangarin culpaba en realidad a los medios del daño que estaba sufriendo la Corona, no él. El duque se empeñó en seguir rechazando los consejos de Zarzuela y optó por elegir a un singular abogado para defenderle, Mario Pascual Vives, al que conocía de jugar al tenis en Barcelona. Este se convirtió, además, en su «portavoz». Afortunadamente, nunca más ha habido un comunicado de Iñaki Urdangarin dirigido *a la nación*.

El alejamiento oficial de Urdangarin anunciado el 12 de diciembre de 2011 sí fue una reacción *en caliente* a la transformación del escándalo en un asunto público. Sin embargo, otras dos decisiones conocidas ese mismo mes y que se vincularon al caso Urdangarin llevaban mucho tiempo siendo meditadas por Zarzuela: quiénes formarían el núcleo duro la familia real y los sueldos de cada uno.

El miércoles anterior, 7 de diciembre de 2011, un teletipo de Europa Press informó de que Zarzuela llevaba tiempo considerando *empequeñecer* a la familia real, para diferenciar entre el núcleo central de la familia (reyes, príncipes de Asturias e infantas pequeñas) y las infantas Elena y Cristina, que debían acabar desempeñando el papel secundario de las hermanas del rey, doña Pilar y doña Margarita. La línea divisoria eran básicamente los presupuestos generales del Estado: quienes vivían exclusivamente del dinero público constituirían el núcleo duro frente a otro secundario.

Un año antes, ya habíamos sabido, *off the record*, que esa posibilidad se estaba sopesando. El sentido común dictaba que la infanta Cristina nunca podría dejar de ser infanta (hija de su padre, el rey), pero al día siguiente de ese teletipo, los principales periódicos publicaron en portada confusas informaciones sobre el futuro de la infanta dentro de la familia real. Zarzuela tuvo que emitir un comunicado que acabó costándole el puesto a Ramón Iribarren, cosa que yo sentí mucho porque este alto funcionario, hoy consejero de Información en la embajada de España en Lisboa, es un magnífico profesional que no cometió ningún error más allá de revelar una estrategia en un momento inadecuado, pero los Urdangarin-Borbón se indignaron ante la sugerencia de que se les echaba por completo.

En ese comunicado se aclaró que «la composición de la familia real española viene definida en el Real Decreto 2917/1981, de 27 de noviembre, por el que se establece el "registro civil de la familia real": el rey de España, su augusta consorte, sus ascendientes de primer grado, sus descendientes y el príncipe heredero de la Corona».

Esto quiere decir que las infantas Elena y Cristina podrían dejar de acudir a actos oficiales pero no de pertenecer a la familia real, a no ser que una ley cambiara las disposiciones del decreto. Tampoco Urdangarin, inscrito en ese registro como consorte. Solo un divorcio podía sacarlo de él, como fue el caso de Jaime de Marichalar cuando dejó de ser esposo de doña Elena.

Lo peor del comunicado era que se obligó a Iribarren a disculparse —bajo el eufemismo de Unidad de Relaciones con los Medios de Comunicación— por «haber contribuido a que algunos medios hayan recogido de forma equívoca este tema».

Para terminar de enrarecer el ambiente, la revista *¡Hola!*, que antes actuaba como una especie de portavocía en rosa de la Casa Real, apareció esa semana con una portada sorprendente: la reina doña Sofía, muy sonriente, con su segunda hija y su yerno en Washington DC. Con esos ingredientes, no es de extrañar el aire ligeramente funerario con el que compareció Spottorno a la mañana siguiente.

En la reunión con los periodistas del 12 de diciembre, sin embargo, no se plantearon las espinosas cuestiones sobre el caso Urdangarin que esa semana empezaron a comentarse por toda España. ¿Qué sabía la Casa? ¿Cuándo lo supo? ¿Qué hizo por evitarlo? La Casa usó sus estrechos lazos con el Grupo Prisa para intentar esclarecer ante la opinión pública esas peliagudas cuestiones. El elegido, el sábado 17 de diciembre, fue el diario *El País*, más institucional que *El Mundo* y no tan monárquico como el *ABC*, y por lo tanto más creíble. A cuatro columnas, el primer diario de España explicó que la Casa del Rey había contactado en 2007 con el bufete de abogados catalán Bergós para «poner en orden» las actividades de Iñaki Urdangarin, que para entonces facturaba varios millones de euros a diversas administraciones públicas con sus empresas privadas y con el instituto sin ánimo de lucro que presidía. Según *El País*, la Corona pidió al bufete de abogados que estudiara la situación de las actividades del duque y en esas conversaciones surgió la posibilidad de englobarlas bajo la cobertura de una fundación.

La revelación de los salarios de los miembros de la familia real, entre ellos el de la infanta Cristina (setenta y dos mil euros) llevaba mucho tiempo en estudio, pero el caso Nóos lo convirtió en una urgencia.

Zarzuela luchaba así por acabar con los errores del pasado. La excesiva prudencia de los medios tradicionales, que hasta hacía pocos días apenas se habían referido a los detalles del caso Nóos, empeoró la situación. Las continuadas informaciones de *El Mundo*, el diario dirigido por Pedro J. Ramírez, no solo no ayudaban, sino que eran interpretadas como ataques directos a la Corona que había que ignorar.

Se dejaron así pasar numerosas posibilidades de investigar a fondo lo que estaba ocurriendo con las finanzas del duque. Solo se habían ido publicando pequeñas informaciones desde el año 2010 en algunos periódicos. Oportunidades perdidas debido a esa ley no escrita de protección mediática en torno a la figura de don Juan Carlos. Protegida por dicho escudo mediático, y a pesar de lo cercano del estallido, Zarzuela permitió que los duques de Palma acudieran junto al resto de la familia a la celebración del 12 de octubre de 2011 en Madrid. Ese mismo mes, y como castigo a *El Mundo*, la Casa rechazó la invitación cursada a la infanta Elena por la revista *Telva* —propiedad de Unidad Editorial, el mismo dueño de *El Mundo*.

Todo para nada. La suerte de Juan Carlos I estaba echada desde que, el 2 de junio de 2011, el juez Castro llamó a declarar a Diego Torres, el exsocio de Urdangarin, y dos días más tarde el rey se operó de la rodilla derecha. Después vino el verano con su complicado mes de agosto «sobre todo para las familias desestructuradas». Los Urdangarin-Borbón acudieron con sus cuatro hijos a Mallorca, pero al rey se le vio comiendo en Aspen, uno de sus restaurantes preferidos de Madrid, junto a una misteriosa dama rubia cuando se le creía en Zarzuela haciendo sus ejercicios de rehabilitación de la operación de la rodilla derecha. Se tomaron unas fotos que nunca fueron publicadas, como aquellas de 2010.

Octubre llegó con un mazazo: por primera vez en la historia de la democracia, los españoles suspendieron a la Corona en su *ranking* de prestigio. Se supo a través de la encuesta del CIS, en la que obtuvo un 4,89. Lo peor es que ese primer suspenso llegó antes de que se supieran las interioridades de una familia real en caída libre. Todavía no se hablaba del caso Urdangarin, la crisis económica, la salud de don Juan Carlos o su doble vida con CSW. Aparentemente, en esa época, los mayores problemas solo giraban en torno al interés mediático que suscitaba la princesa de Asturias. Su extrema delgadez y su gesto de disgusto eran objeto de debate entre los españoles. A posteriori han tenido lugar acontecimientos que han iluminado el comportamiento de doña Letizia, incomprensible entonces: todo parece indicar que la otrora pizpireta periodista tuvo muchas dificultades para adaptarse a una familia «que no se lo puso nada fácil: se portó mal con ella», según fuentes conocedoras de lo sucedido.

En 2004, cuando Iñaki Urdangarin y Cristina de Borbón adquirieron una enorme casa valorada en seis millones de euros, de doña Letizia aún no preocupaban ni su extrema delgadez ni su inadecuación a la Casa Real. Aún sin transformarse físicamente, la princesa de Asturias ofrecía la imagen de la feliz recién casada que empezaba a acostumbrarse a su nueva vida.

Pocos se fijaron en los mil doscientos metros de ese mal llamado palacete de Pedralbes ni en sus mil trescientos metros de jardín. No se reparó demasiado en la casa —un ejemplo de mal gusto en la mejor zona de Barcelona, cuya *gente bien* es más modesta que la madrileña—, ni en el hecho de que quedaba claramente por encima de las posibilidades de los compradores. Entonces, la infanta tenía un sueldo de noventa mil euros anuales en La Caixa aparte de los setenta y dos mil que recibía de la Casa Real. De Urdangarin se sabía poco.

Sobre quién los apoyó a decidirse por esa casa, las versiones difieren. Según Inda y Urreiztieta, los dos periodistas que han llevado a cabo la investigación más exhaustiva sobre el caso, la infanta se resistía a comprarla y por eso apareció seria y ojerosa ante el notario el 15 de octubre de 2004. Los periodistas de *El Mundo* mantienen que fue don Juan Carlos quien les insistió. El rey, como se supo más tarde, *prestó-donó* un millón doscientos mil euros a su hija para ayudarla con la compra.

Otras fuentes insisten en que el cerebro fue doña Sofía, siempre muy unida a su hija menor, a la que no quería ver viviendo «en un piso cualquiera». De esta manera, la reina doña Sofía se aleja en la intimidad de esa imagen de austeridad e intelectualidad que se ofrece de ella. Por el contrario, la describen como una persona muy consumista que siempre ha querido que sus hijas mantengan «el nivel que corresponde a dos hijas de reyes».

Por unos, por otros o por todos a la vez, el año 2011 acabó gravemente manchado para la familia real. El discurso de esa Nochebuena ofreció al rey un balón de oxígeno gracias a la frase «la justicia es igual para todos». Igualmente, el largo aplauso de los diputados y senadores en el Congreso, dos días después, al inaugurar la décima legislatura, así como los ojos humedecidos de la reina, ayudaron a los españoles a digerir, el 29 de diciembre, la imputación de Urdangarin, el duque consorte de Palma, ese yerno perfecto que formaba parte, desde hacía catorce años, de una familia y de una institución carente de reglas claras de actuación.

Capítulo 4

CONTROL DE DAÑOS

«¡Fatal! ¡Fatal! ¡Fatal!
Lo que os gusta es matarme y ponerme un pino en la tripa
todos los días en la prensa. Eso es lo que le gusta a la prensa».
JUAN CARLOS I a *los habituales*, 2 de junio de 2011

Jueves, 1 marzo de 2012, palacio de La Zarzuela.

En la primavera de 2012, cuando Rafael Spottorno contrató al periodista Javier Ayuso, algo olía seriamente a podrido en Zarzuela. Decepciones, ambiciones y traiciones habían destruido la narrativa pública de la familia real, cuya savia ancestral se alimenta de una tranquila sucesión de hechos cotidianos: natalicios, bodas, cumpleaños y demás celebraciones familiares imposibles de volver a reproducir en España dado el deterioro de la relación entre don Juan Carlos y doña Sofía. Con gran incomodidad, un ministro tuvo que oír de labios del rey: «No puedo soportarla. La odio».

La llegada a esa familia desestructurada de Letizia Ortiz Rocasolano, una presentadora emergente en la cadena pública de televisión, fue más complicada de lo que imaginamos. «La familia real se portó fatal con ella, y ella no ayudó porque tiene mal carácter», señala una persona que sabe de lo sucedido. No conozco lo suficiente a la reina Letizia como para poder afirmar si ese «mal carácter» es simplemente «carácter fuerte». Tampoco para determinar si ese supuesto «mal carácter», del que a veces yo misma fui testigo, se debió a la presión que estaba viviendo en el seno de una familia muy problemática. El tiempo dirá si doña Letizia es la princesa de Asturias malhumorada y tensa del pasado o la reina sonriente y relajada del presente.

Lo cierto es que las desavenencias familiares entre el rey Juan Carlos y doña Letizia fueron abiertas y en más de una ocasión testimoniadas por terceros. Tan malas que, en un momento dado, doña Letizia puso pegas, a veces tan nimias como las alimenticias, a las visitas de las infantas Leonor y Sofía a Cristales para saludar a su abuelo. Don Juan Carlos, por otra parte, ha tenido una relación escasa con sus hijos y prácticamente inexistente con sus nietos debido a la separación conyugal de hecho con doña Sofía. Tampoco ha sido estrecha con su único hijo, que se alejó de su padre debido al errático comportamiento personal de este.

Juan Carlos I ha emitido juicios bastante negativos sobre la mujer que su hijo eligió como esposa, reina consorte y madre de la futura reina de España. Lo ha hecho públicamente, y estos juicios han sido reproducidos, como era de esperar. Hasta el verano de 2013, incluso llegó a desear que don Felipe se divorciara de doña Letizia. Pero la jugada «le salió mal», porque, al igual que ocurrió con doña Cristina e Iñaki Urdangarin, la pareja salió fortalecida de esos intentos de ruptura.

Especialmente poco acertado fue el comportamiento del rey durante la gestación y la explosión del caso Nóos. Recién instalado en Zarzuela por segunda vez en su vida, Spottorno asistió en otoño de 2011 a la puesta de largo del espectáculo de la corrupción de Urdangarin. Ya desde 2005, los fontaneros de Zarzuela intentaban bregar con un asunto sobre el que el rey se mostró laxo hasta que fue demasiado tarde. Así, en diciembre de 2011, con el primer suspenso de la monarquía sobre la mesa, el jefe de la Casa necesitaba ayuda urgente para modular la opinión pública española respecto a una institución que entraba en barrena.

Lo primero fue contratar a Javier Ayuso, un periodista económico *de toda la vida* y jubilado millonario del BBVA, de cincuenta y siete años, que no se ajustaba al perfil clásico del empleado de palacio, sino más bien al del bombero contratado para apagar el fuego provocado por una familia demasiado aficionada a la piromanía. Spottorno lo sedujo con estas palabras durante una comida con Asunción Valdés, que había ocupado el puesto de Ayuso años antes: «Monárquicos ya hay muchos. Necesitamos un profesional de la comunicación».

Siempre se ha dicho que en España hay pocos monárquicos. Quizá por eso, los que lo son mantienen una actitud especialmente fundamentalista hacia la institución, como los minoritarios católicos en el Reino Unido. El caso es que en Madrid a Ayuso lo apodaron rápidamente el *republicano infiltrado* debido a sus inicios en el Grupo Prisa —de hecho, tras la abdicación del rey, Ayuso ha vuelto como director adjunto al diario *El País*.

Tampoco en Zarzuela le faltaron críticas. Algunas fueron especialmente ácidas: «Llegó aquí como si esto fuera una empresa. Se le olvidó que en Zarzuela no tenía la manguera de la publicidad para regar a los periodistas». Se refería esta persona a los trece años que Ayuso pasó como director de comunicación del BBVA, cuando *pilotó* a los principales periodistas económicos de España para que acompañaran la transición de la entidad, originalmente vasca y en manos de unas cuantas y poderosas familias, hacia un banco moderno y globalizado.

Lo conocí a principios de la década de los noventa en la sede del Fondo Monetario Internacional (FMI) en Washington DC. Él como enviado especial de *El País*, yo como corresponsal en Estados Unidos de *El Mundo*. Entonces me llamaron la atención sus buenas maneras y su formación económica. Lo reencontré mucho más tarde en Madrid al frente de la comunicación en el BBVA, y me dio un gran consejo: «En un periódico hay que ser o director o reportero. Los puestos intermedios son aburridísimos». Finalmente, en Zarzuela, estuvimos en diferentes trincheras: él defendía una institución con serios agujeros, y yo representaba al diario *El Mundo* que, junto a los programas populares de Telecinco, era su *bestia negra*.

No fue fácil. Spottorno le contrató no solo por ser un buen profesional de la comunicación: necesitaba su astucia, su audacia y su experiencia acumulada, que le habían enseñado a tocar con especial finura las cuerdas del cerrado club masculino que conforman los medios de Madrid.

Bajo las condiciones de reportar directamente solo a Spottorno y de denominarse «director de comunicación» —el anterior título era jefe de la Unidad de Relaciones con los Medios—, Ayuso llegó a Zarzuela el 1 de marzo de 2012, una semana después de la primera declaración de Iñaki Urdangarin ante el juez Castro y seis semanas antes de que el rey se cayera en Botsuana. Por aquel entonces, CSW aún era una persona a tener «muy en cuenta» en palacio si uno quería llevarse bien con el monarca. Para algunos, de hecho, era una de las personas más poderosas de palacio porque tenía «el oído del rey».

Para ayudarle a aplacar las crecientes llamas que habían prendido en la maleza del recinto de La Zarzuela, Ayuso se encontró con un equipo de prensa modesto: cinco profesionales y ocho guardias civiles de apoyo. ¿Guardias civiles en un gabinete de prensa? La mayor parte de los empleados de palacio visten uniforme, aunque sea por dentro. «Son seres humanos excepcionales», según un exempleado, hombres acostumbrados a servir al precio que sea. Un día de tantos en estos cuatro años oí a un veterano del lugar quejarse con verdadera pena de ver a una «gran familia que va cayendo poco a poco».

Hasta 1981, La Zarzuela y sus miembros estuvieron custodiados por policías *normales*, la mayoría siguiendo una rotación de turnos. A partir del intento de golpe de Estado, fueron entrenados por agentes de élite israelíes y quedaron asignados permanentemente a la Casa. Y tras un largo tiempo de servicio con la familia real, no es extraño que se les envíe a una embajada española como premio a un historial de sacrificios.

Pero a pesar de ese espíritu de entrega, Ayuso tuvo que ponerse manos a la obra con una «estructura sin músculo y anticuada» que tenía que enfrentarse a un cambio de ciento ochenta grados frente a los medios de comunicación de España: el paso gradual de la «complacencia total» con respecto a la monarquía a las «mil quinientas amantes por minuto», una sarcástica referencia al libro de Pilar Eyre, quien en 2011 escribió que el rey había llegado a mantener relaciones sexuales con tan alto número de mujeres.

La Zarzuela, tanto por su decoración como por su composición, me pareció siempre un lugar donde imperaba lo *viejuno*. La primera vez que viajé con don Juan Carlos, un año antes de que Ayuso empezara a trabajar allí, de regreso de Kuwait City a Madrid tras el cincuenta aniversario de la proclamación de independencia, me impresionó lo que veía desde mi asiento a bordo del avión de las Fuerzas Armadas: un océano de hombres interrumpido solo por la inconfundible cabeza teñida de rubio de Trinidad Jiménez, la ministra de Asuntos Exteriores. ¿Era eso todo? Militares, policías y diplomáticos, los auténticos hombres del rey.

A pesar de la dureza de ese mundo un poco cuartelario, llamó la atención la injusta la salida de Ramón Iribarren, el antecesor de Ayuso. Iribarren también luchó por implementar esa *transparencia* que el siguiente equipo se jactó de haber puesto en práctica. La página web de la Casa Real, la publicación de los salarios de los miembros de la familia real y las salidas de Urdangarin y de las infantas de la Casa ya estaban en discusión con Aza cuando llegó Spottorno. Fueron las circunstancias las que hicieron que se aceleraran nada más llegar el nuevo equipo.

Iribarren, un veterano funcionario al que Aza llevó a Zarzuela en enero de 2010, puso su cargo a disposición de Spottorno en el verano de 2011, cuando se produjo el cambio. Era muy consciente de ser el único alto cargo de Zarzuela que no había trabajado durante la *primera vida* de Spottorno en el palacio, entre 1993 y 2002. Aun así, este lo mantuvo en el puesto. Y, sin saberlo, Iribarren se encontró con una catástrofe en ciernes además de con un jefe que disponía de su propia red de contactos entre los medios españoles y tenía una particular forma de trabajar.

Valga como ejemplo que, en una determinada ocasión, Spottorno invitó a almorzar a La Zarzuela a Carmen Iglesias y a Antonio Fernández-Galiano, presidente y consejero delegado de Unidad Editorial, los «dueños» de *El Mundo*. Al terminar el almuerzo, antes de lo acostumbrado en Madrid, se disculpó ante los invitados aduciendo un compromiso ineludible. Y se marchó a la sede del diario *El Mundo*, donde tenía una cita con su director, Pedro J. Ramírez. Allí fue visto por algún periodista que informó a Iribarren de un encuentro que él desconocía. Tampoco lo sabían ni Iglesias ni Fernández-Galiano.

Iribarren comprendió lo difícil que sería trabajar con él. La relación estalló durante el puente de la Inmaculada de 2011, cuando filtró a la prensa el plan de Zarzuela para prescindir de la infanta Cristina. Ese guion aún no estaba maduro, y Spottorno exigió responsabilidades. Iribarren se ofreció a ser cesado, dimitir o permanecer hasta los sesenta y cinco años. Su jefe le pidió que se quedara hasta que encontrara sustituto.

Pero ya antes de que el tándem Spottorno-Ayuso hiciera acto de presencia, a Aza y a Iribarren les tocó lidiar con innumerables problemas. Por ejemplo, la exasperación que el rey sentía ante sus crecientes problemas de salud. Sus arrebatos de cólera dificultaban el trabajo con los empleados de Zarzuela.

Un indicio de lo que estaba ocurriendo detrás de bambalinas les llegó a los españoles el 2 de junio de 2011, dos días antes de que el rey ingresara en el hospital para operarse de la rodilla derecha. Don Juan Carlos no lo sabía, pero había una cámara rodando durante una audiencia rutinaria cuando contestó así a la pregunta de Ascensión Vázquez, de Telemadrid: «¡Fatal! ¡Fatal! ¡Fatal! Lo que os gusta es matarme y ponerme un pino en la tripa todos los días en la prensa. Eso es lo que os gusta a la prensa».

Le miraba apurado su buen amigo Arturo Fernández, presidente entonces de la CEIM. Mudos, los llamados habituales, que ese día eran apenas cinco periodistas. Fue particularmente injusto gritarle a ellos, que conocen y respetan las reglas del juego: no poner nunca en dificultades a la familia real. El rey fue alertado de que había una cámara rodando y posteriormente se acercó de nuevo al grupo con palabras más amables. Fue demasiado tarde. El vídeo circuló por toda España.

Sufría el monarca de intensos dolores y de un creciente desapego por la rutina de reinar. Se le acumulaban los problemas familiares. Pero nada de esto justifica los accesos de cólera, frecuentes en estos últimos años, que han padecido algunos de sus empleados. No todos los aceptaron tan mansamente como aquel conductor al que los españoles también vimos, en vivo y en directo, cómo le daba una colleja. Algún empleado conozco que se negó a recoger un objeto arrojado al suelo en pleno ataque de ira del rey.

A don Juan Carlos se le da bien dar marcha atrás si la «víctima» le interesa: «Aunque hayas pasado toda la vida sirviéndole, si cree que no te necesita y te enfrentas a él, estás fuera». Ese fue el caso de Jordi Gutiérrez, el actual director de comunicación de Zarzuela. La leyenda cuenta que el experiodista de TV3 salió de palacio tras un intercambio particularmente duro con el rey.

A continuación, doña Letizia le dijo: «Cuando yo sea reina, volverás». Y así ha sido.

Malhumorado y con ganas de pasar más tiempo fuera que dentro de Zarzuela, el rey no se enfrentó a un yerno arrogante que tachaba de «incapaces» a los empleados de palacio ante los problemas derivados de sus actividades económicas. Para el monarca, esos empleados que se preocupaban por la conducta empresarial de Urdangarin eran simplemente unos «exagerados». Recuerda una persona que vivió esos momentos cómo, «en aquella época —hablamos de 2005 a 2009—, fiscalmente todo el mundo estaba en lo mismo: intentar pagar lo menos posible a Hacienda. Penalmente, las responsabilidades salieron más tarde».

Hasta hoy, todas las personas de su entorno indican que el rey desconocía el funcionamiento del sofisticado entramado *profit-non profit*, lucrativo y no lucrativo, que había montado Urdangarin y que implicaba el supuesto desvío delictivo de dinero público. También, que el monarca fue engañado por su yerno, y que por eso no extremó sus obligadas tareas de vigilancia debida.

Tanto don Juan Carlos como su yerno llegaron a creer hasta el otoño de 2011 que «Telefónica lo arreglaría todo». Eso, incluso cuando ya habían fracasado los tres intentos de *alejamiento* antes del oficial realizado por Spottorno el 12 de diciembre de 2011.

En la primavera de 2006, el encargado de dar el primer toque a Urdangarin fue José Manuel Romero Moreno, conde de Fontao, un hombre muy curioso que tiene en la palabra «desasimiento» una de sus favoritas. Los españoles le conocieron después de ser llamado a declarar por el juez Castro los días 16 y 17 de febrero de 2013. Exjesuita, aristócrata, originalmente de izquierdas —él se autodeclara «rojo»—, de exquisitas maneras y gran cultura, su trabajo durante veintidós años en La Zarzuela se ha asemejado al del maquinista de un tren «en el que estaba todo por hacer». Fontao, de setenta y cuatro años, el hombre del inconfundible flequillo, antes rubio y ahora blanco, sigue trabajando «gratis et amore», por amor al arte, como abogado del rey Juan Carlos, aunque desde el 31 de diciembre de 2014 ya no es oficialmente el principal asesor jurídico de palacio. Irónicamente, como lo fue Urdangarin en 2011, Fontao también ha sido *alejado* de Zarzuela tras la llegada al trono de Felipe VI.

El maquinista Fontao, hijo de un prestigioso agente de cambio y bolsa y perteneciente a una familia vecina y muy amiga de la del general Alfonso Armada, conoció al príncipe Juan Carlos cuando este «no era nadie». En octubre de 1959, ya era un «progre», según la terminología de la época, y don Juan Carlos tenía que asistir a unas clases en la Facultad de Derecho de la Complutense, en Madrid. Falangistas y carlistas se manifestaban ante la puerta principal contra la presencia del hijo de don Juan, y Fontao fue de los que se ofreció a acompañarlo por la puerta de atrás. De ese momento data la supuesta y famosa frase del rey: «Si entro ahora por detrás, tendré que hacerlo siempre».

Fontao abandonó el sacerdocio y se casó con una chica «tan rojeras como él». Mantuvo su relación de amistad con el rey desde 1959 hasta 1992, entonces fue contratado oficialmente por Zarzuela. Tras la aplicación de la Ley de Transparencia, supimos que ganaba setenta y dos mil euros al año. Entró en la Casa en 1993, cuando ya había salido Sabino Fernández Campo, «que nunca lo quiso cerca», y que se opuso a que fuera nombrado secretario general en 1987 como había querido el rey.

La monarquía española, instaurada por Franco en 1975, carecía de armazón legal. La Constitución de 1978, como hemos podido observar durante el proceso de abdicación y la no-renuncia de sus derechos de la infanta Cristina, adolece de agujeros en su afán protector de la figura del monarca. Fontao tuvo que andar «poniendo parches» desde el primer día. Algunos decían de él que servía «para un roto y para un descosido». Por ejemplo, fue él quien decidió que las Cortes no tenían que autorizar el matrimonio de la infanta Elena con Jaime de Marichalar, echando así por la borda una costumbre que data de la época de Carlos III sobre matrimonios desiguales. Joaquín Almunia sugirió que el Parlamento había de hacerlo, pero el debate fue mínimo ya que se impuso el criterio de Fontao: la Constitución de 1978 se impone a la Pragmática Sanción de 1776.

También fue Fontao el autor de la famosa frase «cese temporal de la convivencia» cuando la infanta y Marichalar se separaron. Aquel divorcio, según personas de su entorno, le costó un cáncer de próstata y le valió, hasta hoy, la enemistad de la reina Sofía.

En la primavera de 2014, cuando el rey ya veía inevitable la abdicación, el maquinista tuvo que ponerse a toda prisa a arreglar asuntos privados de la familia, como el reparto de las joyas o los cuadros de doña María de las Mercedes en los Reales Alcázares de Sevilla, que don Juan Carlos estima de su propiedad. Durante muchos meses, se le vio por Madrid con la tristeza en los ojos. Dicen los que le conocen que es un «servidor fiel» a don Juan Carlos y así será hasta el final de sus días.

En el otoño de 2004, cuando supo de la compra de la enorme casa en la zona de Pedralbes de Barcelona, Fontao «se llevó las manos a la cabeza». En 2005 tuvo al menos un intercambio al respecto con el rey, que no estaba en absoluto preocupado por la adquisición de esa vivienda excesivamente grande y pretenciosa en el elegante barrio de la zona alta de Barcelona.

Allí, impregnadas de la modestia del monasterio de Pedralbes, las casas son en su mayoría de piedra y están rodeadas de pinos, acacias, palmeras, madroños y olivos. La vivienda embargada de los Urdangarin-Borbón, en cambio, tiene la fachada pelada por la falta de mantenimiento y se ha convertido en el recuerdo fantasmagórico de una época de excesos.

Pero hasta 2006 Urdangarin siguió siendo el «niño bonito» de Zarzuela, en palabras de un morador del recinto, y el rey pidió a Fontao que actuara tras la pregunta del grupo socialista en el Parlamento balear en febrero de 2006. Querían saber por qué había costado 1,3 millones de euros un evento mediático-deportivo que había organizado el Instituto Nóos. Y, aunque apenas se publicó una pequeña información en los periódicos mallorquines sobre esta petición de los socialistas, el conde del característico flequillo acudió raudo como emisario real a Barcelona y forzó a Urdangarin a abandonar la presidencia del Instituto Nóos en junio de ese año.

El yernísimo no se quedó en la calle sin trabajo: fue nombrado consejero de Telefónica Internacional y presidente de honor del Foro Generaciones Interactivas, un organismo creado por Telefónica, la Universidad de Navarra y la Universidad Iberoamericana. Ningún periodista preguntó cuánto ganaba el duque consorte por estos cargos. A todo el mundo le parecía «espléndido» que Urdangarin fuera nombrado consejero de la primera empresa de España, recuerda una persona que se queja del tratamiento que se le da ahora.

Entonces, los españoles desconocían que Urdangarin apenas domina el inglés, como pudieron comprobar en 2013 a través de sus correos con CSW entre 2004 y 2005. Cuando Diego Torres los hizo públicos para contaminar a la Casa Real, supimos que el rey le pidió a CSW que le buscara un trabajo «digno» a su yerno en el mundo del patrocinio deportivo internacional. En junio de 2004, apenas hacía tres meses que el rey había iniciado su relación sentimental con CSW, pero la princesa ya cenó con Urdangarin en Londres para discutir «cómo enfocar su trabajo».

Urdangarin no se fue de Nóos por gusto. A partir de 2005, y de forma escalonada, al menos tres personas en La Zarzuela hablaron directamente con el rey sobre el tema y le informaron de los rumores desatados. Una de ellas, como mínimo, tuvo que enfrentarse incluso a la cólera real: «No me importó. Tenía que cumplir con mi deber. El que tenía que saberlo, lo sabía».

Ese primer alejamiento en 2006 no fue suficiente, y en 2007 Fontao creó la Fundación Areté para «poner orden» en el entramado de empresas *profit* y *non profit*. Le prohibió expresamente que se dedicara a actividades mercantiles dentro de España, como había hecho Jaime de Marichalar siguiendo al pie de la letra las instrucciones de la Casa. Así que el duque y su socio crearon la Fundación para el Deporte y la FDCIS —un organismo sin ánimo de lucro para niños enfermos de cáncer— para que esta actuara como un Nóos 2.0.

Al mismo tiempo que Urdangarin lo engañaba con la FDCIS, el rey le seguía buscando un trabajo digno, esta vez a través de su buen amigo César Alierta, presidente de Telefónica. Los empleados de la multinacional supieron del magnífico trabajo del duque en Washington DC a través de una exclusiva en la revista *¡Hola!*

El 22 de abril de 2009, la revista del corazón, propiedad de Eduardo Sánchez Junco, ofreció en su portada una imagen familiar de los Urdangarin-Borbón (los duques y sus cuatro hijos: Juan Valentín, Miguel, Pablo Nicolás e Irene) bajo el siguiente título: «Contratado Iñaki Urdangarin por Telefónica, los duques de Palma se marchan a vivir a Washington DC».

Los chicos, explicaba la revista, empezarían las clases el 3 de septiembre, mientras que sus padres trabajarían en la capital federal de Estados Unidos: él como «coordinador general de las actividades del Grupo Telefónica en Estados Unidos» y ella para la Fundación La Caixa, que por cierto ha demostrado tener una enorme flexibilidad a la hora de recolocar a la infanta Cristina en las distintas ciudades del extranjero en las que se ha visto obligada a vivir debido al caso Nóos.

Según un empleado de Telefónica, «nos pareció alucinante que se diera antes en el *¡Hola!*, sin informar internamente a la compañía. Pero no nos sorprendió: en esa época, la gente todavía mataba por estar al lado de Urdangarin». Ese mismo empleado explica que esa ansia por estar en las cercanías del duque consorte fue la que llevó a los «políticos en la época de las vacas gordas a pelearse por darle dinero».

Con los Urdangarin en Washington DC, la tranquilidad en Zarzuela duró un año. En julio de 2010 el juez Castro abrió la pieza número 25 de las 27 que componen el caso Palma Arena. El caso Nóos, ahora investigado seriamente por un juez a punto de jubilarse al que poco se le podía ofrecer, empezó a amenazar seriamente la estabilidad de la Corona.

El alejamiento oficial verbalizado por Spottorno el 12 de diciembre de 2011 fue seguido del envío de Fernando Almansa a Denver, según fue revelado por Inda e Urreiztieta en su libro *La intocable.* Eso tampoco funcionó. Según los periodistas, Almansa y el secretario general jurídico de Telefónica, el abogado del Estado Ramiro Sánchez de Lerín, fracasaron en el intento de convencer al duque de Palma de renunciar a sus dignidades.

Para colmo, en noviembre de 2012, la pareja tiró por la borda toda la labor hecha y el bien que hubiera podido hacer el anuncio de Spottorno al acudir al hospital madrileño en el que al rey le habían operado de la cadera izquierda después de Botsuana. Yo estaba allí ese día, como tantos otros pasados a las puertas de un centro hospitalario. Recuerdo la tensión entre los empleados de Zarzuela ante la llegada de los duques de Palma. También el arte del disimulo durante los saludos cuando bajaron del monovolumen conducido por Urdangarin junto a la reina Sofía, la infanta Elena y Juan Valentín, el hijo mayor de la pareja. Sentí pena del chico, a sus trece años, caminando con los ojos clavados en el suelo. Me sorprendieron la actitud sonriente de los duques y la extrema delgadez de Urdangarin. No comprendí qué hacían allí, como tampoco lo hizo la mayoría de los españoles.

El tándem Spottorno-Ayuso contraatacó con rapidez. Muy pronto se filtró que lo ocurrido fue una «flaqueza de padre», del rey, al que la infanta Cristina llamó por teléfono diciéndole que iba «con Iñaki». Se nos contó que al revisar la agenda de visitas con el monarca se expresó la sorpresa por la presencia de la pareja, pero que este afirmó que ya no podía «echarse atrás» en la decisión tomada.

Otro gran error. Los duques estaban desde el verano de 2012 de vuelta en Barcelona. Según fuentes de la operadora de telefonía, a Urdangarin «se le atrajo» diciéndole que tendría un despacho en Barcelona porque él no quería marcharse de Washington. Sin embargo, el 28 de agosto, a través de un comunicado, se informó de la «excedencia temporal» de la compañía del duque consorte. La operación fue ardua y a tres bandas entre Urdangarin, Telefónica y Zarzuela. A pesar de la resistencia del duque, la empresa presidida por Alierta estaba seriamente preocupada por el daño a su imagen corporativa. Los mensajes de quejas de clientes de Telefónica eran continuos.

Tras este despido encubierto, el 12 de octubre de 2012 se llevó a cabo lo que algunos españoles interpretaron como una humillación pública a doña Elena. Para sacar a los Urdangarin-Borbón de los fastos del día de la fiesta nacional con mayor naturalidad, se optó por situar a doña Elena fuera de la tribuna oficial al paso de las tropas. Por primera vez, la infanta se situó junto al líder de la oposición, a la sazón Alfredo Pérez Rubalcaba, en lugar de en la tribuna oficial junto a sus padres y a su hermano. Para explicar el cambio, el nuevo aparato de comunicación de Zarzuela adujo que a partir de entonces el «núcleo duro» quedaba conformado por los reyes y los príncipes de Asturias. Era el plan que Iribarren había filtrado en diciembre del año anterior y que le había costado el puesto.

Pero a pesar del alejamiento oficial decretado por Spottorno y del *sacrificio* de la infanta Elena en la fiesta nacional, la visita hospitalaria provocó tal reacción entre los españoles que en enero de 2013 el duque de Palma desapareció de la página web de la Casa Real. En marzo, tampoco acudió con su mujer a visitar al rey, que había sido operado de nuevo, esta vez de una hernia discal.

Sin embargo, junto a la infanta Cristina se vio ese día a Carlos García Revenga, otro curioso personaje del que los españoles oyeron hablar por primera vez, de nuevo, en los correos hechos públicos por el exsocio de Urdangarin. Uno, particularmente embarazoso, quedó grabado en la mente de los ciudadanos, que ya no escondían su disgusto por lo que consideraban un comportamiento absolutamente impropio de algunos miembros de la familia real y de sus empleados. Este correo fue conocido el 24 de enero de 2013 a través del diario *El Mundo*: Urdangarin se despedía de Revenga como «el duque em...Palma...do». Dos días más tarde, cuando Revenga fue imputado por el juez Castro, todo el mundo sabía quién era. Ese correo, desde luego, no fue su mejor tarjeta de visita.

Según fuentes de su entorno, nunca contestó a los correos impropios que le envió Urdangarin, al que hizo ver «por teléfono» que era «una muy mala idea» mantener ese tipo de intercambio electrónico siendo ellos quienes eran.

Descrito como «secretario» de las infantas por la mayoría de los periodistas, Revenga, de cincuenta y siete años, fue oficialmente asesor vocal de la Casa Real según el nombramiento de Administraciones Públicas en 1998. Listo y simpático, es un hombre grandullón y motorizado que dio clases de matemáticas y física a las dos hermanas en el colegio y que, una vez terminados los estudios, se fue con ellas a Zarzuela y ya nunca más salió de allí.

Como Fontao, con el que no tiene exactamente excelentes relaciones, Revenga sirve también para un roto y para un descosido, pero de otro tipo. No es ni funcionario, ni diplomático, ni guardia civil, ni militar, ni policía, de modo que los *pata negra* de Zarzuela le veían «como una especie de intruso». Su jefe directo era el teniente general José Cabrera, el sempiterno jefe de la secretaría de doña Sofía. El general, la sombra de la reina, dejó Zarzuela al jubilarse en 2012 y se ahorró así el disgusto de los años que vinieron.

En el restaurante chino Royal Cantonés de Usera, un barrio al sur de Madrid, vi una foto de la dueña con la infanta Elena que me ayudó a entender quién era el secretario y por qué se había convertido en la figura principal en la vida de las infantas. Revenga se crio en Usera, que antes era el clásico barrio de trabajadores de Madrid donde vivían empleados de fábricas como la Barreiros de Villaverde o la Mahou de Arganzuela y ahora se ha convertido en una especie de Chinatown a la española. Es allí donde Revenga lleva a la infanta Elena a saborear comida china *de verdad*: ancas de rana, intestinos de cerdo, patas de oca o sopa de aleta de tiburón. Conoce bien el barrio porque vivió allí entre los cinco y los treinta años. Sin embargo, nació en una zona bien de la capital, en la calle Eduardo Dato, hijo de un ingeniero industrial y de una «señora estupenda». Circunstancias adversas les llevaron a vivir a Usera, donde el padre tenía un taller de plásticos. Carlos se educó en el San Viator, considerado el mejor colegio del barrio, en el que «los chicos eran víctimas de los clásicos macarras que aspiraban a quedarse con sus relojes». Revenga tuvo que espabilar pronto.

Fue *desimputado* por el juez Castro el 7 de noviembre de 2014, y como había sido el único imputado sin cargos, Spottorno le permitió continuar en el puesto casi dos años. Ayuso era partidario de deshacerse de él «de inmediato» por la presión mediática. No obstante, el exprofesor de las infantas no abandonó Zarzuela hasta el 31 de diciembre de 2014, con una sensación agridulce: considera su «mejor obra» la trayectoria impecable de doña Elena y cree, como dijo ante el juez, que su papel en Nóos fue simplemente el de «corregir la redacción de cartas» que le pidió su jefe.

Tras salir de Zarzuela, como Fontao, el 31 de diciembre de 2014, Revenga ha vuelto a ser noticia. Primero, porque se dejó engañar por el pequeño Nicolás, que lo intentó atraer a sus redes haciéndose pasar por enviado de la vicepresidenta Soraya Sáenz de Santamaría. Después, porque se convirtió en el primer empleado en la historia de palacio que tuvo que recurrir a los tribunales para que Zarzuela respetara sus derechos laborales. Con cincuenta y siete años y marcado por el caso Nóos, Revenga lo tiene difícil para volver al mercado laboral. Lo que antes era un plus —pertenecer a Casa Real— ahora parece haberse convertido en una mancha. En junio de 2014, el rey emérito le prometió ayudarle a encontrar un puesto de trabajo, como ya intentaron hacer desde palacio justo antes de que estallara públicamente el caso Nóos. Casi lo consiguen. Justo cuando se decidió que las infantas Elena y Cristina tenían que alejarse del organigrama oficial de palacio, Zarzuela se dirigió a uno de los lugares habituales para colocar a sus empleados: Caja Madrid o Bankia, como diez años antes hizo con Rafael Spottorno.

Pero el juez Castro dio al traste con la colocación de Revenga. Así, cuando este salió de Zarzuela, se encontró con novecientos veintiún euros mensuales de paro. Interpuso un recurso administrativo contra la Casa del Rey y al cierre de este libro está a la espera de recibir cien mil euros de indemnización. En los corredores del poder se da por hecho que la demanda de Revenga será satisfecha: ni Alfonsín ni Palomo quieren tener en contra a una persona que ha estado en el corazón de las tinieblas.

La división de la familia real volvió a quedar patente en el gesto de la reina Sofía, que tuvo el detalle de visitar a la madre de Revenga en el hospital en marzo de 2015 cuando esta, una señora de ochenta y nueve años, se rompió el fémur. Mientras el rey emérito incumple su palabra de ayudarle a buscar trabajo, la reina sabe que su mera presencia en el hospital ayuda a que el entorno se vuelque con la anciana.

Bajo el tándem Spottorno-Ayuso, la estrategia de control de daños respecto al caso Urdangarin se duplicó, aunque hubo incomprensibles fallos, como la decisión de mostrar su «sorpresa» por la decisión del juez Castro en abril de 2013 de imputar por primera vez a la infanta Cristina.

Tampoco entendieron bien los españoles que el abogado defensor de la hija menor del rey fuera Miquel Roca, exlíder de CDC, ponente de la Constitución y, sobre todo, amigo personal de don Juan Carlos desde la Transición. Al elegir a Roca, los españoles entendieron que la defensa de la infanta Cristina se convertía en una cuestión institucional.

Según Inda y Urreiztieta, el 28 de febrero de 2012, Mariano Rajoy, Eduardo Torres-Dulce y Alberto Ruiz Gallardón se reunieron con el rey en Zarzuela para asegurarse de que la infanta estaría protegida jurídicamente en el caso.

No se trató de una sola reunión, sino de muchas y con diferentes interlocutores. El rey decidió dejar caer a Urdangarin pero no a la infanta. Para explicárselo, habló personalmente con ella: «Hoy te hablo como rey, no como padre», le dijo a la infanta para hacerle entender que debía hacer un gesto para salvar a la monarquía. O renunciar a sus derechos o divorciarse de Urdangarin. Ocurrió lo contrario: la infanta reforzó su matrimonio con Urdangarin, no ha renunciado y las relaciones con su padre, con su hermano el rey Felipe y con su cuñada la reina Letizia están rotas.

También su perfil ha desaparecido de la página web de Casa Real, y no estuvo presente en el acto de firma de la abdicación de su padre en el Palacio Real ni al día siguiente en la proclamación de su hermano en el Congreso de los Diputados.

Al comienzo de su estancia en Zarzuela, Ayuso se entrevistó con Paddy Harverson, el gurú de las relaciones públicas de Londres que consiguió que los británicos aceptaran a Camilla Parker como esposa del príncipe de Gales. Fue Harverson quien le explicó esa endiablada relación entre familia e institución que caracteriza a la monarquía. Porque fue ese mal encaje de la familia real española lo que provocó la cadena de desaciertos que desembocó en la falta de prestigio de la etapa final. El rey tenía que haber sido más enérgico con su yerno y su hija pequeña.

«En esa época, parecía normal lo que hacía Urdangarin», insisten algunos para justificar la actitud benévola del rey. «Además, ¿a cuánto se pagaba entonces una hora de consultoría? Eran los políticos los que morían por complacer al yerno del rey».

Bajo esta premisa, tenía razón don Juan Carlos al tachar de «exagerados» a los que le alertaron sobre Urdangarin. Al parecer, también influyó negativamente su relación con CSW, que le mantenía más apartado de su familia, ante la que él no quería aparecer como el «ogro» que solo «ponía trabas» a los suyos.

Según un empleado de Zarzuela excepcionalmente hablador, las personas que pertenecen al entorno real o trabajan para ellos se agrupan bajo tres grandes «S»: *serviles*, los que se arrastran ante los jefes porque de nacimiento son así; *servidos*, los que se arrastran en beneficio propio, con la vista puesta en su propio bien y no en el de los jefes, y *servidores* del Estado, personas con gran espíritu de sacrificio que en virtud de un sincero patriotismo no dudan en encubrir a los jefes.

Ayuso, el último eslabón de ese control de daños que se quiso ejercer al final del reinado de don Juan Carlos, comprendió algo importante: él tenía que servir a la jefatura del Estado, no a la persona de un rey septuagenario cuyo juicio resultaba a veces errático.

Supo también sobrevivir a ese *mal de palacio*, similar al mal de altura que uno padece al aterrizar, por ejemplo, en Bogotá: se trata de ese sentido de la importancia de uno mismo que afecta tanto al alto cargo como al periodista. Para mí, el mal de palacio lo representa ese ministro al que vi pavonearse en un acto público del Palacio Real al tiempo que olvidaba dar paso primero a su esposa, que acabó rozando las pesadas cortinas de terciopelo que cuelgan entre estancias mientras su marido sacaba pecho. O ese mismo ministro que, en otra audiencia también en el Palacio Real, le rio la gracia a carcajadas al rey Juan Carlos cuando este, con especial mal gusto, le espetó a un periodista discapacitado que usa silla de ruedas: «Tú, ¡echa el freno!».

Tuve más de un enfrentamiento con Ayuso, pero ninguno derivado de ese síndrome palaciego del que él salió indemne. Fue contratado como *spin doctor* —un asesor de comunicación que da un toque especial a la interpretación de las noticias— y así actuó, sin contemplaciones, obligado por una situación que algunos calificaban de límite. Cuando todo acabó, incluida nuestra particular guerra, me dijo: «Pagaría por volver a hacerlo: vivir un trozo de la Historia de España por dentro».

Pero mucho antes, el 4 de marzo de 2012, cuatro días después de su llegada a Zarzuela, el diario *El País* publicó un editorial que arrancaba de la primera página titulado «El caso Urdangarin y el futuro de la monarquía». El texto se apoyaba en las palabras del mensaje del rey en Nochebuena —«necesitamos rigor, seriedad y ejemplaridad en todos los sentidos»— y sostenía que «solo la frivolidad, el populismo y el amarillismo periodístico, o la mezcla de los tres, permiten confundir la crítica que merece el comportamiento no ejemplar de Iñaki Urdangarin con un debate sobre el futuro de la monarquía», añadiendo que España «no necesita de un debate artificial sobre la jefatura del Estado [...]» porque «el rey y la Corona han rendido y seguirán prestando servicios impagables a la libertad de nuestros ciudadanos, a la democracia española, a su construcción y desarrollo y a su prestigio e influencia en la escena internacional». El periódico que fue de referencia para la izquierda española señalaba, no obstante, la necesidad de superar «corsés y rigideces» en la institución, «cuando no el oscurantismo» que atribuía a «quienes adulan» al rey. El diario, además, se inclinaba por mejorar la transparencia de la institución y la protección del heredero, competencias que corresponden a las Cortes.

El periódico más importante del *establishment* le estaba dando a don Juan Carlos una oportunidad de oro para enderezar el rumbo, pero él lo ignoró.

Tampoco aprovechó la segunda oportunidad que le brindó el *establishment* a través de los empresarios. El 20 de marzo, se reunió en la sede de Telefónica con dieciséis de los diecisiete miembros del Consejo Empresarial de la Competitividad, que agrupa a los principales dirigentes de las grandes compañías españolas. El almuerzo se conoció por una filtración a *El País* y *El Mundo* que publicaron el domingo 25 de marzo, en primera página, una fotografía del acto a cinco columnas.

La tercera pata del *establishment*, la política, le había mostrado su apoyo el día anterior en el oratorio de San Felipe Neri de Cádiz con motivo de la conmemoración del bicentenario de la Constitución allí aprobada en 1812.

Medios de comunicación, empresarios y políticos le estaban lanzando el mensaje: te apoyamos, sigue adelante, consíguelo. La llegada de Ayuso pondría la guinda del pastel. Nada de esto entendió el rey, que desoyó la última oportunidad que España le brindaba para mantenerse al frente de la Corona.

Capítulo 5

EL CONJURO DEL OKAVANGO

«Estoy deseando retomar mis obligaciones y… lo siento mucho, me he *equivocao* y… no volverá a ocurrir».
JUAN CARLOS I, miércoles, 18 de abril de 2012, en declaraciones a RTVE y a la Agencia EFE desde el hospital Quirón San José de Madrid

Viernes, 13 de abril de 2012, delta del Okavango, Botsuana.

Al delta del Okavango —un oasis en el desierto africano del Kalahari— el rey fue a perder «su conjuro», según un ministro español que se refirió así al hechizo bajo el que don Juan Carlos vivió treinta y ocho años como uno de los reyes más queridos, desconocidos y protegidos de Occidente. El sortilegio urdido por la Transición se evaporó en la madrugada del jueves 13 de abril de 2012 entre los húmedos apéndices que el río Okavango despliega en Botsuana.

Podía haber ocurrido en Rumanía en 2004 o en Rusia en 2006, otros lugares a los que la pasión cazadora del rey lo habían llevado anteriormente en busca de lobos, osos y elefantes. O en Escocia, o durante el nacimiento de la infanta Sofía, o en cualquiera de las fincas de España en las que ha sido invitado de honor durante cinco largas décadas. Al fin y al cabo, las caderas de don Juan Carlos llevaban tiempo en mal estado. Es más, le podía haber pasado una semana antes en Kuwait, cuando le falló la cadera y casi se cae al salir de la finca del emir Sabah al-Sabah a las afueras de Kuwait City. Allí lo sujetaron a tiempo y evitaron lo que ocurrió unos días más tarde en Botsuana.

Finalmente, desafiando los consejos de sus asesores, en la ciénaga donde muere el Okavango, con setenta y cuatro años cumplidos, *se le marchitó el clavel.* Al filo de las tres de la madrugada, una hora menos en España, y tras una copiosa cena en el cuerpo, el rey resbaló en el interior de su cabaña en el campamento Qorokwe, se cayó y ya no pudo volver a levantarse. Durante horas permaneció tendido, solo, en el suelo. La ayuda llegó por la mañana temprano, cuando apenas podía moverse de dolor, aunque no recordaba bien lo sucedido: se había fracturado la cadera derecha en tres puntos.

Sin embargo, tuvo suerte el monarca de que el golpe lo sufriera el costado y no la cabeza. Quizá le ayudó esa magia que los nativos atribuyen al Okavango a su paso por el desierto rojo. Cada año, las aguas se acumulan en las montañas de Angola y bajan hacia Namibia en busca de una salida. De allí cruzan a la vecina Botsuana con la intención de ir a parar al océano Índico, pero como la lucha resulta inútil, al final del viaje, recorridos ya mil seiscientos kilómetros, el Okavango se abandona en las arenas del Kalahari, ese hermoso desierto de la *gran sed* que recorrió por primera vez el doctor Livingstone.

Los bosquimanos ven una fuerza desconocida detrás de este fenómeno único que da lugar al delta interior más grande del mundo. ¿Cómo entender si no la existencia de esa fuente de vida en medio de la nada? El milagro del Kalahari explica el elevado número de elefantes, leones, leopardos, búfalos, rinocerontes, jirafas, antílopes y demás animales salvajes que hacen de Botsuana un destino cinegético extraordinario.

Ese paraíso en el extremo sur de África está al alcance de pocos, apenas un 0,05 por ciento de la población mundial. Lo protege con mimo el presidente Ian Khama, un conservacionista convencido de que ha unido sus fuerzas con el príncipe Guillermo de Inglaterra en defensa de la naturaleza. El mestizo Khama, bisnieto del rey Khama III de la antigua Bechuanalandia, es fruto del matrimonio por amor del padre de la independencia de Botsuana, sir Seretse Khama, y de la inglesa Ruth Williams. Esa unión interracial provocó un gran escándalo en la época e inspiró la famosa película *Adivina quién viene a cenar esta noche.*

Educado en Sandhurst, el presidente Khama heredó de su madre el amor por los animales, pero también defiende el 10 por ciento del PIB de Botsuana, que es el que proporcionan los *trophy hunters* o cazadores de trofeos como don Juan Carlos. Ellos son los que pagan cincuenta mil dólares por un elefante además de la estancia en los campamentos de turno (entre dos mil y seis mil dólares). El año pasado, Khama volvió a darle una vuelta de tuerca a la política de licencias de caza, que están totalmente regladas. Hay que sacar permisos, pagarlos y dejarse acompañar por un nutrido grupo de personas, desde el *white hunter* o cazador blanco que se ocupa de llevar al tirador hasta la pieza a batir hasta el representante gubernamental que testimonie la legalidad del acto. Según el reparto administrativo que el Gobierno de Khama ha hecho de esta inmensa reserva natural, don Juan Carlos tiró en abril de 2012 en la zona NG32.

El jueves, día 12, cuando los ayudantes se retiraron, don Juan Carlos y sus acompañantes se prepararon para cenar junto al fuego de carbón sobre el horno de barro. Le acompañaban Philip Adkins, de cincuenta y cuatro años, el atlético americano exmarido de Corinna, que se ha convertido en uno de sus principales amigos y confidentes; el septuagenario Mohamed Eyad Kayali, amigo hispano-sirio-saudí, compañero de cacerías y eslabón entre el monarca y el rey Salman bin Abdulaziz, porque desde los años setenta del siglo pasado Kayali es el agente en España del actual rey de Arabia Saudí; CSW, cuarenta y siete años, su pareja más estable durante los últimos seis años, y el hijo pequeño de esta, Alexander zu Sayn-Wittgenstein, de diez años. El rey, como ya hemos visto, lo empezó a tratar cuando este tenía solo dos años, le enseñó a tirar, y la adoración era mutua, según personas que los vieron juntos y que explicaron cómo don Juan Carlos lo trataba «más que como a un nieto, como a un hijo». El joven Alexander, que ahora tiene trece años y está interno en un colegio británico, llama *Uncle King* —tío rey— al rey emérito. Curiosamente, así denominaba doña María de las Mercedes, madre del rey, a su tío y suegro Alfonso XIII.

Acabada la cena, madre e hijo se retiraron a dormir porque al día siguiente había que madrugar, mientras *the guys*, «los chicos» —don Juan Carlos, Adkins y Kayali—, se quedaron celebrando el trofeo del día: el agente hispano-saudí había matado esa mañana un elefante similar al que el día anterior derribó el rey tras siete disparos. Por la mañana, le tocaba probar suerte a Adkins, más joven y más fuerte que sus amigos y con más probabilidades de tumbar a su presa con menor número de balas. Según me explica un acompañante habitual en las cacerías del rey, «el señor siempre se cobra primero. Cuando él ya está satisfecho, vienen los demás». Esta regla no escrita de cortesía cinegética se aplica también al dueño de la finca. El rey es el rey.

Entre elefantes, campamento, acompañamiento, helicópteros, el *jet* que los llevó desde Montecarlo a Maun y los extras de los escoltas y el médico, el safari de apenas seis días rondó los tres cuartos de millón de euros. Una cifra justificada en la liturgia que establece la agencia de Johan Calitz: los *trophy hunters* nunca vuelven con las manos vacías.

Esa noche, el tercero en abandonar el fuego para ir a dormir fue Kayali. Don Juan Carlos y Adkins se quedaron solos, celebrando una amistad que dura ya diez años y que no deja de producir cierta extrañeza a algunos debido a su intensidad. Adkins es el joven que aparece a la izquierda de don Juan Carlos en la foto que sorprendió a los españoles un año después, durante las Navidades de 2014, cuando el rey emérito decidió pasar los últimos días del año en The Ivy, el restaurante de las *celebrities* y los jóvenes *cools* de Beverly Hills. Un sitio quizá inapropiado para un antiguo jefe de Estado occidental a punto de cumplir setenta y siete años, padre de tres hijos y abuelo de ocho nietos. Con Adkins se marchó días más tarde a Palm Beach, Florida, un lugar que sí acoge a numerosos jubilados millonarios.

Adkins, veinte años más joven que su amigo, lo visitó en Zarzuela esos meses de terrible soledad entre 2012 y 2014 en los que el rey, de operación en operación, rumió su abdicación. Sobre todo a partir de diciembre de 2012, cuando los viajes de CSW quedaron vetados. Tras la abdicación, el primer exmarido de CSW fue una de las primeras personas que almorzó fuera de Zarzuela con el rey en uno de sus restaurantes preferidos de Madrid.

Entre ellos dos, la conversación es incesante. Al igual que las risas y a veces la emoción. Adkins es un financiero cosmopolita que comparte gustos con el monarca. Conoce el mundo de la política internacional tan bien como el de la economía. Tantas veces han hablado de CSW, su exmujer, a la que Adkins califica de «leal sin límite, pero también demasiado independiente para ser controlada». Adkins, CSW y los hijos —tanto la que tienen en común como el pequeño— llegaron a formar una especie de extraña familia paralela junto al rey, que se convirtió en un abuelo casi para todos. «Fue a buscar lo que no tenía», explican personas de su entorno en España en referencia a la desestructuración familiar que ha rodeado al rey prácticamente toda su vida. En los meses de mayor soledad, y cuando CSW empezó a distanciarse, Adkins se convirtió en su «paño de lágrimas», la persona a la que más se quejaba el rey porque CSW no lo llamaba lo suficiente por teléfono. En el pico de su obsesión por CSW, «era capaz de quedarse esperando, sin hacer nada, hasta la hora en la que ella le había dicho que lo iba a llamar».

Ya de madrugada, Adkins agarró a don Juan Carlos por el brazo y lo acompañó hasta su *lodge* porque, entre el vino y la artrosis, necesitaba ayuda para caminar. Una vez dentro de la cabaña, se ofreció a echarle una mano, pero el rey declinó y Adkins se despidió de él hasta el día siguiente.

En el *lodge* vecino dormía la princesa CSW junto a su hijo. En Botsuana, el monarca había sumado ya las operaciones de rodilla y del talón de Aquiles a la del pulmón y estaba todavía en peor forma física que en 2010. Hacía tiempo que había que transportarlo directamente al puesto de caza y dejarlo «sentado y colocado» allí: «Andar, lo mínimo». En ese viaje en concreto, los desplazamientos se llevaron a cabo en helicóptero.

A pesar de haber permanecido durante horas tendido en el suelo, hasta que un ayudante lo encontró, cuando Adkins, CSW y Alexander fueron a darle los buenos días el viernes a primera hora de la mañana lo encontraron «tranquilo» en la cama y desayunando un par de huevos fritos con bacón sobre una bandeja. No dijo una palabra de lo que le había ocurrido durante la noche y les pidió que se marcharan sin él porque se sentía «algo cansado». Parecía no recordar bien lo ocurrido la noche anterior, ni las horas que había estado tirado sobre el suelo.

A Adkins y a CSW no les sorprendió que el rey decidiera quedarse en la cama: regresaron a sus *lodges* para terminar de ponerse la crema solar y coger los últimos bártulos para salir a cazar. Ya subían casi al helicóptero junto a Kayali cuando un escolta real se aproximó gesticulando y hablando en inglés: «*It's his majesty! He's had an accident, he's very sick!*», «¡Es su majestad! ¡Ha tenido un accidente, está muy enfermo!».

El rey, roto del dolor, no tuvo más remedio que confesar lo ocurrido y se acabó el safari para Adkins, CSW y Alexander. Los pies se le estaban quedando fríos, y súbitamente surgió el pánico absurdo entre los presentes de que quizá podría necesitar una transfusión urgente de sangre. El médico intensivista de Zarzuela que había viajado con el rey se puso inmediatamente en contacto con el doctor Villamor y ambos decidieron que el monarca tenía que regresar de urgencia a Madrid. Tan rápido fue todo que Adkins, CSW y Alexander no se quitaron la ropa de caza ni la crema solar. «Conseguir un avión privado cuando no estaba previsto, además de los helicópteros, no fue tarea fácil ni barata», me cuentan. «El viaje fue un horror de incertidumbre, miedo y dolor».

¿Cómo llegó el jefe del Estado a tal grado de irresponsabilidad? Sabemos a ciencia cierta que el jefe del Gobierno, Mariano Rajoy, no conocía el paradero ni los detalles del viaje del monarca, por lo que la responsabilidad de la decisión fue únicamente de don Juan Carlos.

A las diez y media de la mañana del viernes 13 de abril, la noticia llegó a La Zarzuela. Rafael Spottorno reaccionó mal porque tampoco llegó a contar nunca con un relato pormenorizado de los planes del rey. Spottorno se abstuvo de avisar a Rajoy, que a esa hora se encontraba ya en La Moncloa celebrando el semanal Consejo de Ministros con los miembros del Ejecutivo. Esperó al término del Consejo, cuando el rey llevaba ya dos horas volando de regreso a Madrid, y, por la tarde, acudió personalmente a Moncloa para hablar con el presidente del Gobierno ante el cariz que habían tomado los acontecimientos.

El rey estaba haciendo el viaje de vuelta a Madrid «asustado, sin saber qué le había ocurrido exactamente, dolorido», con el único consuelo de sus dos amigos extranjeros y del niño pequeño. Kayali optó por quedarse en el delta y al día siguiente se encargó de matar el tercer elefante, ese que estaba preparado para Adkins.

El vuelo duró diez horas. El *jet* privado pagado por Adkins aterrizó a las once de la noche en la base aérea de Torrejón de Ardoz y el rey fue trasladado inmediatamente al hospital San José, en el centro de Madrid, donde fue ingresado de urgencia al filo de la medianoche. Sus acompañantes, exhaustos y llamativamente vestidos de cacería, pasaron la noche en el hotel Miguel Ángel.

Adkins, CSW y Alexander no pudieron quedarse más tiempo para visitarlo en el hospital, pues al día siguiente, cuando España se enteraba sorprendida un tranquilo sábado por la mañana de la operación del rey, los tres fueron acompañados con discreción al mismo aeropuerto militar al que habían llegado.

El safari a Botsuana no fue improvisado. Don Juan Carlos viajó allí en abril porque es uno de los mejores meses para cazar, justo cuando acaba de terminar la llamada *estación verde* o de las lluvias (noviembre-marzo) y cuando empieza la seca (abril-octubre). Se respira un aire fresco y limpio con temperaturas diurnas aún no muy calurosas, como es el caso en septiembre u octubre. La hierba, bien crecida, ofrece un buen escondite a los depredadores.

Había otras razones. Un mes y medio antes, el 18 de febrero de 2012, Alexander zu Sayn-Wittgenstein cumplió diez años. Don Juan Carlos lo celebró con él en Suiza y allí le prometió que su regalo sería llevarlo de safari a África. Participó en la idea Adkins, que, aun sin ser su padre, también tiene una relación muy estrecha con el niño. CSW comparte con su hijo la fascinación por el continente africano y por la caza, y toda su casa de Londres está decorada como un *lodge* de lujo con un inconfundible estilo étnico.

«Sin pensárselo dos veces», según el entorno de CSW, esta se unió al plan de los *chicos* cuya cuenta parece que corrió casi integra a cargo de Kayali, que es lo mismo que decir del príncipe Salman, actual rey de Arabia Saudí. Kayali, de nacionalidad española y saudí, nació en Siria y llegó a España en los años sesenta huyendo del padre de Bashar al-Assad. Empezó como simple administrativo en la embajada de Arabia Saudí en Madrid y su suerte cambió cuando conoció al príncipe Salman, que apreció de inmediato el talento como traductor y el don de gentes del sirio afincado en España.

Tras convertirse en el agente de Salman en España, la fortuna de Kayali también empezó a crecer: hoy día controla junto a sus seis hijos un imperio de la construcción de lujo que tan pronto erige un hotel en Ulan Bator (Mongolia) como una villa de vacaciones en la República Dominicana, una mansión para un oligarca en Mayfair (Londres) o un enorme chalé en San Agustín de Guadalix (Madrid).

Kayali, que está casado con una asturiana, tiene en nómina a un ejército de diseñadores y arquitectos que echó los dientes equipando las casas de los adinerados árabes en Marbella en la época dorada del Marbella Club de Alfonso de Hohenlohe. «Es un tipo muy espabilado y muy simpático. Se llevó de calle a Salman y se convirtió en su hombre para todo», señala un persona que lo conoció en los años setenta, cuando Kayali trabajó en la embajada saudí. Su pasión por la caza es tan grande como la del rey. En Toledo, Kayali, que tiene casi la misma edad que don Juan Carlos, posee una finca a la que el monarca ha acudido con mucha frecuencia.

En la nueva corte del rey Salman, Kayali sigue teniendo una posición de suma importancia en cuanto a la intermediación de todos los grandes contratos. Especialmente intensa es su relación con el príncipe Saud bin Nayed, exembajador en España y actual gobernador de la Provincia Oriental. Kayali tiene ahora un mandato de Navantia para colocar sus patrulleras en la frontera marítima a cargo del príncipe Saud.

Tras la caída del rey y el consiguiente escándalo en España, todos los protagonistas se conjuraron para recalcar que fue Kayali el que invitó al safari y que el viaje en *jet* lo pagó Adkins. Era importante subrayar que los contribuyentes españoles no pagaron el viaje de placer del rey, aunque nada se mencionó respecto a las dietas de los tres escoltas y del médico. Presumiblemente, estas corren a cargo del presupuesto de la Casa del Rey, que no informa sobre el coste de los viajes privados de sus miembros.

Días antes del fatídico viaje, el lunes 2 de abril, el rey se despidió de Rajoy en su último despacho sin comunicarle los detalles de su ausencia de España prevista para el siguiente lunes 9. Es difícil imaginar a don Juan Carlos, con el tipo de relación adusta que estableció con el presidente, explicándole que se iba a cazar a Botsuana con su pareja, su hijo pequeño y su primer exmarido. Presumiblemente, el presidente del Gobierno le habría recomendado que no hiciera ese safari de lujo en las circunstancias difíciles en las que se encontraba España, pero ni el rey ni Rajoy parecen ya dispuestos a discutir si querrían compartir el peso de la irresponsabilidad.

A partir de ese día todo empezó a torcerse. La naturaleza del viaje que realizó a Kuwait al día siguiente, martes 3 de abril, fue extraña. Se gestó como una visita privada, por lo que fue acompañado solo por el jefe de la Casa. No obstante, una vez allí, el rey mantuvo encuentros con el emir Al-Sabah, con el actual primer ministro y con el anterior, y con el canciller. Me han confirmado que don Juan Carlos llevó a cabo tres gestiones muy útiles: una para una empresa de aceite de oliva, otra para OHL y una tercera ante el fondo soberano kuwaití en un momento en el que España estaba ahogada por su imposible prima de riesgo.

No obstante, este viaje solo se convirtió en público cuando fue a dado a conocer por la prensa kuwaití. Hoy día está recogido en la web de la Casa Real, pero seguimos sin saber por qué el rey acudió sin un ministro de jornada como estipula la Constitución española en su artículo 64.

Durante el almuerzo que le ofreció el emir en su finca fuera de la capital, acompañó al rey el embajador de España en Kuwait, Ángel Losada, que lo hizo más por su relación personal con el monarca que por su condición de representante oficial en el país del Golfo. El padre de Losada estuvo destinado ante la OIT en Ginebra, adonde el entonces príncipe de España acudía a menudo porque su abuela vivía allí y la capital suiza se convertía con frecuencia en lugar de reunión de la familia.

El Viernes y el Sábado Santos, de vuelta a España, don Juan Carlos se preparó para el safari, y el domingo 8 de abril pernoctó en Montecarlo después de cumplir con un acto institucional especialmente tedioso para él: el posado ante las puertas de la catedral de Palma de Mallorca, que ese año incluyó a la reina doña Sofía, los príncipes de Asturias, las infantas Leonor y Sofía y la infanta Elena. Había estallado ya el caso Urdangarin y la infanta Cristina no apareció en la foto junto a su marido y sus cuatro hijos. Don Juan Carlos acarició las mejillas de sus nietas ante los fotógrafos pero se negó a almorzar con la familia en Palma. Tras cumplir con la imagen de rigor, voló a Montecarlo, mientras que los demás comieron sin él en la capital mallorquina y después regresaron cada uno por su lado a Madrid.

Desde Montecarlo, el lunes 9 de abril, los cuatro adultos y el niño emprendieron viaje hasta el aeropuerto de Maun, a trece horas de vuelo. Iban contentos, sin presagiar el trágico final, celebrando a bordo la suerte de disponer de unos días de vacaciones juntos en África. En Maun subieron a un helicóptero que los llevó al campamento de Qorokwe, el cual, a juzgar por algunos de los visitantes, «no es gran cosa».

Pero antes de subir a ese helicóptero, don Juan Carlos supo que el mayor de sus nietos, Felipe Juan Froilán, de trece años, se había disparado un tiro en el pie en Soria y había tenido que ser hospitalizado. Los incidentes con armas traen malos recuerdos a la familia real española, y especialmente a don Juan Carlos, que mató accidentalmente a su hermano el infante Alfonso cuando ambos jugaban con una pistola en 1956. En el caso de Felipe Juan Froilán, el hijo mayor de la infanta Elena, este solo se disparó en el pie derecho mientras manipulaba una escopeta en casa de su padre, Jaime de Marichalar. No era una cuestión de vida o muerte, y el rey informó de que no iba a volver a España únicamente para hacerse la foto visitando a su nieto en el hospital —tampoco lo hizo en 2007 cuando nació la infanta Sofía, la segunda hija del príncipe Felipe.

Durante el resto de la semana, desde Zarzuela sí se le insistió en que debía adelantar su vuelta debido a la delicada situación política y económica en la que se hallaba inmersa España. A la irritación que había provocado entre los ciudadanos la subida de impuestos y la amnistía fiscal de Rajoy, se sumaba la nacionalización de Repsol-YPF por parte del Gobierno argentino. Además, con la prima de riesgo por encima de los 400 puntos, España flirteaba con el rescate de la Unión Europea. Los periódicos hablaban del aumento de las depresiones y de los suicidios como consecuencia de la crisis. El paro alcanzaba el 27 por ciento de la población activa, casi cinco millones de personas. En la Casa del Rey se echaban a temblar ante el escenario, remoto, de una intervención europea con un jefe del Estado en viaje secreto a miles de kilómetros del país.

Por eso lo ocultaron activamente a los periodistas. El jueves por la mañana, en una reunión en el palacio de La Zarzuela, los portavoces aseguraron que el rey iría a visitar a su nieto hospitalizado «de un momento a otro». Ese mismo día no era posible porque el monarca se encontraba «trabajando» en su despacho; presumiblemente siguiendo minuto a minuto la preocupante situación del país y hablando con los líderes europeos para recabar su apoyo en contra de la decisión de la presidenta de Argentina, Cristina Kirchner, contra la importante empresa española. ¿Transparencia? ¿Por qué no nos dijeron, al menos, que el rey estaba realizando un viaje privado?

El monarca llevaba toda su vida haciendo escapadas secretas, y la de Botsuana no sería la última.

Hacia las diez de la mañana del sábado 14 de abril me entró un mensaje en el teléfono móvil. Era mi amigo, el periodista Ignacio Cembrero, siempre pendiente de la noticia: según la Agencia EFE, el rey había sido operado de urgencia de la cadera derecha tras caerse accidentalmente en Botsuana cazando elefantes.

Se acabó mi fin de semana en el campo, a una hora y media de Madrid. El SMS de Cembrero marcó un antes y un después en mi vida profesional: los siguientes dos años estarían llenos de sobresaltos y de cambios. Con la radio y el móvil echando humo, llegué al hospital USP San José a tiempo para asistir a la primera rueda de prensa del doctor Villamor, en la que informó del éxito de la operación.

La calle Cartagena estaba llena de cámaras de televisión y de periodistas. En una cafetería aledaña recibí la versión oficial. Aún guardo el bloc de notas donde escribí: «El Gobierno no lo sabía». Más tarde, sería una información sobre la que tendría que volver.

En el ambiente había tensión. Los *hombres de gris* trataban de mantenerse impertérritos con sus trajes inmaculados. Rafael

Spottorno es un maestro en el arte del disimulo: además de su fina inteligencia, le ayuda el gigantesco porte y esa ironía que le baila en los ojos.

¿Qué estaba pasando en la habitación donde ya estaba ingresado don Juan Carlos tras salir de quirófano? «El rey era un apestado. Estaba muerto. No fue a verlo nadie. Solo los amigos de siempre, como Josep Cusí y Miguel Arias, que entraban por detrás. Luego Rajoy para cubrir el expediente», recuerdan personas que estuvieron allí, entrando y saliendo del pequeño centro hospitalario durante cinco eternos días.

Esta vez, don Juan Carlos lo tenía difícil para irse de rositas como en junio de 1992, cuando su estancia en Suiza con la decoradora Marta Gayá le impidió firmar el decreto de sustitución de Francisco Fernández Ordóñez por Javier Solana como ministro de Asuntos Exteriores. Entonces, los españoles apenas se enteraron. Veinte años más tarde, las redes sociales ardieron. ¿Dónde estaba la reina? ¿Con quién había ido el rey a Botsuana? Los comentarios, explícitos y muy gráficos, denotaban un inmenso enfado colectivo por parte de los ciudadanos, ya de por sí muy irritados con la mala situación económica del país.

A mediodía del sábado, una antigua foto del rey posando en Botsuana frente a un elefante muerto con la trompa colocada contra un árbol se convirtió en viral. Esta imagen de un viaje de 2006, realizado con la agencia Rann Safaris, que era quien la tenía colgada en internet, resultó demoledora.

Apenas unas semanas antes, nada más llegar a Zarzuela, el nuevo director de comunicación, Javier Ayuso, había contratado a una persona con el único objetivo de hacer un seguimiento de la información sobre Casa Real en las redes sociales. Los *hombres de gris* no daban crédito a la reacción de los españoles en Twitter. «Esos días fueron alucinantes los comentarios —recuerda uno de ellos—. Antes había sido un balneario, la vida privada del rey era tabú, todo iba sobre ruedas. Ese día, el tabú estalló en mil pedazos. La mitad de la población española está compuesta por mujeres, y el 95 por ciento de ellas estaban furiosas con el rey: una cosa era ser mujeriego y otra humillar públicamente a su mujer como había hecho».

Dos días tardó la reina en aparecer por el hospital en Madrid para ver al rey. Según Zarzuela, la tardanza se debía a que estaba celebrando la Pascua ortodoxa con su familia en Grecia y a la «favorable evolución» del monarca. El mensaje emitido, por encima del ruido oficial, no pudo ser más claro: doña Sofía, por una vez, había hablado fuerte y claro desde su silencio. Si estaba en Grecia es que no había ido a Botsuana con el rey. ¿Con quién estaba entonces don Juan Carlos? Los españoles la escucharon, la entendieron y decidieron apoyarla en masa. El rey, esta vez, había ido demasiado lejos.

Sofía Schleswig-Holstein Sonderburg Glücksburg, princesa de Grecia y Dinamarca, me ha recordado siempre un poco a mi profesora de alemán, Elke Potzeldt. Correcta, cariñosa pero distante, apropiada, responsable, disciplinada, enamorada de los animales. En dos viajes de cooperación que hice con ella, a Mozambique y Guatemala, interioricé sus rasgos porque me sobraba tiempo para observarla, para seguir sus pasos a mi aire: su marcado acento extranjero al hablar castellano, su particular manera de mover la cabeza, su caminar decidido; su interés por lo esotérico, su manera concienzuda de sentar a los niños sobre sus rodillas, su peinado inmutable, sus preguntas mecánicas, sus saludos amables y meticulosos...

Tan absolutamente distinta a Juan Carlos de Borbón y Borbón, al que también he seguido por España, y con el que he viajado a Grecia, Rusia, Marruecos, Portugal, India y la península arábiga. El monarca arruga la nariz, se muerde el labio, suelta impertinencias y carcajadas, toca a la gente —a veces demasiado—, improvisa...

A doña Sofía parecen gustarle las cosas. A don Juan Carlos, las personas. Hay algo en lo que coinciden: los dos se saben y se sienten reyes, hijos de reyes, padres de reyes. Los dos saben poner *en su sitio* a los que se olvidan de esa particularidad. De doña Sofía recuerdo el rubor de ese empleado de embajada que le preguntó por «las niñas» en referencia a sus hijas doña Elena y doña Cristina cuando aún eran pequeñas: «Las infantas están muy bien, gracias», fue la cortante respuesta. Don Juan Carlos fue a mí a quien colocó en lo que él considera mi lugar cuando me giró la cara en señal de desprecio al identificarme en un cóctel.

Por sus diferencias, o a pesar de ellas, en los días que siguieron a Botsuana, los españoles se volcaron con doña Sofía y abandonaron a don Juan Carlos. La reina llegó a desbancar a su hijo el príncipe Felipe en las encuestas de popularidad. En esos aciagos momentos, don Juan Carlos, que acostumbraba a estar en umbral de un 70 por ciento de aceptación, perdió 30 puntos. Ya nunca volvió a recuperarlos.

Había disgusto, decepción y hasta enfado con un monarca que, en su último discurso antes de partir hacia Botsuana, declaró que el alto índice de paro juvenil le hacía «perder el sueño». Con un jefe del Estado cuyo yerno acababa de ser imputado por corrupción y que en su último mensaje de Navidad había declarado: «Sobre todo las personas con responsabilidades públicas tenemos el deber de observar un comportamiento ejemplar». Con un embajador extraordinario que realizaba viajes al extranjero, como el de Marrakech en 2011 y el de Kuwait en 2012, ignorando los canales de la diplomacia pública para convertirlos en viajes público-privados. Con un hombre mujeriego que, después de tener un número indeterminado de amantes, viajaba en secreto a Botsuana y humillaba públicamente su esposa.

«Lo contrario del amor no es odio, es indiferencia», escribió Elie Wiesel, el autor judío admirado por doña Sofía. Observándolos juntos, a veces noté gestos de desprecio del rey hacia la reina. De ella hacia él, sin embargo, solo sentí indiferencia. No sé qué es peor.

Valga como ejemplo del sentir de los ciudadanos esta carta aparecida en el diario *El País* el 17 de abril. La firma Emilio Pastor Martínez, de Orihuela, Alicante:

> Cuando me preguntaban si soy monárquico, siempre dudaba entre decir que sí o decir que realmente era juancarlista. Pero hoy he visto las fotos del rey en la cacería de elefantes.
>
> ¿Qué se sentirá al matar a uno? Acaso no habrá visto nunca esos documentales en los que queda demostrado que son animales que sienten, que defienden a sus crías, que se comunican entre sí, que reconocen y veneran los cadáveres de su especie. ¿Y qué pensará un ciudadano que padece las más absolutas necesidades, paro, deuda, falta de futuro, y ve que el más sólido de sus últimos representantes carece de la sensibilidad necesaria para no formar parte de aquella actividad? ¿Tampoco habrá visto los documentales sobre lo que está pasando en nuestro país? Siempre pensé en la Corona que nos representa como en algo mucho más moderno y digno que la medianía del poder político que nos gobierna. Hoy, créame que me ha impactado la imagen y me lleva a pensar que la dignidad que yo entendía pueda deberse más a la protección dada por los medios de información en estos años que a la realidad.
>
> Realmente me siento triste. ¡Qué pena!

El domingo 14 de abril, los periódicos españoles, siempre tan respetuosos con el rey, no ahorraron detalles de lo sucedido. Excepto en *La Razón* y *ABC*, hubo unanimidad al calificar de «inoportuno» el viaje a Botsuana. Como de costumbre, *El Mundo* fue el más agresivo. Ese día abrió su portada con el siguiente titular: «El batacazo del rey desvela que llevaba cuatro días cazando elefantes».

Además, en su editorial recalcaba: «Habría que conocer las circunstancias concretas para matizar más nuestras opiniones, pero, a partir de lo que hemos podido saber, se trata de un viaje irresponsable, realizado en el momento más inoportuno».

El País criticó que los viajes privados del jefe de Estado al extranjero no fueran comunicados de forma oficial: «La Casa Real española no confirmó el motivo del viaje del monarca, indicando simplemente que se trataba de un desplazamiento privado».

La Gaceta editorializó así: «Un episodio real lamentable: el incidente ha llenado de preocupación a la mayoría de españoles, sean cuales sean sus actitudes hacia la Corona y hacia la persona de don Juan Carlos».

Solo el monárquico *ABC* defendió el «derecho a la intimidad» del rey. El diario de Vocento dedicó un especial de doce páginas a la familia real, con este titular sobre una gran foto de don Juan Carlos en primer plano: «El año más amargo».

ABC recordó los últimos incidentes protagonizados por los miembros de la Casa Real para lamentar que «unos cuantos pescadores en río revuelto aprovechen el accidente sufrido por don Juan Carlos en su viaje privado a Botsuana o el de su nieto Felipe, para cargar contra la monarquía parlamentaria como "forma política del Estado", ignorando así su papel determinante en el funcionamiento de nuestro sistema democrático».

Pero ninguno, ni siquiera *El Mundo*, fue tan claro como el periodista José Antonio Zarzalejos, exdirector de *ABC*, que escribió en *El Confidencial* el relato más acertado de lo ocurrido: «El rey ha hecho que el vaso de muchas paciencias haya rebosado».

Explicaba Zarzalejos que según fuentes de toda solvencia, «don Juan Carlos se encuentra abrumado por los problemas familiares», en alusión «no solo a la delicada tesitura en la que le han dejado los duques de Palma, sino también por el público y notorio fracaso de su matrimonio con doña Sofía, de la que vive prácticamente separado. Su estrecha e íntima amistad con Corinna zu Sayn-Wittgenstein ha dejado de constituir un rumor para convertirse en una certeza, hasta el punto de que existe ya documentación acreditativa de que acompaña a don Juan Carlos en viajes al extranjero y asume funciones de representación oficiosas. El apartamiento de la infanta Cristina de los actos oficiales y protocolarios y la ruptura del matrimonio de los reyes han convertido a la familia Borbón Grecia en "desestructurada y mal avenida, con frecuentes enfrentamientos más o menos explícitos", según fuentes de su entorno.

»La reina, sin embargo, entiende que "su condición personal de madre del heredero de la Corona y esposa del rey" le compromete a seguir manteniendo las formas y asumir sus obligaciones oficiales, pese a los gestos crispados del monarca hacia ella.

»Porque lo que se estima gravísimo es que don Juan Carlos haya estado cazando en Botsuana cuando se ha desatado una grave crisis internacional con Argentina a propósito de Repsol-YPF y se ha incrementado la ofensiva de los mercados contra la deuda soberana española (ha escalado por encima de los 430 puntos básicos). El Ibex 35 registraba la pasada su peor semana del año y se situaba en niveles de hace tres. A mayor abundamiento, el rey debía estar pendiente de la Cumbre de las Américas que se celebra en Bogotá, ya que la representación de España con los países hispanos le es encomendada de manera especial por la Constitución. Y en los países americanos se juega nuestro país una enormidad de intereses económicos, financieros y empresariales».

El sábado 14 de abril fue un día muy largo, con su noche, en la redacción. Al día siguiente, en la crónica de portada de *El Mundo* destacamos que el Gobierno no estaba al tanto del detalle del viaje del monarca a Botsuana. Recuerdo que llevé mi bloc de notas a la reunión editorial y cómo Pedro J. insistió sobre ese punto. Al día siguiente, esa información causó un particular revuelo, y los portavoces oficiales de Zarzuela se dieron prisa en desmentirlo. No así el presidente Rajoy, que fue arrinconado por la prensa a la puerta del hospital tras visitar al rey el domingo a mediodía, pero que se resistió a contestar a la pregunta masivamente formulada por los periodistas. Nunca dudé de que la persona que me lo había contado el día anterior no se había equivocado. Ni yo al escribirlo.

Una semana después, desde mi propio periódico, y sobre la base de la jerarquía, otra persona informó de que el Ejecutivo sí sabía que el rey se había marchado a Botsuana. Lo contrario a lo afirmado, en portada y bajo mi firma, el día de autos. Para mí fue un mazazo: ahí empezó a gestarse la decepción que terminó con mi abrupta salida de *El Mundo* el mismo día de la abdicación del rey, el lunes 2 de junio de 2014.

El ministro de Asuntos Exteriores, José Manuel García-Margallo, siempre dispuesto a prestar un servicio a la Corona, sobre todo a la de Juan Carlos I —«Margallo es más monárquico que el rey», solían decir de él en Zarzuela—, se dio prisa en declarar públicamente que el Gobierno sabía del viaje del rey. ¿Qué es el Gobierno? ¿Quién sabía qué? Jorge Fernández Díaz, ministro del Interior, se mostró más cauto y afirmó: «Yo sí sabía…». No añadió que su conocimiento se basaba en el hecho de que él es el jefe de la Policía. No explicó que no se había producido una comunicación oficial, del rey al presidente, y de Zarzuela a Moncloa, por los canales habituales y profesionales, para informar con detalle del paradero del jefe del Estado. Lo que se sabía era solo por cuestiones de seguridad.

Poco a poco, pude reconstruir lo que ocurrió esos días de abril de 2012, así como el particular modus operandi del rey emérito respecto a los distintos gobiernos. El lunes 2 de abril, el rey y Rajoy, como ya he contado, celebraron su último despacho antes de las vacaciones de Semana Santa. Al despedirse del presidente, el jefe del Estado soltó algo así: «El lunes que viene no vengas porque no estoy». Sin más detalles.

Así me lo explicó un exministro que ha conocido la manera de trabajar del rey con los distintos presidentes de la democracia: «Si en vez de Rajoy hubiera sido Felipe [González], las cosas habrían sido distintas. El rey le habría dicho dónde iba y con quién, y Felipe le habría convencido de que no era el momento. Pero con Rajoy no hay química ni confianza».

El jueves 12 de abril, en su reunión semanal con la vicepresidenta del Gobierno, Soraya Sáenz de Santamaría, el jefe del CNI, el general Félix Sanz Roldán, explicó con detalle el paradero del rey. Al día siguiente, solo una vez ocurrido el accidente y cuando el monarca regresaba malherido de Botsuana, Spottorno acudió a Moncloa para informar a Rajoy.

El 8 de mayo, en el primer resumen informativo en Zarzuela tras el accidente, los portavoces subrayaron que se estaba «buscando» la manera de modificar los protocolos de comunicación entre Zarzuela y Moncloa para que el Gobierno tuviera siempre una información exacta sobre los desplazamientos del monarca.

El rey solo mantuvo una relación realmente estrecha y compenetrada con Felipe González como presidente del Gobierno. Esa relación sigue siendo igual de robusta. Con José María Aznar no fue buena. José Luis Rodríguez Zapatero, según un miembro de su gabinete, «se sintió deslumbrado por el rey como un gato en una carretera al que los faros de un coche impiden la visión». El monarca, por su parte, se aprovechó de la «tolerancia» del segundo presidente socialista, que rara vez se impuso a su voluntad.

El lunes 16 de abril, doña Sofía por fin llegó al hospital. Pero la ira ciudadana no se calmaba. Los *hombres de gris* sabían que esta vez las cosas no iban a mejorar solo con el paso del tiempo. «Había que hacer algo», señala uno de los protagonistas.

Ese algo surgió en la cabeza de Javier Ayuso, que se responsabilizó del histórico «lo siento» del monarca, una forma de cauterizar la herida por la que se le criticó mucho, dentro y fuera de Zarzuela. Ayuso siempre defendió que en los tres niveles existentes cuando se comete un error, el monarca se quedó en el primero: no pidió *disculpas* ni *perdón*.

El mea culpa, consultado con algunas personas fuera de palacio, fue pergeñado antes incluso de que la prensa española hablara abiertamente, y en masa, de la existencia de Corinna en la vida del monarca como lo hizo *La Otra Crónica* en marzo de 2010 sin que ningún otro medio la emulara. Solo Zarzalejos en *El Confidencial* escribió negro sobre blanco. Pero en Zarzuela ya sospechaban que Botsuana había sacado al geniecillo de la botella.

Así, el miércoles 18 de abril, a primera hora, nada más darle el alta, Ayuso pidió a Luis Lianes, de Televisión Española, y a Ramiro Fuente, de la Agencia EFE, que subieran a preguntarle a don Juan Carlos por su estado. La cuestión la formuló Lianes. La respuesta que le dio el rey incluyó la histórica frase: «Estoy deseando retomar mis obligaciones y... lo siento mucho, me he *equivocao* y... no volverá a ocurrir».

A continuación, el rey entró en un ascensor que lo llevó directamente al garaje del hospital. De allí salió sentado en la parte delantera de una furgoneta, saludando con la mano derecha con cierta melancolía. Iba serio, sin apenas mirar hacia la gente concentrada en la calle, que era escasa y poco entusiasta. Alguno había con una pancarta de protesta, pero la policía no le había dejado acercarse. De ese momento triste conservo una foto del diario *ABC* en la que aparezco detrás del rey contándole a la redacción lo que estaba viendo en esos momentos históricos. Por distintos motivos, no es una fotografía que me guste: prefiero recordar a la familia real de la que me sentía orgullosa, la de la reina que me entregó la beca Fulbright, la del joven príncipe Felipe que acudió al Premio Cerecedo de Periodismo y me envió su foto dedicada. Creo que la mayoría de los españoles sintió algo parecido al ver al rey en el telediario saliendo del hospital de una manera tan poco dignificada.

Abril no es un buen mes para los Borbones. El 14 de abril de 1931 se proclamó la Segunda República y Alfonso XIII abandonó España para siempre. A nadie se le escapó que don Juan Carlos fue operado de urgencia tras Botsuana en el ochenta y un aniversario de esa proclamación y esa salida por el Campo del Moro.

«Creo que si el *boom* económico que vivió España en los años anteriores hubiera continuado, la cacería en Botsuana no habría sentado tan mal», me dijo el profesor Paul Preston, autor de la mejor biografía del rey. «Pero la crisis económica subrayó la incompetencia total y la corrupción de la clase política. El problema para la monarquía española es que, en un país como el Reino Unido, la reina Isabel II es la cumbre del sistema pero al mismo tiempo está por encima de él, intacta, limpia. En España, el rey Juan Carlos fue la clave de bóveda del sistema democrático, y lo fue de forma activa. Ese es el problema fundamental. Él fue visto por los españoles como parte de ese sistema corrupto e incompetente».

Durante esos cinco días de abril, el profesor Preston observó con atención lo que sucedía en España: «En un momento dado pensé que si la situación económica daba un giro, si mejoraba, el rey tendría la posibilidad de salvarse. Pero no fue así. La única manera de hacer un nuevo comienzo era con una ruptura total, con la abdicación».

Juan Carlos I reconoció haberse equivocado, pero eso no aplacó a la opinión pública. Cuando salió del hospital era ya vox pópuli la existencia de la princesa Corinna. La prensa alemana había publicado largos artículos sobre ella y los medios españoles los reprodujeron. Los ánimos se exacerbaron aún más al saberse que el rey había viajado en compañía de una mujer casi treinta años más joven que él.

Muchos identificaron en Juan Carlos I similares dosis de frivolidad a las de su abuelo en otro desafortunado viaje noventa años antes. En el verano de 1922, Alfonso XIII decidió marcharse a Deauville después del desastre de Annual y encendidos los ánimos tras el expediente Picasso donde se detalló la carnicería que sufrieron los soldados españoles en el Rif. El deportista y simpático monarca ignoró los consejos de su madre, la reina María Cristina, y de su mujer, la reina Victoria Eugenia, y se fue en busca de los «placeres» que le ofrecía el elegante balneario francés, en palabras de su gran crítico Vicente Blasco Ibáñez.

«Cuando los súbditos lloran, los príncipes no deben ponerse a jugar al polo», escribió en aquella época, que podría ser esta, Rafael de Pikabea, director del diario *El Pueblo Vasco*, bajo el pseudónimo de Alcíbar. En una serie de artículos denominados «Diálogos insustanciales», Pikabea hablaba de «un príncipe tan vivaz de pensamiento como ágil y audaz en el volante. Los príncipes son de carne y hueso y, por eso, necesitan distracciones y reposo. Pero los súbditos están profundamente preocupados: sus hijos van por las tierras africanas embarcados en una guerra que detestan profundamente mientras el rey se divierte. Será difícil poner al rey de acuerdo con el pueblo si el príncipe todavía quiere, con los tiempos que corren, irse a Deauville, donde no hemos perdido nada, mientras que perdemos todo en Marruecos».

Don Juan Carlos puede tener un carácter más o menos parecido al de su abuelo. De que no aprendió lo suficiente de lo acaecido en Botsuana dio fe el extraño párrafo insertado en una crónica de Mábel Galaz en el diario *El País* el día 19 de abril: «Don Juan Carlos mantendrá a partir de ahora una mayor discreción con respecto a las amistades personales que le acompañan en sus actividades particulares y desplazamientos. No obstante, añaden fuentes oficiales, el rey no renunciará a esas amistades, que incluyen la estrecha relación que desde hace años mantiene con la princesa alemana Corinna zu Sayn-Wittgenstein, empresaria y organizadora de safaris, que también acompañaba al monarca en la cacería de Botsuana».

En el delta del Okavango, el rey perdió su conjuro, además del respeto y el agradecimiento de los españoles. Se comprobó apenas un mes más tarde, durante la final de la Copa del Rey entre el Athletic de Bilbao y el Barcelona, cuando al monarca no solo le pitaron, como es de rigor en este tipo de encuentros, sino que le cantaron: «Un elefante se balanceaba sobre la tela de una araña». En Bilbao, lo de menos fueron las muletas. Lo peor fue la dignidad robada, que se empezó a reflejar en los chistes, las parodias y los vídeos que empezaron a circular por todos los sitios. Todo lo conseguido se perdió en Botsuana.

Capítulo 6

UN TESORO NACIONAL

«Don Juan Carlos tenía el instinto político a flor de piel y parecía un alumno de Franco [...]. Algunos decían que era tonto, y después se ha probado cumplidamente que los tontos de remate eran ellos. Su actitud, en ocasiones, era la de la inseguridad, pero era una táctica para desarmar al otro, para que echara cosas fuera, o para llenarle el zurrón de algo».

EMILIO ROMERO, *Retratos de época*, 1985

Miércoles, 18 de julio de 2012, a bordo del Airbus 310 de la Fuerza Aérea Española en vuelo a Moscú.

Don Juan Carlos salió de la zona VIP situada al principio del avión oficial y se dirigió hacia el centro del Airbus donde le esperaban los periodistas. En el camino se fue apoyando ligeramente sobre el extremo de los asientos para ayudar a la recién estrenada prótesis de la cadera derecha.

En el olvido quedaba ya la luxación que sufrió ocho días después de salir del hospital, pero ese primer episodio de mala suerte incrementó su temor a las recaídas. Fue su costumbre de tocar a sus interlocutores lo que provocó esa luxación: el 26 de abril por la tarde, sentado en su despacho junto al ministro emiratí de Asuntos Exteriores, Abdulá bin Zayed al-Nahyan, el rey cruzó las piernas y al mismo tiempo dio un amistoso golpe en la rodilla al hijo de su viejo conocido, un zorro del desierto llamado Zayed bin Sultan al-Nahyan que gobernó Emiratos Árabes Unidos durante treinta y tres años. Ese gesto de echarse hacia delante fue letal: se le salió la prótesis recién colocada y tuvo que ser ingresado de nuevo en la calle Cartagena para que el doctor Villamor se la recolocara. Solo estuvo ingresado una noche, y no fue una operación aunque la mayoría se empeñó en llamarla así. Según fuentes médicas, se trató más bien de estirarle la pierna «como a un pollo» para que la prótesis se situara de nuevo en su lugar.

Así, y por lo demás, en el avión al monarca se le veía apolíneo, impecable, con una sonrisa burlona hecha a medida, como su camisa recién planchada. Sin chaqueta, sin muleta, con un par de tirantes y una declaración de intenciones de cintura para abajo: el cinturón de Patrick Mavros regalo de CSW, cuya moderna hebilla de plata y ancha banda de cuero chocaba claramente con el resto de la indumentaria.

«Otro estaría aún de baja, pero yo tengo que currar, y encima vosotros no lo decís», nos dijo el monarca a los periodistas que volábamos con él haciendo uso de su talento natural para mezclar la fanfarronería, la broma y el casticismo. Se le veía reluciente como la hebilla del cinturón de Mavros, un joyero de Zimbabue famoso por sus esculturas de animales, que se introdujo en la vida del monarca a través de la princesa germano-danesa. Al rey le entusiasmó su obra y por eso pidió que fuera Mavros el que se ocupara de los accesorios en plata del Maybach Saloon, el vehículo que le regaló en 2006 Dieter Zetsche, presidente de Daimler Chrysler. Mavros cuidó hasta el último capricho del monarca: el lujoso coche construido en Stuttgart incluye una palanca de cambios en forma de pangolín de oro. Pura África mezclada con la mejor técnica alemana.

Al joyero en cuestión le ponen cara los españoles porque en los convulsos días postBotsuana apareció una desafortunada fotografía, tipo *selfie*, que en Zarzuela desearían haber quemado. En ella se ve al sonriente y melenudo artista flanqueado por CSW y por el rey, igual de contentos, en una de sus exposiciones en el hotel Ritz de Madrid. Mavros es, además de joyero-escultor de renombre internacional, un gran anfitrión en su hermosa finca de la antigua Rodesia.

Tener una estatuilla suya es un *must* para esa nueva clase de millonarios globales que hoy incluye en un lugar destacado a los jeques del Golfo Pérsico: de ahí que Mavros, aparte de animales de África, se prodigue diseñando camellos y palmeras de plata. Tiene tienda en Londres y en tres lugares recónditos: Harare, Nairobi e Isla Mauricio. Según los conocedores, sus estatuillas han de ser preferiblemente regaladas y no compradas, siguiendo la tradición africana, que incluye asimismo la protección en importantes momentos de la vida, como el matrimonio o el nacimiento de un hijo. Prueba de lo que gusta entre la *jet* internacional es que con el nacimiento del príncipe George, el palacio de Kensington se vio inundado de artículos de Mavros, de los que los duques de Cambridge son unos enamorados.

Pero en Zarzuela detestaban ese cinturón del rey, símbolo maldito del cordón umbilical que mantenía unido al monarca con CSW. De alguna manera, el dichoso artefacto, valorado en unos mil euros y hecho a mano ex profeso para él, parecía haber obrado milagros en el monarca: ese día, a los tres meses justos del acto de pública contrición en el hospital, su aflicción parecía haber desaparecido.

Al parecer, el monarca aún estaba convencido de que los ciudadanos iban a olvidarse pronto del desliz en Botsuana porque acabarían comprendiendo, como habían hecho hasta entonces, que una persona con su nivel de responsabilidad tiene derecho a *escaparse* de vez en cuando.

Desde algunos medios de comunicación se había intentado ayudarle, mezclando el viaje a Botsuana con el contrato del AVE a La Meca logrado por España seis meses antes. El efecto fue el contrario: muchos ciudadanos empezaron a prestar atención negativa a esas intermediaciones comerciales, preguntándose si la escapada a Botsuana no era más que una celebración entre amigos por el millonario contrato conseguido.

Ciudadanos aparte, el rey se sentía protegido por la clase política. Algunos políticos habían protestado *sottovoce* por Botsuana

—«Esta vez se ha pasado», se oyó a un alto cargo del PP—, pero solo Tomás Gómez, entonces secretario general de los socialistas madrileños, había osado verbalizar la posibilidad de que el monarca abdicara. Fue una voz aislada y criticada, aunque por dentro más de un miembro del PP y del PSOE estuviera de acuerdo con él. Las consignas de los partidos funcionaron con el *dossier Botsuana* con sincronización suiza, como siguen haciéndolo hoy día con los asuntos más diversos y como presumiblemente continuará sucediendo hasta que las listas electorales sean abiertas en España.

«Su reinado se basó más en la intuición que en la reflexión —recuerda un destacado político que trabajó de cerca con él en distintas funciones a lo largo de su carrera—. Esa intuición, esa capacidad para captar el interior de las personas y adaptarse a ellas, siempre le trajo buenos réditos en política. También le ayudó construir una increíble red de información a lo largo de cuatro décadas. Pero pedirle a un hombre de casi ochenta años que acompañara a España en sus revolucionarios cambios sociales era demasiado. Al final, su entorno se acabó llenando de extranjeros muy alejados de las costumbres y la mentalidad española».

No añadió esta persona que don Juan Carlos tuvo en el intuitivo Franco a su mentor y su maestro. Aficionado a los *western*, el rey emérito huye de los libros políticos y de otros géneros. Y el único director de orquesta que le ha hecho despertar cierto gusto por la música ha sido Valery Gergiev, gran defensor de las políticas antigay de Vladimir Putin.

«Yo no entiendo de política», solía decir con extrema socarronería el general Franco. El monarca no llegó a ese extremo, ni mucho menos, pero sí hizo siempre hincapié en la necesidad de «olvidar la política» y concentrarse «en el bien de España».

Como en la vida, en el trabajo político como rey fue un hombre de acción más que de reflexión. Durante la Transición, hizo causa común con franquistas, comunistas, socialistas y arribistas, para sacar adelante al país sin sangre. Casi cuarenta años después, la psique de los españoles sufrió el *efecto-losa* postBotsuana: los ciudadanos se deslizaron por la pendiente de la desconfianza y ya nunca más regresaron. Además, sus reiteradas apariciones en restaurantes de lujo tras la abdicación, dentro y fuera de nuestras fronteras, confirmaron la sospecha que anidaba en los corazones de todos: Juan Carlos I, el decidido monarca que en el siglo XX llevó a España a la democracia, acabó convertido en el siglo XXI en un viejo oligarca con costumbres muy alejadas del resto de su pueblo.

En abril de 2012, los españoles dejaron de creer en don Juan Carlos. Si habían sido engañados en un momento de situación límite para el país, ¿cuál era su estilo de vida real? ¿El de un lujo desaforado? ¿Cuántas veces no habría hecho lo mismo sin que la opinión pública lo supiera? ¿Quién era en realidad este monarca que se había hecho pasar por campechano y modesto? ¿El rey de *todos* los españoles o de *unos cuantos* privilegiados? ¿Quiénes eran sus amigos multimillonarios y a qué se dedicaba con ellos? ¿Era el más adecuado para representar al país en el exterior un hombre que se había convertido en el hazmerreír de todos?, como se preguntaba una persona de su entorno. Y, sobre todo, ¿era útil para su trabajo como embajador un hombre que apenas podía caminar correctamente y que allá donde fuera provocaba corrillos de comentarios a sus espaldas?

Demasiadas preguntas sin respuestas para la modesta maquinaria de Zarzuela, que optó por elaborar un plan de choque adaptado a la voluntad del rey, que quería salir de ese atolladero al coste que fuera. Por eso, en apenas seis semanas, sin tiempo para recuperarse adecuadamente de la operación en la cadera derecha, el monarca fue catapultado a la acción.

Botsuana unió las voluntades y el entendimiento de Rafael Spottorno y de Javier Ayuso, que formaron un sólido tándem durante dos años. Su trabajo conjunto resultó crucial para el futuro de la monarquía. Criticados y alabados casi por igual, el resultado de sus decisiones será estudiado por los historiadores del futuro.

Otra figura de enorme importancia pero muy desconocida en el sanedrín fue el general Domingo Martínez Palomo, casi veinte años en Zarzuela y que ahora es el secretario general de la Casa del nuevo rey, una especie de cocinero en jefe que se ocupa de todos y cada uno de los rincones de palacio, que conoce como si fuera la palma de su mano. General de división de la Guardia Civil, Palomo, que es como se le conoce, es un hombre a prueba de indiscreciones.

Hago un inciso: Spottorno y Ayuso dejaron la Casa nada más abdicar Juan Carlos I en junio de 2015, de modo que Martínez Palomo y su nuevo jefe, Jaime Alfonsín, un abogado del Estado que abandonó su lucrativa carrera en el sector privado para convertirse en la sombra del príncipe de Asturias adulto, constituyen el eslabón entre el presente y el pasado. Todavía están por llegar a Zarzuela los representantes del futuro: personas que no pertenezcan ni al ámbito militar ni al diplomático sino a otros campos de la sociedad española y barnizadas quizá con estudios en el extranjero. Hacen falta en Zarzuela excelentes escritores de discursos al estilo anglosajón, capaces de interpretar el sentir de los ciudadanos y trasladarlo al interior del palacio. Un gabinete moderno que pueda trabajar con un Estatuto de la Corona que sirva como hoja de ruta una vez desarrollado el artículo 57 de la Constitución o reformada la Carta Magna. Ausente ya Juan Carlos I, el gran mago de la intuición y del olfato, ¿quién jugará en Zarzuela el papel de intérprete cultural entre los de dentro y los de fuera de la valla de El Pardo? Cierro el inciso.

Como iba diciendo, al final del reinado de don Juan Carlos, en ausencia de un sanedrín al uso, completó ese *minigabinete* de crisis el general Félix Sanz Roldán, director del CNI, que ayudó todo lo que pudo en lo que él llama «labores de inteligencia» pero que los observadores no dudan de calificar de «labores de acompañamiento y consuelo». Durante dos interminables años, este pequeño equipo pensante hizo todo lo que pudo por contener, esconder o solucionar un problema que al final solo pudo remediarse con la abdicación.

El plan de choque diseñado a trompicones tras la caída en Botsuana comenzó en el mismo hospital, donde se describió a través de los portavoces oficiales a un rey que estaba «deseando volver al trabajo». La visita del domingo por la mañana de Mariano Rajoy, al día siguiente de la operación, fue muy importante: el presidente del Gobierno, que, recordemos, no sabía dónde ni con quién estaba el rey hasta que le informó Spottorno, cubrió con su manto institucional a un monarca al que no iba a visitar nadie, ni su propia esposa. Pero Rajoy puso un límite a ese capote político: solo estuvo dispuesto a decir que lo encontró «muy animado», pero se abstuvo de mentir. Cuando los periodistas le preguntaron si conocía el destino del rey, el presidente se giró y se metió en el coche oficial. Como líder del Ejecutivo, una cosa es permitir que zozobre el aparato institucional del país, y otra tapar las andanzas de un monarca aparentemente incapaz de controlar sus pasiones y sus deseos en un momento de crisis nacional.

Tan grandes eran las ganas del rey de volver al trabajo y de recuperar su honra, que siete días después de recibir el alta hospitalaria mantuvo su primera audiencia en La Zarzuela con Víctor García de la Concha, director del Instituto Cervantes, y con el citado ministro emiratí. A pesar del mal comienzo con la luxación, los encuentros continuaron, siempre muy publicitados y en los que era habitual ver a don Juan Carlos de pie a la hora de saludar a sus visitas. La recuperación, según una de las expresiones favoritas entonces, iba «como un tiro». El *spin factor*, es decir, la labor de propaganda, se puso en marcha en Zarzuela sobre el convencimiento de que la salud del monarca no iba a dar más problemas una vez recuperada la cadera derecha.

Al fin y al cabo, el doctor Villamor se encargaba de resaltar en cada oportunidad la extraordinaria «calidad humana» del monarca, su «optimismo», su «capacidad de resistencia», su «valentía frente al dolor», y su «disciplina» a la hora de hacer la rehabilitación. La fractura de la cadera derecha sería pronto una anécdota.

Su primera aparición pública, aún convaleciente, tuvo lugar en Valladolid el 2 de junio de 2012 con motivo del Día de las Fuerzas Armadas. El acto fue menos vistoso que otras veces, pero requería el uso del uniforme de capitán general del Ejército, lo que dio un carácter institucional y sólido a la figura del monarca bien alejado de la frivolidad del viaje a Botsuana.

La *nota de color* que rompió esa seriedad institucional la puso el propio rey dirigiéndose a los periodistas con unas palabras similares a las que usaría más tarde a bordo del avión destino a Moscú: «A ver si vosotros aguantáis igual que yo». Un farol quizá prematuro tras el mea culpa de hacía mes y medio. El detalle no entusiasmó a sus asesores, que ya intuían la falta de sintonía existente entre el humor del rey y el de los españoles: «Él es como es».

En Valladolid nació una nueva forma de hacer periodismo real: a partir de entonces, la crónica debía incluir el número de muletas que usaba el monarca, su aspecto físico, su comportamiento emocional y la eventualidad de una caída. Durante los siguientes dos años, pegados al móvil, los corresponsales reales vivimos en guardia veinticuatro horas al día. ¿Le temblaba la mano? ¿Cómo movía la cabeza? ¿Había leído bien? ¿Tenía la mirada perdida? Ese nuevo género periodístico médico-político se asemejó, salvando las distancias, al utilizado por los reporteros del tardofranquismo durante la larga enfermedad del anterior jefe del Estado, Francisco Franco. Un chequeo médico diario hecho por el ojo inexperto del periodista a escasos metros de distancia.

El objetivo de Zarzuela era claro: recuperar el prestigio enredado entre los brazos de Urdangarin y los colmillos de un elefante. Para ello se decidió reconstruir la cara pública más profesional y útil de la Corona y alejarla de la imagen del ocio en el extranjero. El rey lo ha repetido mil veces, ajeno quizá al hecho de que un día se vería enfrentado a su propio aforismo: «La monarquía existirá en España mientras sea útil». El trabajo parecía fácil pero no lo era. ¿Cómo se demuestra la utilidad de una figura representativa septuagenaria con dificultades de movilidad? Habla una persona que ha trabajado estrechamente con el rey: «Su principal labor ha sido esforzarse para que los políticos se entendieran en España y en el campo de las relaciones internacionales. Eso siguió ocurriendo incluso en los difíciles años del final del reinado. El peligro es que ahora todo quede oscurecido por la falta de prestigio personal».

Así, la mayor dificultad para el equipo de Zarzuela era publicitar un trabajo casi invisible, el establecido en el artículo 57 de la Constitución española: moderar y arbitrar y ser el máximo representante en las relaciones internacionales. Tras la magnífica labor de ingeniería política de la Transición, de la entrada en la OTAN y en Europa en 1986 y del espectáculo que se dio al exterior como país moderno en la Expo y los Juegos Olímpicos de 1992, se decidió que, en plena crisis económica, al monarca solo le quedaba hacer hincapié en su condición de *mejor embajador de España*.

Con la fuerza de voluntad del rey y una buena dosis de presión sobre los medios de comunicación, el objetivo no parecía inalcanzable: se trataba simplemente de demostrar que España tenía una monarquía eficaz, ágil, barata y servicial. Había que hacerlo, eso sí, con rapidez «para que otros no ocuparan el espacio dejado por el monarca».

Así nació lo que podía haber sido una exitosa operación de relaciones públicas de no haber sido por los inesperados giros en la salud del monarca y su dificultad «para ir poniendo orden en situaciones del pasado», que es como eufemísticamente se referían en palacio a su relación sentimental con CSW. No le ayudó tampoco la lentitud con la que España empezó a salir de la crisis económica, ni el deterioro de la reputación de la clase política española en general: inevitablemente, al rey se le veía como al demiurgo de esa clase política que tan gravemente estaba fallando a la sociedad. El primero que fallaba, a ojos de los españoles, era él en su comportamiento no ejemplar.

Ayuso, el recién estrenado director de comunicación, mantuvo un interesante encuentro con el gurú de la propaganda real: Paddy Harverson, el experiodista del prestigioso *Financial Times* y exdirector de Comunicación del Manchester United que consiguió que los británicos aceptaran al príncipe Carlos de Inglaterra y su relación con Camilla Parker-Bowles. Ayuso le invitó a un partido de su idolatrado Real Madrid, y Harverson le ayudó a convencerse de que aquí se podría hacer algo similar: con una buena dosis de sentido común y su nutrida agenda de contactos entre los medios de comunicación, se superaría el *annus horribilis* español como había sucedido en el Reino Unido quince años antes.

El rey se puso manos a la obra con tal intensidad que la primera fase de esa operación, de abril a noviembre de 2012, lo agotó a él tanto como a los que no usábamos muletas. La guinda del pastel fueron los viajes al extranjero para hacer *Marca España*, la expresión de moda entonces, una iniciativa de diplomacia pública que el ministro José Manuel García-Margallo puso en marcha justo cuando el país se desmoronaba económicamente. Pero tampoco se olvidó la agenda nacional. Ni siquiera los primeros diez días del mes de agosto, ese periodo de tiempo casi sagrado para los españoles. Entre otros muchos actos, don Juan Carlos acudió a partidos de fútbol, visitó bomberos, pilotó un helicóptero en Albacete, inauguró una terminal de contenedores en Barcelona y recorrió la bahía de Algeciras para solidarizarse con los guardias civiles vilmente acosados por los gibraltareños en alta mar.

Pero el 2 de agosto, en la sede del Estado Mayor de la Defensa, ocurrió lo inevitable: el rey tropezó con un escalón y cayó al suelo mientras algunos militares intentaban tapar con sus manos los objetivos de las cámaras de televisión que captaron el embarazoso momento. El rey quiso que los *hombres de gris* hicieran una ronda de llamadas para que los medios *se portaran* a la vieja usanza. Uno de los miembros del sanedrín se atrevió a ofrecerle el siguiente argumento: «Señor, si el presidente de los Estados Unidos se cae, se cuenta y no pasa nada».

El monarca aceptó a regañadientes que se permitiera la publicación de esa foto en la que se le veía, literalmente, dándose de bruces contra el suelo: para él era de absoluta prioridad evitar cualquier signo de debilidad, física o institucional. Así, en los dos años de agonía postBotsuana, siempre se opuso vehementemente a la posibilidad de que se estableciera la regencia, regulada en el artículo 57.2 de la Constitución: «Si el rey se inhabilitare para el ejercicio de su autoridad y la imposibilidad fuere reconocida por las Cortes Generales, entrará a ejercer inmediatamente la regencia el príncipe heredero de la Corona, si fuere mayor de edad. Si no lo fuere, se procederá de la manera prevista en el apartado anterior, hasta que el príncipe heredero alcance la mayoría de edad».

Esa posibilidad fue estudiada en los distintos escenarios barajados en Zarzuela. En noviembre de 2012 —operación de cadera izquierda—, marzo de 2013 —hernia discal— y septiembre de 2013 —segunda operación de cadera izquierda— hubo razones más que suficientes para llevarla a cabo. Pero, al igual que en el resto del Título II, la Carta Magna española resulta poco clara: «Si el rey se inhabilitare». ¿Quién inhabilita al monarca? ¿Él mismo? Públicamente, Spottorno afirmó que tanto la abdicación como la regencia eran actos «personalísimos» del rey.

Para don Juan Carlos, ser «sustituido» por su hijo le retrotraía a las dos ocasiones —verano de 1974 y noviembre de 1975— en las que él mismo sustituyó al general Franco.

Según mis fuentes, desde que cayó en desgracia en Botsuana, don Juan Carlos quiso recuperar el prestigio para la institución pero en *su* persona, no en la de su hijo. Don Felipe, que iba como un tiro en las encuestas, no necesitaba tratamiento de choque: «Lo que tardaron en entender, padre e hijo, es que la familia real reina unida y cae unida. Están todos en el mismo barco».

Quizá al rey le faltaron reflejos. Quizá confió demasiado en su estrella protectora y en su tradicional *campechanía*. Se equivocó. El adjetivo campechano aplicado hoy a Juan Carlos I contiene una enorme carga peyorativa. Lo que antes de la crisis hacía gracia dejó de tenerla cuando empezaron a proliferar en España los comedores sociales. «¿Por qué no se dejan fotografiar en un comedor social?», se preguntaban observadores independientes en referencia a los miembros de la familia real.

Don Juan Carlos estaba dispuesto a pelear duro a su manera, y Zarzuela hizo suyo el argumento de la buena estrella: «Si lo consiguió durante la Transición, cuando lo tenía todo en contra y no lo apoyaba ni la izquierda ni la derecha, ¿por qué no puede volverlo a hacer?». Así, inclinado sobre una sola muleta en Valladolid, el rey aguantó estoicamente de pie durante casi una hora. Era imposible que no sintiera fuertes molestias. De hecho, las sufría. Es en esos momentos en los que se supone que tiene que salir la *madera* real. En Valladolid estuvo, recompuesta e impertérrita tras Botsuana, la reina Sofía. También su hijo, don Felipe, siempre más cercano a su madre que a su padre. Quizá por no pertenecer a «eso tan raro que es la realeza», según un destacado pensador español, doña Letizia siempre mostró mayores dificultades que su marido y su suegra a la hora de ocultar sus sentimientos. Antes de llegar al trono, la princesa de Asturias parecía llevar reflejados en su rostro los demonios internos de una familia real en la que entró seguramente sin saber al cien por cien la desestructuración que encontraría.

La parte más potente de ese plan de choque —la condición de *superembajador*— se había puesto en práctica al día siguiente mismo del acto militar de junio en Valladolid. En un viaje de trabajo que le hizo recorrer veinte mil kilómetros en cuatro días, el rey marchó a Brasil y Argentina. Lo acompañaron sus empresarios de *cabecera* y todos los *top* en inequívoca señal de apoyo a la Corona. ¿Le hacía un servicio el rey a los empresarios o ellos a él? El fallecido Emilio Botín, del Santander; César Alierta, de Telefónica; Antoni Brufau, de Repsol; el ya sustituido Javier Monzón, de Indra; José Manuel Revuelta, de Navantia; Ignacio Galán, de Iberdrola; Manuel Manrique, de Sacyr; Borja Prado, de Endesa; Miguel Oriol, de Talgo; Antonio Llarcén, de Enagás; Antonio Vázquez, de Iberia, y Juan Rosell, de la CEOE, entre otros, formaron una *guardia de corps* en torno al monarca que de alguna manera también terminó volviéndose en su contra. El plan de recuperación del prestigio del monarca no se dio cuenta de que la sociedad española empezaba a mirar con igual sospecha a *toda* la élite: monarquía, clase política, grandes empresas y medios de comunicación tradicionales.

Las crónicas de ese primer viaje al extranjero fueron idénticas a las que le siguieron durante dos años: el rey había vuelto con fuerza después del *affaire Botsuana* y ahora, con el nuevo Gobierno del PP en plaza, estaba listo para ejercer su papel de punta de lanza del empresariado español. Durante dos años, se sucedieron los protagonistas y las palabras de apoyo a la fortaleza de las empresas españolas. Solo cambiaron el atrezo y el clima.

Entre abril de 2012 y mayo de 2014, el monarca visitó Brasil, Argentina, Rusia, Estados Unidos, India, Marruecos, Portugal, Qatar, Bahréin, Emiratos Árabes Unidos, Kuwait, Omán y Arabia Saudí. Trece países en dos años, siempre solo, sin la reina, a excepción de la visita a Lisboa, que se preparó inicialmente en solitario pero que, en el último momento y debido a la inesperada invitación de otra primera dama, tuvo que incluir a doña Sofía. La reina, sin embargo, regresó a Madrid antes que el rey: sola en el mismo avión que tuvo que retornar después de nuevo a Lisboa para recoger a don Juan Carlos.

Debido a su absoluta oposición a viajar con la reina, al plan de choque para salvar su prestigio le faltó prestancia. En la obstinación derivada de sus problemas personales, don Juan Carlos desvirtuó la esencia de la monarquía negándose a realizar viajes de Estado. Solo, como un alto ejecutivo más, una especie de triple ministro (Economía-Industria-Exteriores), un presidente de república, un monarca árabe o un representante comercial del Estado al estilo del príncipe Andrés, el segundo hijo de la reina Isabel II. Todo, menos un rey del que los españoles se sintieran orgullosos.

Desde Zarzuela se insistía en que detrás de esos desplazamientos de trabajo en solitario con empresarios estaba también la necesidad de ahorrar en tiempos de crisis. Los viajes de Estado, nos decían, son mucho más costosos. Pero lo cierto es que don Juan Carlos se negaba en redondo a ir acompañado por doña Sofía. En alguna ocasión, como en la visita de ese mismo año a India, la obstinación del monarca provocó una pequeña crisis con las autoridades locales, que se sintieron ofendidas porque no se hizo un viaje de Estado con la pompa que tanto gusta en aquel país.

Una vez más, nadie en el Gobierno, ni el presidente Rajoy ni ninguno de sus ministros, cumplió con sus obligaciones constitucionales de coordinar la política exterior con la Corona. Nadie le impuso la necesidad de realizar un viaje de Estado a la India. Nadie objetó cuando el rey diseñó la llamada *ruta del dátil*, según peyorativa expresión acuñada en Zarzuela, simplemente porque quería despedirse de los colegas árabes «como monarca reinante y no como ex». Hasta el final, el rey quiso seguir disfrutando de un poder basado en una autoridad moral de la que ya no disponía. Tras décadas de libertad, se le hacía muy difícil soportar un control estricto sobre su actividad pública y privada. En ese sentido, las mismas limitaciones físicas que le impedían recobrar la agenda con normalidad sirvieron en la labor de zapa emprendida por los *hombres de gris* tras Botsuana.

«O Corinna, o Corona», le llegaron a plantear sus asesores, exasperados al comprobar que, tras el desastre mediático de Botsuana, el rey seguía manteniendo una estrecha relación con la princesa alemana, aunque mayormente por teléfono debido a sus problemas de salud. Cuando oyó esta admonición, el rey giró la cara en silencio, usando uno de sus gestos preferidos cuando quiere denotar rechazo. Nunca hizo caso y llegó a ofrecer su abdicación al presidente del Gobierno si la condición sine qua non era renunciar a CSW.

En medio de este convulso escenario, en julio de 2012 Zarzuela anunció un viaje de trabajo a Moscú que, como todos, se vendió como una oportunidad para la España en crisis: grandes cifras de negocio, numerosas y potenciales licitaciones con millonarios ingresos a la vista. En nuestras crónicas veíamos ya al mágico AVE de La Meca reproducido entre Moscú y San Petersburgo por casi dieciocho mil millones de euros, el triple del saudí.

Lo cierto es que el motivo principal de la visita del rey a Moscú era recibir el galardón que el año anterior le había otorgado su gran amigo Vladimir Putin por su labor durante la Transición. Y se subrayó que el monarca donaría los ciento veinticinco mil euros del Premio Estatal de Rusia a la reconstrucción de la localidad murciana de Lorca, que meses antes había sufrido un terremoto.

El colmo de la expectación entre los periodistas lo creó además el anuncio de que podríamos viajar en la aeronave real, algo que no ocurría desde hacía más de veinte años. «Ya tenía ganas de traeros en el avión», nos saludó el monarca con cínica frescura al tiempo que echaba la culpa a su equipo de seguridad: «Decían que no había sitio».

Sin embargo, sabíamos, porque se las habíamos oído contar a veteranos como Pepe Oneto o Jaime Peñafiel, las verdaderas razones de esa prolongada ausencia. Estas incluían bromas pesadas, algo de alcohol, cierto personaje disfrazado de jeque árabe y otro que rompió esa regla no escrita de silenciar todo lo que ocurre en el aire. El Grupo 45 de la Fuerza Aérea, encargado de transportar a los miembros de la familia real y del Gobierno de España por el mundo, está formado por militares sumamente profesionales y discretos. Los periodistas, por muy acomodados que sean, siempre pueden acabar *dando la nota*.

Esa fuga de información confidencial confinó a los periodistas a los vuelos comerciales a partir de finales de los años ochenta. Muy ocasionalmente permitió el monarca que viajaran con él, apenas en algún vuelo interno y corto. El regreso a Madrid desde Kuwait en febrero de 2011, del que ya he hablado y en el que fui invitada al avión real, fue una excepción absoluta.

Con el gesto amistoso de Moscú, Zarzuela quiso lanzar un mensaje de transparencia ante un supuesta nueva era. La realidad es que después nunca más volvimos a viajar con él, excepto de Abu Dabi a Kuwait, un trayecto que dura apenas una hora. Por algún motivo, de nuevo volvió a «no haber sitio» a bordo del avión real o, de haberlo, solo era suficiente para acoger a los medios públicos, nunca a los privados.

Cómodamente instalados en nuestro avión con código Alfa Mike Echo 4570, Limited Combat Ready, destino Rusia, y ajenos al hecho de que ya no volvería a suceder, la docena de elegidos llegamos a pensar que realmente se había inaugurado una nueva época. Sonrientes, rodeamos al monarca y le formulamos varias preguntas, casi siempre repitiéndolas a voz en grito para hacernos oír por encima del ruido del avión y de las dificultades de audición del monarca, que se remontan a una operación en Suiza con apenas nueve años. Don Juan Carlos no habla como lee sus discursos. Lo que sale escrito está convenientemente arreglado por los periodistas. Por ejemplo, las terminaciones madrileñas en «ao» en vez de «ado». Tampoco sus escasas entrevistas en televisión son como salen. Grabarlas es una ardua labor en la que se emplea mucho tiempo. En la desafortunada *pseudoentrevista* de Jesús Hermida con motivo de su setenta y cinco cumpleaños en enero de 2013, un indiscreto reloj en el despacho delató el tiempo empleado en mejorarla: no duró veinte minutos, sino cincuenta con todas las pausas necesarias para que el rey repitiera las respuestas.

En esa ocasión, resumimos sus palabras con una receta a las empresas españolas para crecer en tiempos de crisis: «Exportar, exportar, exportar». Y como no podíamos encontrar un párrafo entero de apropiada dicción, optamos por destacar la importancia de estar «sobre el terreno» y de seguir el ejemplo de empresas como la alemana Siemens, que desde hacía dos años contaba con oficina propia en Rusia. «Nosotros creemos que mandando a uno u otro es suficiente», dijo refiriéndose a su propio papel de embajador estrella, que resaltó explicando su labor con el caso concreto y reciente de Navantia en Australia: «Les dije que había que llevar las fragatas allí para que las vieran y las tocaran y no que mandaran fotos, así Navantia ha vendido ya dos fragatas».

Sobre este asunto de las fragatas, suponemos que el rey había conminado a su amigo José Manuel Revuelta, el presidente de

Navantia, que a la sazón también acompañaba al monarca en el avión, a desplazar dos barcos a Australia.

Mientras hacía recomendaciones empresariales, don Juan Carlos no pudo dejar de ser don Juan Carlos: comprobó el ancho de la cintura de una simpática periodista de televisión e hizo un comentario a todas luces comprometido sobre política exterior. Los asesores nos pidieron que lo mantuviésemos *off the record*. Y sigo sin contarlo ahora porque respeto ese *off the record*.

Y para reforzar la imagen del rey como *superbroker* de las empresas españolas, en el avión a Moscú, la Agencia EFE obtuvo la exclusiva de los *top* en la sala VIP de la nave, donde los asientos son más grandes y están forrados en cuero —aunque, pese a la comodidad, más de uno ha salido sorprendido de esa sala VIP por la estricta dieta a la que es sometido el monarca en sus desplazamientos. Nunca come lo mismo que el resto del avión—: en mangas de camisa, y listos para trabajar por España, sonreían a la cámara don Juan Carlos, los ministros Soria y Margallo, Spottorno, Juan Miguel Villar Mir y José Lladó.

«A mí me lo ha hecho, el rey ha levantado el teléfono delante de mí y me ha ayudado en una gestión en el extranjero», afirma un alto ejecutivo, que admite así una labor cierta y reconocida de ayuda a la gran empresa española a lo largo de treinta y ocho años. El problema fue que en la España de 2012, las *glorias pasadas* del monarca como superembajador no lograban parar la creciente desafección de la sociedad española hacia su persona.

Otro tropiezo se había producido antes del de Botsuana. El apoyo ilimitado del *top* de los empresarios españoles —el llamado *lobby* del Ibex 35, que se convirtió, para bien o para mal, en fiel escudero del rey—, los que acompañaron después al rey en todos sus viajes, tuvo un mal comienzo. El 20 de marzo, el monarca se reunió «privadamente» con dieciséis de los diecisiete miembros del Consejo Empresarial de la Competitividad —CEC, más conocido como el *lobby* del Ibex 35— y cuatro días más tarde, Zarzuela decidió filtrar la noticia en exclusiva a *El País* y *El Mundo* porque la imagen tenía un contenido positivo: mostraba a don Juan Carlos discutiendo los problemas de la economía española con sus principales hacedores. El resto de los medios puso el grito en el cielo ante la filtración de un acto que consideraban institucional.

Los medios de comunicación españoles, aunque mucho más críticos que en el pasado, seguían queriendo ayudar al monarca a salir adelante en 2012. Según uno de los grandes editores el llamado pacto de silencio respecto a la Corona no existió nunca: se trató de una reacción natural hacia una figura «que había parado el golpe de Estado, el único que lo hizo de verdad», y también hacia una familia que, hasta finales de la primera década del año 2000, no empezó a dar «escándalos de verdad».

Pero no toda la prensa se mostraba igual de amistosa. La extranjera, por ejemplo, fue otro de los frentes que se le abrieron al rey tras Botsuana. Madrid se llenó de corresponsales y de enviados especiales atraídos por el olor de la noticia. Doreen Carvajal, una periodista especialmente persistente de *The New York Times*, se convirtió en un dolor de cabeza para Zarzuela. Carvajal, cuyos ancestros judíos fueron asesores de reyes de España antes de ser expulsados en 1492, se sentía muy interesada por la historia de Juan Carlos I. Con su castellano de acento americano, logró irritar a los *hombres de gris*, que reaccionaron perplejos a su pregunta directa: «¿El rey cobra comisiones?». Su manera americana de hacer periodismo resultó muy agresiva para otras personas entrevistadas fuera de Zarzuela sobre el mismo asunto.

Tras esta incómoda pregunta, desde Zarzuela llamaron inmediatamente a Juan Luis Cebrián, el presidente del Grupo Prisa

—quien estaba en ese momento en Los Ángeles de vacaciones—, pidiéndole ayuda con el dueño de *The New York Times*. Cebrián, que tiene una relación de amistad con Arthur Sulzberger Jr., organizó una cena con el rey en casa del legendario editor del *Times* en Manhattan y al día siguiente un encuentro con el consejo editorial en la sede del periódico.

El exdirector de *El País* es tres años más joven que el monarca y forma parte, junto a Luis María Anson y Pedro J. Ramírez, de esa tríada mediática que a veces narró y otras protagonizó la Historia de España con una intensidad raramente imaginable para los periodistas más jóvenes. Su larga relación con el rey data del año 1973, cuando viajó con él a Japón en un viaje oficial como príncipe de España. Entonces, don Juan Carlos ya mostró la importancia que le daba a un posible gobierno socialista como factor indispensable para la buena marcha de una monarquía parlamentaria. El ejemplo que usó en aquel momento fue la reciente victoria electoral de la socialdemocracia en Dinamarca.

Así que, para él, la gestión que amablemente le hizo Cebrián era lógica y normal. La mayoría de los periodistas lo han ayudado con gusto en estos años. Hace veintidós lo hizo Pedro J. Ramírez cuando contribuyó a la caída de Sabino Fernández Campo como jefe de la Casa. Aunque, más tarde, el tipo de periodismo de Ramírez lo distanció del monarca, que está convencido, como el expresidente González, de que el exdirector de *El Mundo* ha hecho «un daño enorme a la democracia española».

Volviendo a la cena con Arthur Jr., parece que fue muy bien, no así la reunión con el consejo editorial a la mañana siguiente en compañía de Spottorno y del ministro Margallo. Apenas cinco días después de ese encuentro de hora y media, Doreen Carvajal y Ralph Minder, el corresponsal del *Times* en Madrid, firmaron conjuntamente el siguiente artículo: «Un rey escarmentado busca la redención, por España y su monarquía».

La crónica recogió lo dicho por él en la sede del periódico sin interferir en el trabajo de los periodistas: «"La monarquía continuará mientras la gente quiera monarquía", dijo el rey durante su paso la semana pasada por Nueva York como parte de una estrategia de palacio para encontrarse con hacedores de opinión de alto nivel y promover así la confianza en la economía española».

Zarzuela había cerrado la puerta a los dos reporteros y ellos buscaron la información en otros lugares. Por ejemplo, hablando con Corinna zu Sayn-Wittgenstein, que calificó al rey de «tesoro nacional». «Cuando entra en una habitación, radia calidez y carisma y conecta con todo el mundo. No deja a nadie indiferente», aseguró quien se definió a sí misma como «asistente estratégica del Gobierno español».

Para terminar, el *Times* señaló que el rey llegó «sin nada» al trono y que en el camino había amasado una fortuna «de origen desconocido». Estimó su patrimonio en dos mil trescientos millones de dólares, aunque añadió que «sus seguidores» afirman que la cifra está inflada.

The New York Times hizo que en Zarzuela se vivieran días mejores. Por el precio de uno, el rey había conseguido dos títulos: mejor embajador de España y tesoro nacional. Ese artículo dio al traste con otro favor que Zarzuela había pedido a Cebrián: que gestionara un encuentro similar con el consejo editorial de *Le Monde* en París. Pronto vendrían momentos peores.

Mientras, continuó la campaña de la recuperación que *va como un tiro*. Durante una veintena de días, entre el viaje a Nueva York y el siguiente a la India, a los españoles se les enseñaron casi siempre imágenes del rey sin muletas. Ninguna hubo jamás en silla de ruedas, aunque era sabido que la utilizaba normalmente en Zarzuela a pesar de la insistencia de Villamor en que caminara lo máximo posible. Públicamente, bien fuera recibiendo a Ignacio González, el presidente de la Comunidad de Madrid, o dirigiéndose al patronato del Instituto Cervantes, don Juan Carlos ofrecía una imagen que no se correspondía con la realidad. Desde entonces y hasta el final de su reinado, fotógrafos y camarógrafos tuvieron muy claro que al rey no se le captaba exhibiendo sus dificultades de movilidad.

«¿No sabes dónde trabajo?», me espetó, con excelente criterio, un fotógrafo al que le pregunté por qué no fotografiaba al rey dormido en medio de un acto empresarial.

En la fiesta nacional de 2012, el monarca volvió a mostrar su voluntad de apartar al matrimonio Urdangarin-Borbón *sacrificando* a la infanta Elena. Ni una queja salió de la boca de la hija mayor de don Juan Carlos cuando supo que tenía que salir del box de la familia real para acompañar a Alfredo Pérez Rubalcaba, entonces líder de la oposición, en la tribuna de las autoridades. Quedaba así establecido el *núcleo duro* que le había costado el puesto a Ramón Iribarren en diciembre de 2011.

Pasaron de puntillas entonces por los medios las dos demandas de paternidad contra el rey presentadas ante los tribunales ordinarios. Dos juezas rechazaron las solicitudes de Albert Solá y de Ingrid Sartiau, nombres bien conocidos en la actualidad porque el Tribunal Supremo sí llegó a admitir a trámite la demanda de la ciudadana belga. Fuentes cercanas a Zarzuela se lamentan ahora de que entonces, en octubre de 2012, fracasaron en el intento para que el fiscal interviniera en el asunto y que las demandas «no fueran rechazadas solo por la inviolabilidad del rey» establecida en el artículo 56.3 de la Constitución. No fue así, y ahora estas fuentes ven una actitud «garantista» y «de machito» en los jueces del Supremo que han admitido la demanda de Sartiau, que podía haberse evitado con la intervención del fiscal. Finalmente, no prosperó.

Solo el diario *El Mundo* destacó en su portada otra demanda que data de esa época: la de la reina Sofía contra la agencia Ashley Madison por usar su imagen para hacer publicidad de contactos sexuales adúlteros.

A pesar de Botsuana, en el otoño de 2012 el rey seguía sin entender por dónde iba España. Lo demostró en la entrega de credenciales de los embajadores de Bulgaria, Georgia, Países Bajos, Noruega y Nigeria, un acto muy solemne en el Palacio Real. La única mujer, la nigeriana Bianca Olivia Odumegwu-Ojukwu, fue saludada por el monarca con el mismo respeto que a sus colegas. Pero cuando esta no estaba mirando hizo un gesto al representante del Ministerio de Asuntos Exteriores que algunos recuerdan «más propio de los años sesenta del siglo pasado, cuando las suecas empezaron a llegar a España».

Esta anécdota, que forma parte del comportamiento habitual del rey, fue comentada por el subsecretario de Exteriores, Rafael Mendívil, en la comisión de subsecretarios que se reúne todos los miércoles en La Moncloa. Alguien, a su vez, se la contó al periodista Carlos Segovia, que la reprodujo en tono de chiste en su columna semanal en *El Mundo*.

Lo que sucedió después demuestra el terror de Zarzuela a que la imagen de frivolidad del rey pudiera continuar agrandándose. Poco después de que apareciera reflejado en *El Mundo* el chascarrillo del rey sobre la embajadora, el ministro de Asuntos Exteriores, José Manuel García-Margallo, recibió una carta de Casa Real pidiéndole que tomara acciones contra Mendívil por su indiscreción. Afortunadamente, y a pesar de su *crónico monarquismo*, Margallo se limitó a amonestar en varias ocasiones a Mendívil, que hoy está sano y salvo como embajador de España en Turquía. Zarzuela tardaba en comprender que Botsuana había resquebrajado la *omertà* en torno al rey. «Ahora estamos en el otro extremo del péndulo, nos hemos convertido en un auténtico tribunal de la Inquisición», señala un destacado editor de medios tradicionales.

Una vez pregunté a un exministro por qué se sentían obligados a reírle al rey gracias inadecuadas en la España de hoy. Me respondió con toda lógica: «Yo no soy el preceptor de su majestad».

El último viaje de 2012, el de la India, es el que mejor recuerdo de todos. Fue terrible. Al calor húmedo y la diferencia horaria se sumaron los problemas con Zarzuela. La culpa la tuvieron seguramente los imperialistas británicos que a principios del siglo XX construyeron el gigantesco palacio Rashtrapati Bhavan para alojar allí al virrey británico, lord Irwin. Con espíritu victoriano, quisieron dejar un monumento para Dios y para la historia: con sus trescientas cuarenta habitaciones y su cúpula, hace que el Palacio Real de Madrid parezca una casa de muñecas al lado de la residencia del presidente de la India.

Inolvidables serán para los *hombres de gris* el Rashtrapati Bhavan y su alfombra roja de al menos doscientos metros. Esa distancia es la que tuvo que recorrer el rey, sin ayuda, viendo las estrellas de dolor, durante una caminata interminable, para recibir los honores de las autoridades indias. Parecía que el final no llegaría nunca.

En el rifirrafe entre Madrid y Delhi por la calificación de la visita, se llegó a un acuerdo intermedio: sería un *viaje de trabajo* pero se le añadirían *honores*. De ahí el tamaño de la alfombra que estuvo a punto de provocar un infarto en los responsables de protocolo. Para algunos, fue un castigo divino por negarse a viajar con la reina Sofía. Para todos los que tuvimos que presenciar la escena, un auténtico sufrimiento.

Antes de viajar, el doctor Villamor ya había advertido al rey de que iba a tener que operarse, o bien de la cadera izquierda o bien de la espalda, que le estaba provocando los peores dolores y le estaba obligando a caminar cada vez más torcido. Entonces yo no sabía que este era el caso, pero tenía ojos en la cara y podía ver que el monarca estaba sufriendo.

Reproduzco aquí un pequeñísimo artículo que firmé en *El Mundo* el sábado 27 de octubre de 2012 y que titulé «Los esfuerzos del monarca». Ocupó la parte inferior de una página entera en la que se destacaba en tono muy positivo que los «acuerdos firmados abren la llave de la futura relación económica».

Este fue el contenido de mi minúsculo apoyo, por el que fui debidamente amonestada:

> El día de ayer fue menos caluroso pero más largo que el de Bombay. El rey, con casi setenta y cinco años, tuvo que hacer frente a cinco actos: honores, homenaje a Gandhi, foro económico y almuerzo con empresarios, encuentro con políticos y cena de gala. Todo ello, con una forma física visiblemente disminuida desde que se fracturó la cadera en Botsuana. El protocolo y la improvisación indios resultaron incompatibles, además, con los deseos de Zarzuela de controlar y minimizar la exposición del monarca. Así, don Juan Carlos tuvo que trastabillar casi 200 metros en el palacio presidencial para pasar revista a las tropas. Después se vio obligado a andar —descalzo— otro tanto en el túmulo de Gandhi. A continuación soportó largas (e imprevistas) intervenciones en el foro empresarial previo al almuerzo. Durante ese acto, parecido desde el punto de vista del formato al Foro de Davos, se adormeció al menos en cuatro ocasiones. Fueron los aplausos, y en una ocasión una llamada de móvil, los que lograron espabilar al monarca, que compartía escenario con una decena de perso-

nas, entre ministros y empresarios. Ya al final del día, en la esplendorosa sala Ashok del palacio presidencial, no fue capaz de andar 32 metros. Tomó prestado el brazo de un militar indio hasta que su ayudante de campo acudió en su auxilio. Finalmente, cayó derrengado en un sofá.

Nunca un artículo tan pequeño fue tan criticado. Los *hombres de gris* me parecieron particularmente injustos. Antes de publicarlo, llamé incluso por teléfono a la sede de *El Mundo* para solicitar un «permiso especial» dado que hacía referencia al tabú de la salud del rey. Concedido el plácet por el entonces vicedirector, Casimiro García-Abadillo, crucé los dedos hasta la mañana siguiente.

Lo peor, a juicio de mis interlocutores, fue el verbo «trastabillar», que yo había elegido con cuidado para reflejar mejor lo que había visto con mis propios ojos. No pretendía ridiculizar al rey ni sugerir que en España había que instaurar una república. Me limité a contar lo que vi, y lo que vimos todos.

El rey demostró en la India que no estaba listo para ejercer las labores de diplomacia pública tan importantes en su cargo. Más de uno se llevó las manos a la cabeza por la cantidad de veces que, lejos de los ojos de la prensa, el monarca dio señales de agotamiento. El presidente del Gobierno, sin embargo, se abstuvo de ejercer su labor y de pedirle que permitiera a su hijo ocuparse en exclusiva de esta parte del trabajo. Se esperaba que pronto, muy pronto, todo volviera a estar bien.

Con el disgusto del *trastabilleo* sobrevolando sobre mí, dio comienzo el primer y último encuentro del rey con los periodistas en el hotel donde se alojaba. El monarca llegó acompañado por los ministros Soria y Margallo y el embajador de España en Delhi, Gustavo de Arístegui. Venía de malhumor. Dijo algo así como que el viaje había ido bien excepto por las crónicas de algunos periodistas, que se inventaban «de todo». Tras varias preguntas, levanté la mano y le pedí que elaborara su enfado con los periodistas. La respuesta que me dio, como el comentario del avión a Moscú, fue censurada de nuevo tachándola de *off the record*. La respeté entonces como la respeto ahora.

Sí se nos permitió reproducir sin problemas el resto de su intervención, bastante confusa, sobre la situación económica en España, las agencias de calificación de deuda y la Unión Europea. «Muchas veces, los españoles nos metemos el cuchillo», señaló el rey haciendo como que aguantaba un cuchillo entre los dientes. Quería indicar así que la imagen de España era mejor en el extranjero que dentro del propio país, donde, ante algunos análisis, «dan ganas de llorar».

«Por supuesto, hay penas, pero vamos a sobrellevarlas», insistió. Y en alusión a las agencias de calificación de deuda, advirtió: «Hay gente que tiene ganas de darnos fuerte en la cabeza».

Finalizó el monarca muy positivo sobre su visita a la India, se mostró muy satisfecho, al igual que los empresarios españoles, de quienes elogió su compromiso a largo plazo en los países donde invierten, su vocación de permanencia, ya que no son de los que solo buscan «meterse el dinero en el bolsillo y marcharse».

Tras el *briefing*, opté por caminar detrás del rey para no volver a provocar su malhumor. Pero la mala suerte quiso que la cadera se le encasquillara de tal manera que por un momento pensé que se me iba a caer encima. Lo sujetó el ministro Soria, que colocó su mano firmemente sobre la espalda del monarca.

Don Juan Carlos reaccionó tan airado a mi columna porque, según él, se cuestionaba en ese miniapoyo de *El Mundo* su capacidad para reinar. Aunque no agradeció que no se informara sobre su caída en la ducha del hotel, ni sobre sus dificultades para leer debido al aire acondicionado, ni sobre las inyecciones con corticoides que el médico de la Casa, Miguel Tapia, se encargaba de administrarle vía intramuscular para calmar sus dolores de espalda. O de lo que le costó depositar una corona de flores en la tumba de Gandhi. O del inmenso orgullo que se reflejaba en la cara de Margallo porque, como comentó luego a los diplomáticos, el rey se negaba a apoyarse en nadie «que no fuera yo».

La operación de la cadera derecha a la que tuvo que someterse en noviembre se complicó precisamente por esa nueva caída en Delhi. No se la fracturó como la de Botsuana, pero la colocó en situación de prevalencia sobre la espalda.

Tampoco la España *de llorar* acogió bien las declaraciones del rey. Con un millón de jóvenes sin estudiar y sin trabajar (*ninis*), casi seis millones de parados en total, desahucios diarios y manifestaciones de indignados, el país lloraba y su rey parecía no entenderle ni reconfortarlo. Zarzuela nunca más volvió a organizar un encuentro informativo del rey con los periodistas. Hizo bien.

Tampoco quiso destacar que el mejor contrato conseguido en ese viaje fue el firmado por Villar Mir con Ashok Hinduja, presidente del gigante constructor familiar del mismo nombre y viejo conocido de don Juan Carlos. Villar Mir e Hinduja sí mencionaron expresamente en su comunicado oficial que el memorando que firmaban se producía «en el marco del viaje del rey de España», como señaló en solitario el periodista Carlos Segovia. El programa de inversiones del Gobierno hindú para construir infraestructuras por un billón de euros, equivalente al PIB español de un año, se convirtió así en otra fuente de fortuna para el marqués de Villar Mir.

El rey volvió de la India con la salud machacada. El doctor Villamor ya se lo había advertido antes de viajar, pero don Juan Carlos ignoró sus consejos. De igual manera, al volver de Delhi, el traumatólogo amigo le dijo que tenía que operarse «de inmediato», pero el monarca insistió en continuar hasta después de la XXII Cumbre Iberoamericana prevista para el 16 de noviembre, que se iba a celebrar en Cádiz.

Fueron dos semanas muy convulsas en Zarzuela. Si el rey hubiera hecho caso de los consejos entonces, habría abdicado en su hijo ese mismo otoño de 2012. O al menos habría admitido que se estableciera la regencia. Anclado en su silla de ruedas, malhumorado, se negó en redondo a renunciar. CSW lo apoyó mucho desde la distancia y por teléfono en su decisión de no abdicar, recordándole siempre que él era el rey y que él, y solo él, tenía que decidir. «Quería hacer él mismo el anuncio de la siguiente operación. Optó también por hacerlo con humor, que es su estilo», recuerdan personas de su entorno, que comprobaron con exasperación cómo la pareja alemana del rey se imponía a otras voces, como las del príncipe Felipe o la reina, que consideraban llegado el momento del adiós de don Juan Carlos.

«El rey sufrió mucha presión para que lo dejara antes de la cumbre y que ya acudiera el príncipe Felipe en su lugar. Pero resistió». Finalmente, se impuso su voluntad y antes de la cumbre se anunció solo que tras la cita en Cádiz cesaría su actividad institucional «por prescripción facultativa».

Nada de esto sabíamos los periodistas en Cádiz. A la Tacita de Plata sí llegaron los rumores, provenientes de Moncloa, de que «algo» iba a pasar allí. En el antiguo hotel Atlántico, que ha sido masacrado hasta convertirse en una mole de mármol de cara al mar, se me advirtió que esa tarde el rey haría un anuncio «que requeriría un sitio en la portada del periódico».

Con la cabeza torcida, la papada hinchada y un aspecto general muy deteriorado, el rey se dirigió así a los líderes latinoamericanos reunidos en la cena oficial en la antigua Fábrica de Tabacos de Cádiz: «Como habéis podido ver, tengo algunas dificultades mecánicas que han vuelto a aparecer en estos últimos días y que me van a obligar, siguiendo el consejo médico, a interrumpir mi agenda oficial para pasar por el taller, es decir, para operarme de la cadera izquierda, que tengo bastante maltrecha».

Los aplausos y los abrazos emocionados llenaron la sala. Tras la cena, Zarzuela aprovechó para sacar al rey en silla de ruedas mientras los periodistas asistíamos a una rueda de prensa. Una imagen muy triste del «tesoro nacional» saliendo a escondidas de la vieja factoría junto al callejón de los Negros, como aquellas figuras de la noche que pululaban por el puerto de Cádiz en la época de los cargadores de Indias.

Capítulo 7

ALGO MÁS QUE UN SCOOP

«Leo los periódicos con gran interés. Rara vez están equivocados absolutamente, al cien por cien. Esa es la creencia popular, pero los que estamos en el ajo normalmente podemos discernir un embrión de verdad, un granito de hecho, como el núcleo de una perla a cuyo alrededor se han depositado delicadas capas de decoración».

EVELYN WAUGH, *Scoop*, 1938

Miércoles, 20 de febrero de 2013, hotel Metropole, Montecarlo.

Por fin. Después de dos días y medio de idas, venidas y llamadas, apareció Corinna zu-Sayn Wittgenstein, cuarenta y ocho años recién cumplidos, alta, rubia, delgada, muy elegante con un traje de chaqueta masculino y envuelta en una nube de estilo. En su camisa de rayas, hecha a mano, sus iniciales: C.S.W. En su lenguaje corporal, el mando. Con naturalidad, se dejó abrir una puerta lateral para irrumpir en el *lobby* del hotel Metropole de Montecarlo, un icono *belle époque* de ambiente señorial no muy lejos del legendario casino frecuentado por Alfonso XIII. Yo la esperaba expectante, sentada en un sillón con la vista puesta en la entrada.

«*Ana?*», preguntó dirigiéndose hacia mí con una educada sonrisa en los labios y el brillo de la curiosidad en sus ojos claros.

«*Yes, nice to meet you*», «Sí, encantada de conocerte», le contesté poniéndome de pie y estrechando su mano. Las dos nos escudriñamos cordialmente en el distinguido *lobby*.

Esa es la suerte del periodista, que un día está en una sombría casa de huéspedes en El Aaiún, Sáhara Occidental, y otro en un hotel para ricos construido sobre una ciudad-roca poblada de multimillonarios para entrevistar a una señora a mitad de camino entre Lauren Hutton y una alta ejecutiva de un banco suizo. Es también la suerte que se *busca* el periodista: CSW estaba allí porque localicé su móvil a través de un número al que tuvimos acceso todos y cada uno de los reporteros y de los ciudadanos de España, y del resto del planeta, pero al que, al parecer, solo me atreví a llamar yo.

Tras la postentrevista-*scoop* que publiqué en dos partes en *El Mundo*, se sucedieron las hipótesis más hilarantes acerca de las circunstancias que rodearon nuestra cita. Las teorías incluían una cosa y la contraria: estaba todo preparado desde Zarzuela; se había hecho *a pesar* de los ruegos de Zarzuela; el rey lo sabía y lo aprobaba; el rey no lo sabía y casi le da un síncope; la periodista era íntima amiga de Letizia Ortiz Rocasolano; la periodista era íntima amiga de CSW; la periodista era un instrumento de Pedro J. Ramírez, que organizó la entrevista a través de una tercera persona para acabar —de una vez por todas— con el rey; la periodista era un instrumento del Gobierno-CNI decidido a dar un escarmiento al rey… Seguramente me he dejado alguna más por el camino.

En esos agitados días que siguieron a la publicación de las dos entrevistas consecutivas con CSW me ocurrieron cosas raras. Hubo muchas llamadas para ir a programas de radio y de televisión, y me salieron amigos nuevos y enemigos viejos. Unos me daban la enhorabuena, otros me acusaban de traidora. Algunos colegas ¡incluso me retiraron el saludo! Recuerdo con especial viveza la singular oferta de cierto ministro del Gobierno de Rajoy: darme una *exclusiva* —a mí y a no a otro colega de *El Mundo*, al que identificó con nombre y apellidos— si me abstenía de publicar una información que le afectaba a él en relación a CSW.

¿Cómo me había metido en ese jaleo? Esta es mi versión de los hechos…

El fin de semana del 16 y 17 de febrero, Diego Torres, el exsocio de Iñaki Urdangarin, había declarado ante el juez Castro en Palma y de nuevo, como ya llevaba un tiempo haciendo, mostró unos correos —parte de esas famosas «doscientas bombas atómicas»— con los que pretendía apretar la tuerca en torno a la Casa Real: esta vez, relacionó a Urdangarin directamente con CSW haciendo públicos unos emails que, fuera de contexto, resultaban ciertamente sugerentes: se hablaba de encuentros, trabajos, cuentas bancarias, cantidades concretas de dinero, *much love*…

La primera vez que Torres usó a CSW como ariete contra la Casa Real había sido el 10 de enero de 2013, cuando desveló a través de otro intercambio de correos que ella había acudido al Valencia Summit en octubre de 2004. Zarzuela no dio explicaciones y optó por mantener un espeso silencio en torno a la figura de la princesa. En realidad, poco más podía hacer la atribulada institución. ¿Explicarle a la prensa quién era esa señora y las razones de su extrema cercanía al rey? ¿Defenderla de las acusaciones de Torres completando el sentido de los correos con Urdangarin? Demasiado complicado todo.

Desde la trinchera del monte de El Pardo se prefirió callar y esperar a que pasara el temporal, sobre todo visto que en España, y a pesar del escándalo de Botsuana, los periodistas habían curioseado lo justo en torno a CSW. Aunque todos lo tenían más o menos claro, nadie había osado cruzar la invisible raya de la autocensura. Siempre me ha llamado la atención la expresión que utilizan las personas que están en el poder cuando un medio publica una información que no les gusta pero que estiman no va a hacerles daño: «Eso no tiene mayor recorrido». ¿Quieren decir que no es verdad? No, el *recorrido* se refiere a lo publicado que no va a causar un escándalo, entre otros motivos porque el resto de los medios no va a hacerse eco de ello.

Pero este ataque frontal del exsocio de Urdangarin era distinto: parecía más bien una *crisis revival* de los años noventa, cuando la Casa estaba bajo el mandato de Fernando Almansa y de Rafael Spottorno, y la *vedette* Bárbara Rey denunció el famoso robo en su casa. Ella, como ya he contado, lo atribuyó directamente a Manolo Prado, la mano derecha, e intendente, el hermano del alma que se ocupó de gestionar las finanzas del rey durante tres décadas. Según el libro *Las alcantarillas del poder: las 100 operaciones de los servicios secretos españoles que marcaron sus 35 años de vida*, de Fernando Rueda, la sustracción del material comprometido fue obra del Cesid —ahora Centro Nacional de Inteligencia— para proteger la figura del rey, denominada «una alta personalidad del Estado». De alguna manera, esos años turbulentos protagonizados por el empresario Javier de la Rosa y el banquero Mario Conde, que también se vieron envueltos en un supuesto intento de chantaje al rey, parecían volver a perseguir al monarca, como incorruptibles esqueletos que se niegan a descansar en paz.

Precisamente porque se trataba de un ataque en toda regla, los medios españoles tuvieron mucho cuidado a la hora de referirse a CSW. Lo mismo ocurrió tras Botsuana, cuando fueron los extranjeros los que hicieron el trabajo de los informadores españoles. El que habló por primera vez, sin pelos en la lengua, sobre la identidad de Corinna fue *La Stampa*, que el 18 de abril de 2012, justo cuando el monarca entonó el televisivo mea culpa, publicó el artículo titulado «España tiene dos reinas». La pieza, firmada por Gian Antonio Orighi, decía así: «En España hay dos reinas: la oficial, Sofía, de setenta y tres años, casada desde 1962 con el rey Juan Carlos, y la oficiosa, la provocadora y rubia princesa Corinna zu Sayn-Wittgenstein, de cuarenta y seis años, separada y amante desde hace cuatro años del soberano más seductor de Europa». En realidad Orighi escribió, en francés, *tombeur de femmes*, que suena mucho peor que seductor. Además añadió: «Hace años que vive en Madrid con sus hijos. Es la aristócrata que acompaña al rey en los viajes y hasta lo representa en el extranjero».

También el sensacionalista *Bild Zeitung*, el de más tirada de Alemania, y el *Rheinische Post*, un diario regional de gran seriedad, explicaron quién era CSW y cómo los medios españoles no se habían ocupado de ella «por respeto a la vida privada del rey».

Efectivamente, en España fuimos muy cuidadosos. Como ya hemos visto, en marzo de 2010 *LOC* había mencionado a «la princesa alemana que triunfa en España» pero sin decir abiertamente que era la pareja del monarca. Y lo más indicativo en los días postBotsuana lo escribió Mábel Galaz en *El País*, en un párrafo perdido en una larga crónica, en la que, vuelvo a recordar, se podía leer: «El monarca considera que tiene derecho a mantener su vida privada lejos de la curiosidad general, pero a la vez admite que, como jefe del Estado, debe cumplir con unas obligaciones que pasan por dar explicaciones de dónde está, aunque para ello no sea necesario decir con quién. Don Juan Carlos mantendrá a partir de ahora una mayor discreción con respecto a las amistades personales que le acompañan en sus actividades particulares y desplazamientos. No obstante, añaden fuentes oficiales, el rey no renunciará a esas amistades, que incluyen la que mantiene desde hace años con la princesa alemana Corinna zu Sayn-Wittgenstein, empresaria y organizadora de safaris, que también acompañaba al monarca en la cacería de Botsuana».

La *empresaria amiga* guardó silencio a medias, siempre pendiente de proteger su reputación. Su mano estuvo detrás de la edición española de la revista *Vanity Fair* que en junio de 2012 la llevó a portada como «La misteriosa amiga del rey». Y en septiembre de ese mismo año, descendió al *on the record* en el artículo del *New York Times* donde se refirió al rey como un «tesoro nacional».

Mi curiosidad en torno a ella no hacía más que crecer. ¿Quién era realmente? ¿Había trabajado de verdad con Urdangarin? ¿Era la misma *King's girlfriend* —«novia del rey»— de la que había oído hablar fugazmente en mis años de Abu Dabi?

El lunes 18 de febrero de 2013, por la mañana temprano, aterricé en el aeropuerto de Barajas tras un largo vuelo transatlántico. De regreso a casa en un taxi, abrí el iPad para leer la prensa del día que reproducía los nuevos correos acusadores de Torres. Estaban escritos en inglés, pero los periódicos los traducían parafraseándolos en castellano. Recurrí al PDF para ver la literalidad del contenido.

En un principio, reparé tan solo en el sorprendente bajo nivel de inglés de Urdangarin, que terminaba despidiéndose así de CSW: «*I hope received good news from you*». «Espero recibir buenas noticas de ti». Uno de ellos, fechado el 12 de julio de 2004 y remitido por CSW a Urdangarin, me llamó la atención: «*I now have to negotiate your salary –I will do my best to obtain as much as possible... If you have any questions, don't hesitate to call me. I am in London this week. Office: xxx. Mobile: xxxx. Much love, Corinna*». «Ahora voy a negociar tu salario. Lo haré lo mejor que pueda para conseguir lo máximo posible... Si tienes cualquier pregunta, no dudes en llamarme. Esta semana estoy en Londres. Oficina: xxx. Móvil: xxx. Con cariño, Corinna».

Volví a leerlo. Allí estaban, a disposición de todos, los teléfonos de CSW. Pensé en llamarla desde el taxi, segura de que ya alguien lo habría hecho antes que yo, pero decidí esperar a llegar a casa. Nada más cruzar la puerta, nublados los sentidos con un combinado de adrenalina y *jetlag*, marqué el citado número y lo oír sonar apenas un par de veces. Lo descolgó ella misma, me identifiqué y, en un tono muy amable y educado, me dijo que volvería a llamarme al día siguiente porque estaba preparando el cumpleaños de su hijo. Colgué pensando que esa llamada nunca se produciría, pero estaba equivocada. El martes por la tarde, me llamó como había convenido.

Descolgué incrédula y, después de hablar más pausadamente con ella, y en vista de que realmente estaba dispuesta a mantener una conversación civilizada, es decir una entrevista, avisé al periódico. La reacción fue de sorpresa y de escepticismo. Yo pretendía entrevistarla solo por teléfono, y mis preocupaciones eran modestas: encontrar un lugar tranquilo en la redacción para hacerlo sin demasiado ruido y que la grabadora funcionara correctamente. Afortunadamente, mi director, Pedro J. Ramírez, demostró tener mayor altura de miras: «Coge un avión y vete a verla».

Así llegué, con una maleta mínima y un enorme bloc de notas, al fastuoso hotel Metropole de Montecarlo, con su exclusiva clientela y su piscina recientemente remodelada por Karl Lagerfeld.

El avión que me había conducido hasta allí era de los pequeños e intenté distraerme de las turbulencias pensando en CSW —aunque si la ida fue mala, el regreso al día siguiente, vía Lisboa, prefiero no recordarlo—. ¿Habría cambiado de opinión y yo estaba volando para nada? ¿Le habrían hecho cambiar de opinión? El trayecto desde el aeropuerto de Niza hasta la ciudad de Montecarlo, casi una hora en coche por la sinuosa carretera del Mediterráneo, me pareció eterno.

De ahí que, una vez apostada en el *lobby* del Metropole, sin tiempo para cambiarme, tuviera la vista clavada en la puerta con el convencimiento de que CSW no aparecería. No sabía yo entonces que nada podía hacer cambiar de opinión a CSW respecto a su decisión de hablar con la prensa: los tiempos de Zarzuela eran demasiado lentos para ella, que no quería arriesgarse a que el silencio de palacio se interpretara como una forma de reconocer que ella y Urdangarin habían llevado a cabo «extrañas operaciones».

Cuando entró por la puerta del hotel, a las ocho y media en punto de la noche, con su plan bien diseñado, no pudo estar más encantadora. CSW no camina, se desliza por la moqueta como una gacela, provocando las miradas de admiración y deseo de los hombres. Deslizándose ella y caminando servidora llegamos al bar del restaurante, donde en la penumbra se intuyen las estrellas Michelin del chef Joël Robuchon. Fue al sentarnos en una de las mesas bajas, con luz indirecta y hablando con suavidad del viaje y sus circunstancias, cuando caí en la cuenta de que ese deslizamiento natural con el que se mueve CSW puede deberse a la extrema longitud de sus piernas. Intenté mostrar más interés por el vino y menos por sus extremidades, pero dejé que fuera ella la que pidiera un buen tinto y una cena frugal en su perfecto francés. La conversación fluyó enseguida, y pronto empecé a otear las razones de su presencia allí: además de la expresa recomendación de sus abogados para protegerla contra el juez Castro, CSW estaba bastante dolida, como lo estaría cualquiera que diga haber recibido mensajes amenazantes y anónimos para ella y para su familia. Y esta era la manera que había orquestado de defenderse y de proclamar: «Aquí estoy yo».

La intuí especialmente ofendida con un trío de hombres a los que yo conocía bastante bien —Juan Carlos I, el general Félix Sanz Roldán y Rafael Spottorno—, pero nada de esto salió reflejado en la entrevista publicada el domingo 24 de febrero. Más que una entrevista propiamente dicha, fue un perfil de ella, y creo que decepcionó bastante porque se trataba de ser exquisitamente cuidadosos y no comprometer a nadie judicialmente. CSW se limitó a repetir los tres mensajes que le habían grabado a fuego sus letrados: que su intención fue la de «buscar un trabajo digno a Iñaki»; que la Fundación Laureus era una entidad perfectamente honorable con la que ella había colaborado entre 2005 y 2008 a través de un viejo amigo, y que su relación con el rey de España podía ser descrita como de «entrañable amistad».

Menuda expresión complicada. Con el cierre del periódico el sábado noche en el cuello, encontrarla me costó bastante. CSW hizo enorme hincapié en que el término «*endearing*» debía ser traducido al castellano de una manera que denotara cariño pero sin connotaciones sexuales. Al final, Pedro J. transportó uno de sus voluminosos diccionarios al despacho de Victoria Prego, donde yo me había instalado ese fin de semana, y lo señaló con el dedo. No había tiempo para seguir indagando.

Es cierto que la *salida del armario* de CSW se debió a su temor a verse implicada en la «investigación criminal» en curso, algo que en el mundo anglosajón se toma con mucha seriedad. Es verdad también que CSW se descompuso cuando se imaginó descendiendo por el *humilladero*, que es el apodo que dieron en Zarzuela al trozo de calle por el que hay que bajar para entrar en los juzgados de Palma de Mallorca. Esa imagen podía ser letal para su reputación y para sus negocios.

Pero no hay que olvidar que detrás de ese miedo además había motivos íntimos y psicológicos, quizá un deseo de recordarles a los que la habían herido en su orgullo que ella también podía herir. Tardé meses en construir un puzle al que le faltaban las dos grandes piezas que venían antes de los correos de Torres. Esos emails agotaron la ya deteriorada paciencia de CSW y la llevaron a embarcarse en una gira mediática que inició en el *El Mundo* y que concluyó en el *Paris Match* después de pasar por el *¡Hola!* Pero llovía sobre mojado.

«Yo no voy a atacar a nadie, pero tampoco voy a dejar que lo hagan conmigo», me aseguró en la segunda entrevista, el lunes 25, en referencia velada a la primera agresión que sintió el miércoles 18 de abril de 2012 cuando Juan Carlos I se presentó ante los españoles como un hombre que había comprendido el error cometido. ¿Por qué dijo lo siento? ¿Por haber ido a matar elefantes? ¿Por haberlo hecho en una semana particularmente difícil para España? ¿Por haberse entregado al lujo y la diversión en medio de una grave crisis económica?

CSW siempre entendió que pidió perdón «por ella». Además, hubo otro gesto hiriente. El sábado 14 de abril, después de la pesadilla de devolver a España al monarca seriamente herido, captó con disgusto la prisa con la que se la despidió, a ella, a su hijo y a Adkins. «Las decisiones las tomaron otros —señalan fuentes conocedoras de lo sucedido—. Si por ella hubiera sido, se habría quedado en el hospital».

CSW está de acuerdo: «En ese momento, si me hubiera necesitado, yo me habría quedado a reconfortarlo. Me da igual lo que hubiera dicho la prensa. Él estaba aterrorizado». Su impresión de haber sido *expulsada* de España, después de haber hecho el gran favor de transportar al rey a Madrid a la mayor brevedad posible y a pesar de las dificultades, no iba desencaminada. Tiempo después, un alto cargo español se jactó ante un grupo de periodistas de haberle devuelto «hasta el cepillo de dientes», por lo que sentenció: «Esta ya no vuelve por aquí».

Antaño, cuando las cosas iban bien, a CSW la llevaban y traían del aeropuerto de Torrejón de Ardoz con la mayor discreción coches oficiales. Todo eran facilidades. Cuando las cosas se torcieron, cajas destempladas.

Pero la tercera agresión y la que más hirió sus sentimientos ocurrió en junio de 2012 en el hotel Connaught de Londres donde vivía mientras dejaban lista su casa en el otoño de 2013. Allí, en la *suite* que convirtió en su hogar en la capital británica, CSW recibió una singular visita procedente de España: la del general Félix Sanz Roldán, director del Centro Nacional de Inteligencia (CNI) desde el verano de 2009. Un día de junio se presentó en Londres a desayunar con ella en su *suite*.

The General, como es conocido por otros servicios de inteligencia extranjeros, fue enviado por el Gobierno de España a cumplir una misión: cortocircuitar a la mujer que se había convertido en una potencial amenaza para la estabilidad de España. «Me dijo que tenía sobre mis hombros la responsabilidad de cuarenta y cinco millones de españoles», recuerda CSW, a la que nunca explicó claramente lo que quería de ella más allá de su «discreción» para evitarle problemas «a ella y a su familia».

Sanz Roldán, de setenta años recién cumplidos, es un hombre listo, simpático y llano. Nacido en Uclés (Cuenca), le gusta decir que su mayor orgullo es cumplir en septiembre de 2015 más de medio siglo de servicio a la patria. Bienhumorado, se enorgullece también de ser el primer jefe de los servicios secretos de la democracia que ha intentado «acercar el CNI a la sociedad». Así se lo contó al menos a John Sawers, el exjefe del MI6 británico, cuando este le preguntó en su estreno por su objetivo inmediato.

El actual *guardián de los secret*os ha traído estabilidad al centro. Reemplazó en el cargo a Alberto Saiz, el hombre de José Bono que dimitió tras desvelar *El Mundo* que usó fondos públicos para fines privados en viajes de trabajo, y a otros cuatro jefes que se sucedieron en el centro desde la larga y polémica gestión de Emilio Manglano (1981-1995), que también dimitió tras el escándalo de las escuchas masivas desveladas asimismo por *El Mundo*.

El general Sanz Roldán, que va camino de convertirse en el jefe de los espías que más años ha estado en el cargo después de Manglano, fue renovado en 2014 y podría ocuparlo hasta 2019. Es también el más político: tras la victoria del PP en 2011, el CNI fue adscrito a la vicepresidencia del Gobierno en vez de al Ministerio de Defensa. Su jefa directa, la vicepresidenta Soraya Sáenz de Santamaría, requiere una paleta de información mayor que un ministro de Defensa. Ahí radican también las acusaciones, algunas formuladas por la propia CSW, que lo asemejan al controvertido

J. Edgar Hoover del FBI, el famoso personaje llevado al cine y que consiguió manejar dosieres comprometidos de numerosas figuras públicas.

El general repite a quien lo quiera oír que el actual CNI, democrático y profesional, está limitado por la ley y solo puede hacer «lo que le pide el Gobierno». Así, que fueron «labores de inteligencia» lo que estaba haciendo en el desayuno de junio de 2012 en el Connaught. CSW no lo ve así, y ella mantiene que un jefe de los servicios secretos «no está para eso», y que si fue a verla a Londres lo hizo con la luz verde de Juan Carlos I. CSW, una mujer orgullosa y con un alto sentido de sí misma, se sintió tratada como «Marta [Gayá] o como Bárbara [Rey]», dos examantes del monarca que, según ella, fueron *neutralizadas* por los servicios secretos.

En un país tan politizado como España, pocos entendieron que el PP mantuviera tras su llegada al general Sanz Roldán, que había sido nombrado, al fin y al cabo, por el PSOE. La explicación que se buscó, y que yo no he podido confirmar, es que contaba «con la protección del rey». Esta especial relación con el monarca puede radicar en su calidad de soldado. En realidad, Sanz Roldán es general de ejército con cuatro estrellas, el máximo grado al que puede aspirar un militar en España.

También se alude a ese manto protector de Juan Carlos I, o a la ausencia de él, sobre la sustitución de Javier Monzón por Fernando Abril-Martorell en la cúpula de Indra en enero de 2015 tras veintidós años de gestión. Según fuentes diplomáticas extranjeras, si hay dos empresarios que se «ocuparon de atender» a CSW durante su relación con el rey de España, esos fueron Juan Miguel Villar Mir —presidente de OHL, nombrado marqués de Villar Mir por el monarca en 2011— y Monzón.

En el caso del general Sanz Roldán, CSW le atribuye también estar detrás de los extraños *guardaespaldas* rusos e irlandeses que aparecieron en su casa de Montecarlo después del encuentro en Londres. «Estaban subcontratados, y el Ministerio del Interior de Mónaco los echó —me explicó—. Teóricamente, su misión era protegerme y quitar micrófonos de mi casa y mi oficina. Pero a lo que venían era a espiarme y a colocarme micrófonos». No obstante, desde el CNI se mantiene que el centro no tiene capacidad legal para subcontratar a mercenarios para llevar a cabo un determinado trabajo en el extranjero.

Lo cierto es que CSW nunca le perdonó al general Sanz Roldán estas supuestas maniobras contra ella. Aun así, en las navidades del 2012, este recibió un simpático regalo en la sede del CNI en Madrid que solo podía venir de un sitio: era una botella de champán con una etiqueta en la que figuraba el número 007.

Pero, claro está, el elemento determinante para hacerle hablar conmigo fueron los correos de Torres. La primera tanda, publicada a todo trapo en *El Mundo*, el 11 de enero de 2013, dio al traste con el viaje del rey a Abu Dabi, lo que enfureció a CSW, según veremos en el siguiente capítulo. La segunda tanda, el 16 de febrero de 2013, la puso mirando hacia el *humilladero*, el juzgado de Palma. Eso lo comprendió cuando, al quejarse de la poca ayuda que estaba recibiendo de Zarzuela en comparación con la asistencia que estaban procurando a la infanta Cristina, el rey le espetó: «*Blood is thicker than water*». La sangre es más espesa que el agua.

Entre ambas tandas, el 30 de enero, el juez Castro había imputado a Carlos García Revenga, el asesor de las infantas Elena y Cristina. Esto hizo temer a CSW que ella fuera la siguiente imputada.

Como Urdangarin tenía que declarar por segunda vez el fin de semana del 23 al 24 de febrero, CSW quiso esperar a que él hablara ante el juez Castro antes de desvelar el contenido de todos los correos que se había intercambiado con él, porque Torres solo entregó unos cuantos para emponzoñar el caso.

Así, para que el lunes 25 de febrero *El Mundo* pudiera mostrar la totalidad de los emails que Urdangarin dijo al juez «no recordar», me tocó volver a verla, esta vez en Londres. Allí está la sede de Schillings, el prestigioso despacho de abogados que la asiste desde el escándalo de Botsuana. CSW quería estar segura de que, desde el punto de vista legal, nada de lo que dijera pudiera llamar la atención del juez Castro, sino todo lo contrario.

Yo ignoraba todo esto cuando me senté con ella por primera vez en el restaurante mal iluminado del Metropole. Tras cinco horas de charla, me estaba cayendo de sueño. CSW, despierta y fresca como una lechuga, me convocó al día siguiente en su casa en Montecarlo para seguir trabajando. Cuando llegué a mi habitación, casi a las dos de la madrugada, la cabeza me daba vueltas. Aún tenía que poner en orden las notas antes de caer rendida, pasadas las cuatro de la mañana, en una de las camas más confortables del mundo.

Por la mañana, en el piso trece de un bloque de diecinueve plantas frente al Mediterráneo, me refrescó la maravillosa vista: el mar, azul e infinito, ayuda al visitante a contrarrestar la sensación de claustrofobia que produce esta ciudad-roca tan llena de construcciones que no hay sitio para un Rolls Royce más.

Después del primer *round* de cinco horas de la noche anterior, dispusimos de toda la mañana del jueves 21 hasta que llegó el momento de regresar al aeropuerto. En su pequeño y luminoso apartamento de la avenida Princesa Grace, me atendió rodeada de carpetas de trabajo con el pelo recogido, la cara lavada, unos vaqueros, un suéter y unas bailarinas. Me pareció aún más delgada y mona que la noche anterior.

Desde entonces y hasta ahora, la regla siempre ha sido la misma: se toman notas, pero no se graba ni se fotografía, igual que en las reuniones informativas de Zarzuela. CSW es muy consciente del valor de su imagen y controla milimétricamente todo lo que ocurre a su alrededor. Las imágenes públicas se producen por y para algo. Así como su casa de Montecarlo está llena de fotos, en Londres no hay ninguna. En Mónaco me fijé en unas hermosísimas de ella, con el pelo mojado, nadando con delfines; en otra de su padre con el rey Juan Carlos, y de una serie en blanco y negro, antiguas, en las que se veía al joven príncipe Juan Carlos de Borbón hombro con hombro en Estoril con el abuelo de su hijo, Alexander zu Sayn-Wittgenstein. Ese ambiente familiar fotográfico que parecía reinar en Montecarlo no se correspondía en absoluto con el tratamiento que recibió CSW en Zarzuela cuando el caso Nóos arreció.

Después de hablar con ella y otros confidentes pude constatar esa sospecha inicial: CSW «exigió» que se emitiese un comunicado oficial desde la Casa del Rey liberándola a ella de toda culpa en el caso Nóos. Algo impensable e imposible en condiciones normales, pero suicida en esos momentos para una institución que se encontraba desbordada por los acontecimientos. «Habríamos terminado todos contaminados como Margallo», me dijeron mis fuentes en referencia a los encuentros que el ministro de Asuntos Exteriores mantuvo con CSW en Madrid en noviembre y en diciembre de 2012, apenas siete meses después del escándalo de Botsuana.

Spottorno ofreció todo su apoyo a Ayuso cuando este tuvo que pronunciar una frase, cuando menos, difícil: «Yo trabajo para la jefatura del Estado, y Corinna zu Sayn-Wittgenstein no pertenece a la jefatura del Estado».

Tres días más tarde, el domingo 24 de febrero, me encontré de nuevo en otro hotel espléndido, el Connaught, en otra ciudad de millonarios, Londres, sin tiempo para disfrutarlo y escribiendo a contrarreloj sobre las andanzas de la mujer que traía de cabeza a España. Esa es la suerte del periodista.

Había tomado un vuelo muy temprano al aeropuerto de Heathrow, donde me esperaba un conductor de CSW que me llevó directamente a las oficinas de Schillings, junto al Museo Británico. El calor del despacho, con una entrada acogedora como solo puede serlo en Londres, no engaña: Schillings es uno de los bufetes más potentes del mundo en cuanto a cuidado de reputación, difamación y seguridad en tecnología.

Hago un inciso: un mes después de estar allí, volví a tener noticias de ellos porque, incomprensiblemente, alguien intentó ayudar a Juan Carlos I filtrando información económica confidencial sobre CSW a un determinado periodista. Puedo asegurar que los letrados de Schillings son excelentes, que actúan con una rapidez inusitada y que CSW está en muy buenas manos. Aunque cuando, por segunda vez, la misma fuente volvió a diseminar la misma información sobre CSW, en febrero de 2015, Schillings no actuó. El tiempo lo cura todo.

Una vez sentada en el bufete con CSW y con uno de sus representantes, surgieron sobre la mesa los famosos correos: estaban perfectamente ordenados, grapados y diseccionados. Para completar lo publicado en España, se adjuntaron los que Torres había olvidado, perdido o simplemente evitado. Así fue apareciendo, papel a papel, el esquema de la relación de CSW y de Iñaki Urdangarin, esa que el duque de Palma había olvidado por completo mientras declaraba ante el juez Castro. El eslabón perdido entre Urdangarin y CSW era, naturalmente, el rey. Quizá eso ayude a explicar la amnesia en la que incurrió el duque de Palma.

Poca gente olvidaría el ingreso en su cuenta bancaria de cincuenta mil euros en concepto de *start-up fee*, pago inicial en concepto de tarifa, por trabajar en una compañía en la que finalmente uno decide no hacerlo. Pero ese fue el caso de Urdangarin, quien recibió ese dinero solo por estudiar el establecimiento en España de la Fundación Laureus, con una participación comercial en esta fundación deportiva que le permitiría cobrar un mínimo de doscientos mil euros anuales. Pero, tras nueve meses de contacto con CSW, en febrero de 2005, Urdangarin declinó la oferta aduciendo dificultades debido a su pertenencia a la Casa Real. La Fundación Laureus España se constituyó finalmente en 2006 bajo la presidencia de Juan Antonio Samaranch júnior. Actualmente está en Barcelona y la dirige el empresario Gabriel Masfurroll.

Esto que parece tan sencillo de explicar nos tomó la mañana entera en la sede de Schillings. De ahí fuimos al Connaught, que está en el corazón del *universo Corinna* en Londres: Mayfair y no lejos de Belgravia. Por aquel tiempo, aún vivía en una suite de este hotel porque su lujoso apartamento de Belgravia estaba siendo reformado. El Connaught, en Carlos Place, es una casa señorial construida en 1897 donde se prohíben los pantalones vaqueros y las reuniones de trabajo, y los móviles no son bienvenidos. Todo en él es discreto y fantástico: la recepción, pequeña y acogedora; el servicio; los paneles de madera; el silencio; las habitaciones, normalmente difíciles de encontrar porque suelen estar ocupadas por miembros de la realeza y de la aristocracia internacional. Las vacantes irán a manos de la *landed gentry*, esa clase social única en el Reino Unido y que viene a ser en España algo así como un terrateniente rico por su casa y con dificultades manifiestas para hablar con normalidad. El sello que exhibe el Connaught en los box de entrada lo explica todo: *Placere placet*, «Nuestro mayor placer es dar placer».

A finales de 2007 y principios de 2008, CSW decidió trasladarse a Montecarlo por motivos fiscales, y allí tiene que vivir ahora ciento veinte días al año. Su hija mayor, Nastassia, se ha graduado en la Universidad de Columbia, en Nueva York, como su padre, Philip, hace más de treinta años. Su hijo pequeño, Alexander, está interno en Oxford. *Home is where she is*, «el hogar está donde ella está», pero en Manhattan recurre a otro grandioso hotel: The Mark, que es curiosamente donde suelen quedarse la reina doña Sofía, José María Aznar y, últimamente, Mariano Rajoy con la delegación española cuando acude a la Asamblea General de la ONU en septiembre.

Londres es hoy territorio tomado por los UHNWIs (*Ultra High Net Worth Individuals*), esos individuos ultrarricos cuyas fortunas superan los treinta millones de dólares y que en la última década la han transformado en la ciudad más global e imposiblemente cara del mundo. El año pasado, rusos, árabes y asiáticos adquirieron tres cuartas partes de las casas que se vendían en el centro de la capital. Los ricos del siglo XXI —jeques, oligarcas (de Rusia y China principalmente), *geeks* (expertos en tecnología de Silicon Valley) y banqueros (el famoso *European Trust*)— están todos en la capital del Támesis. Este es el epicentro del *territorio Corinna*, cuyo estilo de vida incluye cochazo con conductor, aviones privados y colegios internos que pueden aproximarse a los trescientos mil euros anuales (excursiones y clases de música incluidas): «Me pagan muy bien por el trabajo que hago. Tengo buenos clientes y contratos enormes. Por eso tengo que cuidar tanto la confianza y la reputación».

Una cosa es defenderse y otra cosa es ser desleal a la Casa Real española. CSW sabe muy bien que su defensa y la protección de la corona española tienen que ir juntas. Durante la entrevista lo dejó claro. «Si alguien quiere utilizarme contra la familia real que no cuente conmigo», titulamos a cinco columnas el lunes 25 de febrero.

Pero ese equilibrio que quiso guardar entre interés personal y defensa de la monarquía española no le hizo estar menos segura de su fuerza: «Yo no soy una súbdita. Soy extranjera y soy libre.

Puedo hacer lo que quiera». Eso me quedó claro cuando *El Mundo* ya había publicado la segunda entrevista, y CSW y yo estábamos desayunando en su *suite* del Connaught. Entonces recibió un mensaje en su móvil que resumía lo que Juan Carlos I pensaba de ella: «*You are very brave*». «Eres muy valiente».

Me marché de Londres sin saber que ese mismo día, CSW pondría en marcha el reportaje en *¡Hola!* con su buen amigo Eduardo Sánchez Pérez: una dramática portada sobre fondo negro ocupada solo y exclusivamente por ella, de negro también, mostrando una espectacular pulsera de diamantes. Seis páginas de imágenes realizadas, al igual que las de la entrevista de *El Mundo*, por su amiga Vanessa von Zitzewitz, la tercera esposa de Juan Villalonga.

El reportaje de *¡Hola!* coincidió con el de *Paris Match*, que le negó sin embargo la portada: «Escándalos, corrupción, infidelidades. Juan Carlos, el rey en la tormenta. El país en crisis se indigna. Letizia y Felipe, la esperanza de España». De CSW, ni una mención. En las páginas interiores, ella declaraba que compartía una «profunda amistad» con Juan Carlos I: «Es un hombre carismático, muy humano, muy próximo».

Pero solo en *El Mundo* pronunció CSW la frase que tres semanas después llevaría al general Sanz Roldán a dar explicaciones (o a no darlas) ante el Congreso de los Diputados: «La colaboración que he prestado al Gobierno español, cuando se me ha pedido, ha sido siempre delicada, confidencial. Son asuntos clasificados, situaciones puntuales que he ayudado a solucionar por el bien del país».

Los españoles no daban crédito. ¿Una mujer extranjera haciendo de Mata Hari para el Gobierno español? CSW se negó a elaborar *on the record* en qué habían consistido esos encargos. Obviamente, los había hecho para el rey a instancias del rey. Tampoco los responsables políticos querían decirlo así de claro, de modo que la madeja se fue complicando hasta que el general fue enviado al Congreso para apaciguar a la clase política y dar una sensación de un cierto control. De nuevo le tocó a Sanz Roldán «bailar con la más fea», como afirman fuentes cercanas al PP: «No en balde uno atesora tanto poder».

De no publicar nada sobre ella, los medios españoles pasaron a rellenar páginas y páginas, algunas ciertas y otras no: supimos que los escoltas la llamaban Ingrid, que tenía casa en el monte de El Pardo, que hacía gestiones en Madrid y que de milagro no se metió en la sala de estar de todos los españoles. La puesta de largo de CSW en los medios causó el mismo efecto en Zarzuela que un elefante en una cacharrería. Lo peor, sin duda, su disfraz de *chica Bond* que dejaba al Ejecutivo español a los pies de los caballos.

Independiente y atractiva, CSW se sobrepuso en unos meses al acoso mediático. Acostumbrada a tener una enorme dosis de influencia sobre la vida en Zarzuela, la negativa de los *hombres de gris* a ayudarla acabó provocando más problemas de los que quisieron evitar. Pasado el tiempo, acabada la relación sentimental con Juan Carlos I, ella lo vio así: «*When I first stepped into the limelight it was great, but then I got burnt*», «Al principio, cuando me puse en el candelero, fue fantástico, pero después me quemé».

CSW se salió con la suya. El 16 de octubre de 2013, ocho meses después de aquella inocente llamada que yo hice, el juez Castro rechazó imputarla. Pero a esas alturas, su irrupción pública ya había hecho un daño irreparable a la imagen del rey.

Capítulo 8

ALFOMBRA ROJA

«Eran gente descuidada, Tom y Daisy, machacaron cosas y criaturas y después se retiraron en su dinero o en su gran descuido o en lo que fuera que los mantuviera unidos y dejaron que otros recogieran los platos rotos».
F. SCOTT FITZGERALD, *El gran Gatsby*, 1925

Domingo, 17 de febrero de 2008, San Petersburgo.

Hagamos un poco de historia para tratar de explicar algunos negocios.

Hace siete años, Arturo Fernández, antiguo rey del *catering* y de los empresarios madrileños, celebró su sesenta y tres cumpleaños como un auténtico zar: se rodeó de lujo cosmopolita en San Petersburgo, la antigua capital imperial de Rusia, y apagó las velas junto al presidente Vladimir Putin.

¿Cómo contó Fernández con la presencia ese día tan señalado de Vladimir Vladimirovich Putin, amo y señor de Rusia desde hace quince años? Gracias a Corinna zu Sayn-Wittgenstein, que entre 2005 y 2008 tuvo un gran éxito como organizadora de los Premios Laureus, los *óscar del deporte.* Putin acudió al cumpleaños de Fernández porque al día siguiente iba a presidir la gala de los premios, tal como había hecho los dos años anteriores en Barcelona su buen amigo Juan Carlos I. Durante esos tres años, menos la reina Sofía, la familia real española al completo contribuyó de alguna manera a hacer más mullida la alfombra roja que CSW necesitó pisar para lanzarse al lucrativo mundo de los negocios internacionales. En puridad, la familia real debió de pensar que estaba ayudando a uno de sus miembros, Iñaki Urdangarin, al mismo tiempo que apoyaba una buena causa deportiva.

Laureus, derivado del vocablo laurel (victoria), tiene tres patas: la Fundación Sports for Good, la Academia y los *Awards* (Premios). La Fundación cuenta con unos ochenta proyectos repartidos por todo el planeta, donde ayuda a través del deporte a un millón de niños y jóvenes desfavorecidos. La Academia agrupa a cuarenta y seis leyendas del deporte presididas por la histórica figura del exatleta afroamericano Edwin Moses. Los premios, los galardones deportivos más prestigiosos, se entregan cada año a lo largo de una gala retransmitida en un centenar de países y seguida por más de mil millones de personas.

Las dos empresas patrocinadoras que los financian desde sus inicios son Richemont, a través de su marca de relojes de lujo IWC Schaffhausen, y Daimler, a través de Mercedes-Benz. Recientemente se ha unido a ellos Vodafone. La idea partió en 1999 del multimillonario Johan Rupert, dueño del mayor conglomerado de lujo del mundo, la Compañía Financiera Richemont —que engloba a Cartier, Montblanc y Jaeger-LeCoultre, entre otras muchas marcas—. Rupert, que es sudafricano, se inspiró en Nelson Mandela para hacer suyo el lema de que se puede «cambiar el mundo a través del deporte». Hasta aquí, todo son buenas noticias y causas benéficas.

El problema de Laureus en España surgió cuando CSW decidió, a instancias del rey Juan Carlos, ayudar a Iñaki Urdangarin «a buscar un empleo digno», según me contó ella misma. A partir de ahí, el nombre de Laureus se vio arrastrado por el fango hasta hoy, en que sigue siendo visto con sospecha en nuestro país, no así en el resto del mundo.

Conseguir la información exacta es difícil porque Laureus intenta evitar ahora cualquier contacto con aquellos años y aquellos nombres. Igualmente, algunos de sus protagonistas —en concreto los miembros de la familia real que altruistamente colaboraron con ellos asistiendo a los premios en Lisboa, en 2005, y Barcelona, en 2006— se lo pensarían hoy dos veces antes de repetir.

Como tantas situaciones que rodean a CSW, en estos premios también hay una especie de *amnesia colectiva* posiblemente porque los Laureus constituyeron la «plataforma de salida» de la pareja de Juan Carlos I en España como consultora estratégica global, ayudante personal, relaciones públicas de altura, mediadora de buenos oficios o asistente del «especialísimo embajador» que fue el exmonarca, en palabras, publicadas, de Juan González-Cebrián, exjefe de prensa de la Casa del Rey y empleado de OHL desde 2009: «El rey abre relaciones como especialísimo embajador de España que es, y luego son las empresas las que hacen su trabajo».

Durante algo más de un año, entre 2004 y 2005, CSW compaginó su labor de intermediaria en los Laureus con su trabajo como organizadora de cacerías para la armería británica Boss. Los correos electrónicos intercambiados entre ella, Urdangarin, dos altos cargos de Laureus —Guy Sanan e Iain Banner— y Nacho Díaz —de Fasttrack Agency, Madrid, empresa organizadora de eventos— así lo demuestran: al tiempo que organizaba una cacería de faisanes en Escocia, sugería a Iñaki Urdangarin que acudiera también para pulir los contactos sobre su futuro fichaje por Laureus, mientras que Nacho Díaz, su contacto en España, pensaba en que Urdangarin podía invitar a Escocia a gente de Telefónica, Repsol, BSCH, El Corte Inglés, Iberdrola y Endesa como potenciales patrocinadores de los premios. Todo un círculo de relaciones, obras de caridad, deporte e ingresos que inevitablemente nos retrotrae a lo que el duque de Palma estaba haciendo en España con el Instituto Nóos. Por eso sorprende la resistencia de la que actualmente hace gala Laureus para limpiar adecuadamente su nombre, no solo en nuestro país sino a nivel mundial.

Me he puesto en contacto en varias ocasiones con Laureus en Londres, Madrid y Barcelona para esclarecer la relación que tuvieron con CSW en esos años. Su respuesta: «Están muy ocupados preparando los premios de este año».

Gracias a los correos filtrados por Torres, los españoles tuvimos acceso a un *micromundo* que provocó enorme rechazo: el yerno del rey fue invitado a una cacería el 18 de noviembre de 2004 al bellísimo lago Lomond, en el corazón de Escocia, para cazar faisanes pero sobre todo para *rozarse los hombros*, según improvisada traducción de la expresión inglesa «*rubbing shoulders*», con gente *importante* como el propio Sanan —el director ejecutivo británico de Laureus Limited y *número dos* de la compañía financiera Richemont, el gigante del lujo propiedad de Johan Rupert—, José Luis López-Schümmer —entonces alto ejecutivo de Mercedes Benz, pues el presidente en España, Carlos Espinosa de los Monteros, actual alto comisionado para la Marca España (ACME) del Ministerio de Asuntos Exteriores, nunca recibió la invitación—, el multimillonario rumano Ion Tiriac —polémico gestor de la Caja Mágica de Madrid— o el ciclista español Miguel Indurain, que es miembro de la Academia Laureus.

También a través de los correos entregados al juez Castro supimos que los encuentros de Urdangarin con CSW en Londres en junio y diciembre de 2004 sirvieron para un recado que el duque de Palma tenía que hacerle a su suegro: CSW le presentó a Robin Woodhead, consejero delegado de Sotheby's en la capital británica, y este se encargó de subastar algunos objetos de don Juan Carlos.

No hay ninguna duda de que todo esto es perfectamente legal: de la misma manera que lo fue el viaje de novios de los príncipes de Asturias y el intento de CSW de buscarle un trabajo al duque de Palma. Detrás de la Fundación Laureus hay efectivamente una buena causa.

Pero, ¿cómo llegó CSW a Laureus? Cuando la entrevisté por primera vez, ella calificó a Rupert de «hijo de un amigo» de su padre. En otra ocasión, más tarde, añadió que Rupert fue el que descubrió su valía como «mujer de negocios». Lo hizo, según su relato y como ya he contado en este libro, al verla en directo trabajando para la competencia en la época de las cacerías, cuando ella era directora gerente de Boss y Rupert acudía a eventos como dueño de Purdey & Sons, la gran competidora de Boss.

En uno de los correos electrónicos que sus abogados me mostraron en Londres, podemos leer que, el 29 de septiembre de 2004, el británico Sanan —Laureus Limited y Richemont— le explica al español Díaz —Fasttrack— con copia a CSW lo siguiente: «*Confirm importance of Royal's Family involvement in 2005 Awards in Lisbon. (Obviuosly this should increase Spanish media attention significantly and promote Laureus in Spain, an essential part of this will be securing TVE as a media and broadcast partner)*». «Confirmar la importancia de la participación de la familia real en los premios 2005 en Lisboa. Obviamente, esta debería aumentar significativamente la atención de los medios de comunicación españoles y una parte esencial será asegurarse TVE como socio audiovisual».

Del contexto de este y otros emails se desprende que Laureus Limited, la empresa comercial que pagaba a CSW por su trabajo como colaboradora en la organización de los eventos de 2004, 2005, 2006, 2007 y 2008 estaba dispuesta a contratar a Urdangarin como director ejecutivo de la Fundación Laureus España (aún sin constituir) y a pagarle cincuenta mil euros por su trabajo preliminar —algo que hicieron después de que el duque de Palma enviara su cuenta bancaria a CSW.

Sanan *exige* suavemente que la familia real española esté presente en Lisboa en 2005 a cambio del contrato a Urdangarin que se le enviará, dice, a.s.a.p. (*as soon as possible*, tan pronto como sea posible). Dicho y hecho. El 16 de mayo de 2005 acudieron al casino de Estoril para la gran gala de los premios Laureus Juan Carlos I, la infanta Elena, Jaime de Marichalar, Iñaki Urdangarin y la infanta Pilar de Borbón, cinco miembros de la antigua familia real.

A Lisboa acudió también para esa gala el presidente de la Generalitat Valenciana, Francisco Camps, que según los medios aspiraba a que «las próximas ediciones de los galardones del deporte se celebraran en Valencia». Sanan, Díaz y CSW, por su parte, habían asistido al Valencia Summit del Instituto Nóos celebrado en la capital del Turia en octubre de 2004.

El 9 de febrero de 2005, el duque de Palma rechazó formalmente la oferta de trabajo que CSW le gestionó entre junio de 2004 y febrero de 2005 como director ejecutivo de Laureus España con un sueldo de doscientos mil euros al año. A pesar del rechazo, Urdangarin dejó la puerta abierta a futuras colaboraciones como asesor y se aseguró la presencia de esos cinco miembros de la familia real en Lisboa.

En mayo de 2005, además de asistir a la gala del lunes 16 por la noche como espectador de lujo junto a sus yernos, su hija mayor y su hermana doña Pilar, el rey estuvo todo el fin de semana en Cascais dejándose ver en los aledaños de los actos. Aunque hubo muchas *celebrities* en la gala, CSW puso la guinda consiguiendo que fueran dos *royals*: Juan Carlos I y el príncipe Alberto de Mónaco, ambos solos. De esta forma, el rey de España pasó el fin de semana «en viaje privado», entre el trabajo y el placer.

El sábado por la noche, don Juan Carlos cenó con destacados deportistas como Miguel Indurain y Arantxa Sánchez Vicario. El domingo, acudió a la Marina de Cascais a saludar a los participantes en la regata Laureus junto a sus sobrinos Beltrán y Simoneta Gómez-Acebo, hijos de doña Pilar.

El lunes 16, llegó a la gala acompañado por la primera dama de Portugal, María José Ritta, con la que pasó la velada de tres horas junto a la infanta Elena, sus dos yernos y CSW. En esa ocasión, los grandes premiados fueron los jugadores de la selección nacional de fútbol de Grecia.

Al año siguiente, en vez de a Valencia, como pretendía Camps, CSW ejerció de pieza fundamental para llevar los premios a Barcelona. La gala del lunes 22 de mayo de 2006 en el Parc del Fòrum fue presidida por Juan Carlos I ante la presencia de la infanta Cristina e Iñaki Urdangarin. Los príncipes de Asturias, don Felipe y doña Letizia, acudieron a la cena en la casa Batlló el sábado 20 de mayo pero no a la gala del lunes porque ese día, segundo aniversario de su boda, tenían un acto en Fuenlabrada (Madrid).

En la cena de gala del sábado, servida por El Bulli de Ferrán Adriá, estuvieron presentes deportistas y políticos, entre ellos, el fallecido Severiano Ballesteros, Boris Becker, Sergei Bubka, Bobby Charlton, de nuevo Miguel Indurain, Michael Johnson, Monica Seles, Alberto Tomba, el alcalde de Barcelona, Joan Clos, el expresidente del Comité Olímpico Internacional, Juan Antonio Samaranch, y el presidente de la Generalitat, José Montilla. Según las crónicas de ese día, doña Letizia estaba «espectacular» con un vestido de tirantes de lentejuelas, mientras que de doña Cristina solo decían que llevaba «un traje beis».

También acudieron, para gran regocijo de la gente que se los cruzó por el paseo de Gracia, los actores Morgan Freeman y Cuba Gooding Jr. y la «mujer desesperada» Teri Hatcher, los tres en calidad de presentadores de la gala.

El presidente de la Academia, el doble campeón olímpico Edwin Moses, destacó que eligieron Barcelona por considerarla «el lugar ideal para los premios Laureus, no solo por su vinculación al mundo del deporte, sino por su atractivo como una de las ciudades de moda del momento». La edición de 2006 fue un gran éxito. La *gente de Londres* para la que trabajaba CSW estaba encantada. El superpremiado en Barcelona 2006 fue el tenista Roger Federer, pero ya empezaba a despuntar Rafa Nadal, que se llevó el galardón al «recién llegado».

Urdangarin, a pesar de que ya habían salido algunas informaciones sobre las facturas hinchadas de Valencia y Baleares, era aún un *golden boy*, chico de oro, del deporte y la realeza. Actualmente, sin embargo, todas las fotografías de la pareja Urdangarin-Borbón junto a CSW han desaparecido por completo de los archivos, presumiblemente borradas por la empresa que fue contratada por CSW y por Laureus tras el escándalo de Botsuana. Tampoco hay ni rastro del duque de Palma y de CSW en la edición de 2005.

Pero claro que CSW estuvo allí. Un alto ejecutivo español que cenó con ella en la misma mesa recuerda que se la presentaron, que no sabía quién era y que pensó que venía «de invitada» junto al resto de los alemanes, pues se comunicaba en este idioma con ellos. El ejecutivo, muy relacionado con una de las empresas patrocinadoras de la Fundación Laureus en España, dice que nunca supo que trabajaba como embajadora para ellos o que le había ofrecido un trabajo a Urdangarin hasta que lo leyó en *El Mundo* en 2013.

Al año siguiente, Barcelona 2007 fue no obstante otro gran éxito, atribuible en gran parte a CSW: los premios fueron entregados en el Palau de Sant Jordi el martes 2 de abril en un acto presidido de nuevo por Juan Carlos I, que esta vez acudió sin ningún familiar. ¿No quiso ya ninguno de sus hijos hacerle de escudero o la situación con Urdangarin se había deteriorado demasiado?

Esta vez, Edwin Moses ya no alabó la ciudad de Barcelona como había hecho el año anterior, sino que calificó a Juan Carlos I como «soporte fundamental» de los premios: «El rey Juan Carlos se ha convertido en la figura clave que ha permitido que la fundación se sitúe en otro nivel, tanto en captación de fondos como en reconocimiento e importancia». Acudieron más de ochocientas *celebrities*, como Marc Gasol, Rudy Fernández, la especialista en *kitesurf* Gisela Pulido, el delantero italiano Alessandro del Piero, Iker Casillas, Sergio Ramos, el Kun Agüero, Maxi Rodríguez, de nuevo Morgan Freeman, Eva Longoria, el bailarín Joaquín Cortés, el sevillista Aitor Ocio, el expresidente del Barcelona, Joan Laporta, o el madridista Ramón Calderón. El rey compartió mesa, de nuevo, con el presidente Montilla, y también con el alcalde de Barcelona, Jordi Hereu, así como con el príncipe Alberto de Mónaco, que repitió como en Lisboa. Además de Federer, la superpremiada ese año fue la gimnasta rusa Yelena Isinbáyeba, saltadora de pértiga.

Ahí se acabó la contribución especial y consecutiva durante tres años de Juan Carlos I con los Laureus. La factura la pagó el ayuntamiento de Barcelona: 8,3 millones de euros por las dos ediciones. El contrato con la Fundación Laureus se firmó el 1 de diciembre de 2005, seis meses después de Lisboa. Según *eldiario.es*, el acalde Joan Clos firmó el contrato como representante máximo de Barcelona Servicios Municipales: el ayuntamiento utilizó una de sus empresas públicas para pagar las dos galas. El sentido común establece que CSW, tal como la acusan algunas voces, no pudo llevarse los 8,3 millones de la ciudad de Barcelona, ya que la mayor parte de ese dinero fue destinado a pagar a las personas que durante seis meses estuvieron in situ organizando el evento, al *catering*, los traslados a los aviones privados y comerciales y a los hoteles y un largo etcétera que en buena medida revertió en Barcelona.

La memoria de los que tomaron decisiones en esos años falla. Solo Jordi Menéndez, jefe de gabinete del presidente Montilla, asegura que él, como secretario general de la Presidencia en ese momento, autorizó la subvención de novecientos mil euros que la Generalitat concedió al Ayuntamiento para los Laureus. «Volvería a hacerlo porque fue bueno para Barcelona. Nunca hablé con esa señora y ella nunca pasó por mi despacho».

Tras el éxito con España, CSW posó sus ojos en Rusia. Y, de la misma manera que el rey de España, el presidente Vladimir Putin accedió a presidir los premios de 2008 en San Petersburgo. «Preservar la salud de nuestra nación es para nosotros una cuestión de importancia nacional, nuestra indisputable prioridad», dijo Putin, primorosamente vestido de esmoquin, en su discurso sobre el escenario del histórico Teatro Mariinsky donde por cuarta vez consecutiva Laureus proclamó a Roger Federer Deportista Masculino del Año.

Otro as para CSW, que hasta hoy repite, y no le falta razón, lo «absolutamente excepcional» que fue la presencia de Putin en un acto así, porque el presidente ruso jamás acude a eventos en los que se mezclan el brillo, la amistad global, los *photo calls* y las tarjetas de visita.

En San Petersburgo, con su vestido color berenjena de un solo tirante —en Lisboa iba ataviada de verde esperanza y en Barcelona de rosa palo—, CSW contribuyó a juntar en las galas de los Laureus a los *good & gracious* del deporte, la política y la empresa. Más de mil millones de personas repartidas en todo el mundo vieron por la televisión a Putin hombro con hombro con gigantes como Bernie Ecclestone, Kimi Räikkönen, Svetlana Khorkina, Alina Kabaeva y Anton Sikharulidze (que también son miembros de la Duma), Alexei Nemov o Mika Häkkinen.

Sin embargo, el hombre detrás de todo, Johan Rupert, decidió que en 2009 no se celebrarían los premios con una gala de esas características debido a la crisis internacional. Ese año, coincidió con que los Urdangarin-Borbón se mudaron a Estados Unidos huyendo del escándalo del Instituto Nóos. Desde entonces, ni CSW ni ningún miembro de la familia real española se ha vuelto a dejar ver en la entrega de los llamados Óscar del deporte.

Al parecer, CSW cobró por «organizar parte de los eventos» entre 2004 y 2008. Fundamentalmente por la «captación de patrocinadores» para la Fundación Sports for Good Foundation, y por un «programa especial para los HNWIs» (*High Net Worth Individuals*, o multimillonarios). Laureus no ha querido confirmar este extremo, pero fuentes cercanas a la organización en Londres señalan que por cada patrocinio, CSW obtuvo un 10 por ciento de comisión.

La Fundación Laureus España, cuya primera presidencia recayó sobre Juan Antonio Samaranch júnior, nació precisamente a partir de la gala de Barcelona 2006. Entre los patronos estuvo el omnipresente Arturo Fernández quien, según fuentes solventes, se ofreció «porque se lo pidió su amigo el rey».

Para los críticos de CSW, que son muchos, muy abundantes y muy activos, ese es el principal problema: el uso que hizo de «su amigo entrañable» en su trabajo. Menos son, sin embargo, los que critican al rey por ofrecerle su ayuda con generosidad anteponiéndola a su familia y a su país.

Desde 2011, la Fundación Laureus España ha dado un giro con la presidencia de Gabriel Masfurroll Lacambra, fundador de USP Hospitales, la primera red privada de centros hospitalarios de España. Se trata de una entidad sin ánimo de lucro independiente de la organización de los premios, que se gestionan directamente en Londres. Su directora ejecutiva en España desde 2012, Paula García Villora, hace hincapié en que ella «no acudió» a los controvertidos premios de Barcelona. Su sueldo, además, no tiene «nada que ver» con las abultadas cifras que le llegaron a ofrecer a Urdangarin.

Con sede en Barcelona, la Laureus España no es más que una de las numerosas fundaciones locales que tiene la Fundación Laureus Sport for Good por todo el mundo. Bajo la altruista batuta de Masfurroll ha perdido la mancha de sospecha que le dejó la presencia conjunta de CSW, el rey, Iñaki Urdangarin y la infanta Cristina. Masfurroll cree en lo que hace: uno de sus programas estrella, la Fundación Álex, lleva el nombre de su segundo hijo, que murió a los tres años después de haber nacido con síndrome de Down. Entre sus embajadores se encuentran ahora prestigiosas figuras del deporte como Alex Corretja, Pep Guardiola, Vicente del Bosque o Luis Figo. Todos trabajan por el lema original de Nelson Mandela: «El deporte tiene el poder de cambiar el mundo».

La participación de todos los hijos de don Juan Carlos en los Laureus se produjo antes de que estos supieran que CSW era la pareja oficial de su padre. Ellos solo lo supieron unos meses antes de la operación de pulmón de mayo de 2010. Fue en una cacería en España a la que la infanta Elena acudió con el rey. Allí, un amigo de don Juan Carlos fue especialmente indiscreto al preguntar por CSW delante de la infanta. Dos señoras presentes en esa montería acudieron voluntariamente a ella para contarle con detalle cuál era la naturaleza exacta de la relación de CSW con su padre.

Doña Elena se lo contó a doña Cristina, y ambas pidieron a Carlos García Revenga que fuera a hablar con don Juan Carlos. Este se negó y las hermanas llamaron a don Felipe. A continuación, los tres decidieron decírselo a su padre, lo que complicó sobremanera la relación familiar a partir del año 2010 al mismo nivel que el caso Nóos.

Hasta ese momento, tanto doña Sofía como sus hijos habían estado convencidos de que don Juan Carlos mantenía relaciones esporádicas con distintas mujeres. Para lo que no estaban preparados era para afrontar una relación estable con una mujer instalada en El Pardo y con la que se veía desde hacía seis años.

No obstante, hasta ahora, Estoril, Barcelona y el rico emirato de Abu Dabi han batido el récord de acogida de sus respectivas galas. Pero solo una persona en toda la historia de los Laureus ha presidido en dos ocasiones, y consecutivas, su acto central: Juan Carlos I de España.

Simultáneamente a las galas del deporte, CSW disponía de otras *alfombras voladoras.* Del 2 de febrero de 2006 data una de sus fotos más embarazosas junto a Juan Carlos I: fue tomada en Stuttgart, y en ella se ve al monarca en primera línea junto al entonces presidente regional del estado de Baden-Württemberg, Günther Oettinger, mientras que CSW aparece en la retaguardia pisando la alfombra roja que emerge de un avión oficial de las Fuerzas Aéreas Españolas.

La publicó el diario alemán *Bild Zeitung* la misma semana que el rey salió del hospital tras la caída en Botsuana. El título: «La alemana que pone en peligro el trono de España». Zarzuela intentó frenar el escándalo diciendo que CSW no había viajado a bordo del avión oficial y que se limitó a formar parte del comité de bienvenida que esperaba al rey en Stuttgart. De ese viaje solo se supo en su momento que tenía como destino el castillo de Schöckingen, donde el acaudalado constructor Manfred Osterwald había organizado un banquete para veintiséis personas presidido por CSW y por el duque Carl von Württemberg, cuya segunda hija —Eleonore Fleur Juanita Charlotte Eudoxie Marie-Agnès, nacida en 1977— es ahijada de don Juan Carlos.

Las crónicas de entonces destacaron que al ágape acudió la crema del empresariado alemán, como Dieter Zetsche, de Daimler Chrysler, el sonriente hombre del poblado bigote que a través de Mercedes Benz hace de copatrocinador de los premios Laureus junto a Richemont; Tilman Todenhöfer, de Bosch; Ekkehard Schulz, de Thyssen-Krupp; la poderosa viuda del imperio de medios Liz Mohn, de Bertelsmann o Wulf Bernotat, de EON, enfrascada entonces en la OPA de la eléctrica española Endesa.

En 2010, sin embargo, la prensa alemana destacó los problemas fiscales a los que se enfrentó Osterwald por pasar los gastos de la velada a un organismo que él mismo había creado el verano anterior, llamado Fundación Internacional para la Cultura y el Diálogo. No incluyó Osterwald en la factura las diez limusinas Maybach que puso Daimler para transportar a los ilustres huéspedes desde el aeropuerto de Stuttgart, a unos veinte kilómetros del castillo. Osterwald vive en la mitad de edificio, que él mismo rehabilitó. El resto lo dedica al alquiler de congresos, ferias y seminarios.

Los problemas fiscales de Osterwald distrajeron el relato del festejo en el castillo de Schöckingen. Por eso casi nadie reparó en la presencia allí de dos jóvenes musulmanes de edad similar a la de CSW: el saudí Amr al-Dabbagh y la iraní Shapari Zanganeh. Ambos acudieron allí desde Suiza, directamente del recién clausurado Foro de Davos.

Al-Dabbagh era entonces el gobernador de la SAGIA —Saudi Arabia General Investment Administration, el fondo soberano del Reino del Desierto, con rango de ministerio— y estaba de gira por Europa a la caza de inversiones extranjeras que convirtieran a Arabia Saudí en «uno de los países más competitivos del mundo», según acababa de explicar al *top* de la economía global en el foro económico que cada año se reúne en Suiza.

Al-Dabbagh, educado en Estados Unidos, estuvo al frente de la SAGIA hasta 2012, cuando decidió dejarlo para presidir el imperio empresarial de su familia: Al-Dabbagh Group, uno de los conglomerados más potentes de Oriente Medio, con quince mil empleados en treinta países.

Su amiga, la iraní Shahpari Zanganeh, tres años más joven que CSW, tiene una biografía más colorida que él: nació en Teherán en 1968 en el seno de una familia conocida y acomodada y vivió feliz hasta los once años, pues su madre, Pari Zanganeh, era una célebre cantante de ópera muy querida por el sah de Persia. Pero, en 1972, su progenitora tuvo un accidente que la dejó ciega y, poco después, antes incluso de la revolución de Jomeini en 1979, su padre optó por marcharse al exilio con algunos de sus hijos. La madre, Pari Zanganeh, continúa cantando en Irán, donde la familia se acomodó al nuevo régimen y donde sigue gozando de poder e influencia.

Zanganeh, que se educó junto a su padre en el exilio, se casó a los veintidós años en La Meca con el traficante de armas Adnan Kashoggi, con el que tuvo dos hijos, Kamal y Samiha. Cuando se divorció del octogenario saudí, del que era su tercera esposa, empezó a trabajar para Francia como intermediaria de las grandes empresas que querían abrirse camino en Irán. Por ejemplo, de Total, para la que se supone que orquestó el gigantesco contrato de South Pars, donde se concentra el 10 por ciento del gas del mundo y el 60 por ciento de Irán. Pero el éxito de esa operación se vio ensombrecido a partir de septiembre de 1997 por una doble investigación: por un lado, la del incansable juez francés Philippe Courroye, y por otro la de la justicia americana, que comenzaron a indagar sobre la supuesta corrupción de Total para conseguir ese contrato en Irán.

Quizá por eso, Zanganeh se alejó de Francia, donde tiene casa en la Costa Azul, y empezó a pasar más tiempo en Marbella y a vincularse a empresas españolas. Por su exmarido, con el que mantiene estrechos vínculos familiares, Zanganeh tiene excelentes contactos en Arabia Saudí, donde se mueve con tanta soltura como los famosos hermanos libaneses Futok, intendentes del recién fallecido rey Abdulá.

Es una mujer escurridiza y que suele «entrar y salir del radar», según fuentes conocedoras de sus actividades. En 2007, cuando ya trabajaba para empresas españolas, los servicios secretos franceses y la CIA la situaron en una empresa-pantalla con sede en Suiza a través de la cual el régimen iraní desvió dinero al grupo terrorista libanés Hezbolá. Es la sociedad NICO —Naftiran Intertrade Company—, una rama de la NIOC —National Iranian Oil Company—, intermediaria entre Irán y empresas occidentales como Total, Veolia, y EADS.

CSW conoció a la hermosa iraní en la cena en el castillo de Stuttgart, donde el rey mantuvo una larga conversación con el saudí Al-Dabbagh tras los postres. A lo largo de ese encuentro, el gobernador de la SAGIA lo puso al tanto de su interés en atraer inversiones extranjeras a España.

Dos meses más tarde, el 8 de abril de 2006, los caminos de Stuttgart, Madrid y Riad se cruzaron: Zanganeh y CSW viajaron juntas a bordo del mismo avión de las Fuerzas Aéreas que transportó a los reyes de España en su cuarto viaje oficial a Arabia Saudí. Con ellas iba también otro personaje de los negocios internacionales: Gérard Cohen, apodado Mónaco Gérard porque desde su puesto de presidente y CEO de la banca privada de HSBC de Montecarlo asesoró durante veintidós años a los más exclusivos clientes multimillonarios del principado. El brazo privado de HSBC en Montecarlo es una extensión del suizo, cuyas dudosas prácticas en materia de fiscalidad fueran reveladas por la lista Falciani.

Hago un inciso: con Cohen, un clon del actor francés Louis Funes, acudió cinco años más tarde CSW a la exposición de Ira de Fürstenberg en Gstaad donde compró el cenicero que exhibió el rey el día que anunció su abdicación. Ambos formaron parte también de la corte de honor del príncipe Alberto de Mónaco en su boda con Charlène Wittstock en Montecarlo en julio de 2011.

CSW, Zanganeh y Cohen justificaron su *empotramiento* dentro de la delegación oficial de España, en la que iban también once destacados altos ejecutivos, por su condición de «consultores estratégicos». ¿De quién? Tras el escándalo de Botsuana, estos tres individuos parecen haber desaparecido del disco duro de todos los que iban a bordo de ese avión, incluidos el ministro de Exteriores Miguel Ángel Moratinos y de Industria, José Montilla. Tampoco José Bono —que justo dimitió como ministro de Defensa un día antes del viaje— autorizó el vuelo de estos tres *polizontes.* Los ministros no los conocían, y los que admiten haberla visto, dicen que fue por primera vez y cuando ya estaba a bordo del Airbus A310 de las Fuerzas Aéreas Españolas. Ni Presidencia del Gobierno, ni Exteriores, ni Industria ni Defensa autorizaron la presencia de Zanganeh, CSW y Cohen a bordo. Todo parece indicar que lo hizo Zarzuela. De lo contrario, solo cabe la posibilidad de que estas tres personas tuvieran la capacidad de volverse invisibles.

«No tengo consciencia de conocerla», es una de las respuestas más elaboradas que he recibido cuando he preguntado por CSW y por su presencia en un avión oficial de España. Desde los distintos ministerios, a toro pasado, no dudan en señalar a dos personas como responsables últimos, por debajo del rey: Alberto Aza, jefe de la Casa, y su número dos, Ricardo Díez-Hochleitner.

La presencia de la iraní Zanganeh en la delegación oficial es más fácil de justificar: trabajaba como intermediaria con los saudíes para OHL para conseguir el contrato del proyecto Landbridge —siete mil millones de dólares para unir por tren Jedda con Riad, y Damman con Jubail—. España estaba convencida de se iba a hacer con él, pero sorpresivamente no fue así. En octubre de 2006, ocho meses después de ese viaje oficial de los reyes y de los tres *invisibles* a Riad, la Saudi Railways Organization (SRO) presentó el concurso internacional para la construcción de otra línea de alta velocidad, esta entre las ciudades santas de La Meca, Medina y Jedda, conocido como el AVE del Desierto o de los Peregrinos. Cinco consorcios optaron al megacontrato de seis mil setecientos treinta y seis millones de euros, entre ellos el español encabezado por Renfe, que finalmente lo consiguió en octubre de 2011 tras una dura competencia con la oferta francesa, que en el último momento creyó tenerla.

Entre 2006 y 2011, Zanganeh se volcó «sin descanso» con el proyecto del AVE a través del contrato que firmó entre su empresa, llamada Epica, y la parte privada del consorcio español —Cobra, Consultrans, Copasa, Dimetronic, Imathia, Inabensa, Indra, Talgo y OHL—. Las tres públicas —Renfe, Adif e Ineco— no lo suscribieron por miedo a su legalidad. «Organizó los documentos y se hizo cargo de las autoridades locales. Por eso le pagan las empresas españolas, porque su trabajo es crucial», aseguran quienes estiman en unos cien millones de dólares lo que Zanganeh ganó gracias al AVE del Desierto.

Las fuentes consultadas en España difieren acerca de la importancia del papel de Zanganeh. Para los empresarios del consorcio, su trabajo fue fundamental. Para los diplomáticos, pudo haber sobrevendido su influencia. Según los segundos, el contrato de La Meca se debió también y sobre todo al trabajo directo del rey Juan Carlos; del entonces presidente del Gobierno, José Luis Rodríguez Zapatero; del príncipe Saud bin Naif bin Abdulaziz al-Saud, exembajador de Arabia Saudí en Madrid, y del diplomático Bernardino León, que entonces era *mano derecha* de Zapatero en La Moncloa.

El príncipe Saud es, además de exembajador en España, sobrino del recién fallecido rey Abdulá. Fue él quien intervino directamente ante el rey saudí para variar la decisión política que se había tomado en junio de 2011: el contrato tenía que ser para los españoles. Juan Carlos I, recién operado de la rodilla derecha, no pudo viajar a Arabia Saudí tampoco en septiembre por el tendón de Aquiles, de modo que se desplazó a Marruecos para hablar directamente con su buen amigo Salman, que hoy es rey de Arabia Saudí.

El príncipe Saud, «al que tanto le debe España», se suma así a la lista de personas que puso su granito de arena en un megaproyecto que en estos momentos pasa por serios problemas. Muchos destacan también la calidad del trabajo preliminar desarrollado por Julián García Vargas, el exministro socialista, al frente de la dirección técnica del consorcio.

No obstante, en junio de 2011, todo se torció: «Una vez ganado el concurso técnico, la decisión política se demoraba. Sarkozy presionó brutalmente. Nos llegó una información muy buena que nos decía que todo estaba perdido, que el rey Abdulá había decidido dárselo a los franceses. A partir de ahí, ni consorcios ni señoras iraníes: la decisión dependía del rey y solo podía influir quien tuviera acceso directo a él». La labor de Juan Carlos I fue «de zapa», llevada a cabo conjuntamente con el príncipe Saud.

¿Y CSW? Según la propia interesada, nada tuvo que ver ella con el contrato del AVE a La Meca. Entonces, ¿qué fue a hacer a Riad? De nuevo, no he encontrado a nadie que se responsabilice de su presencia oficial en el avión de las Fuerzas Aéreas Españolas junto a los reyes de España. Presumiblemente, fue el *aparato de Zarzuela* el que, siguiendo órdenes directas del rey, la incluyó en la delegación oficial. Durante los dos días que duró la visita, ella mantuvo la misma agenda que el rey, mientras que la reina tuvo una serie de actos por separado, como corresponde a la segregación sexual que impera en el Reino del Desierto. CSW, a la que misteriosamente nadie recuerda aunque existen fotografías de ella junto a todas esas personas que jamás la vieron, acudió con don Juan Carlos a la reunión con SAGIA de la que un año más tarde saldría el famoso SSIF —Saudi Spanish Infraestructure Authority o Fondo Hispano-Saudí de Infraestructuras.

Uno de los que viajó a Riad recuerda que cada empresa llevaba su séquito, y que esas tres personas no oficiales «bien podían haber pertenecido a delegaciones como las formadas por Juan María Nin —exdirector general de la Caixa—, Rafael del Pino —Ferrovial—, Juan Miguel Villar-Mir —OHL—, Carlos Pérez de Bricio —expresidente de Cepsa— o José Lladó —Técnicas

Reunidas—». Así como el ministro Moratinos supo de la identidad y la condición de CSW en ese viaje, al año siguiente, el ministro Montilla ni siquiera intuía que era la pareja del rey cuando se reencontraron en los premios Laureus de Barcelona en abril de 2007, ya convertido en presidente de la Generalitat.

Durante el viaje a Riad, fuentes testimoniales no recuerdan a CSW en las reuniones que mantuvo don Juan Carlos con los principales líderes árabes y estiman que ella debió de tener una actividad «en el *back office*».

En ese viaje, los proyectos aún eran solo posibilidades que los visitantes españoles veían «en Power Point»: el Fondo Hispano Saudí, que luego desarrollaron técnicamente el secretario de Estado de entonces, Pedro Mejías, junto a funcionarios del ministerio de Asuntos Exteriores, y que terminó rubricando Joan Clos como ministro de Industria sustituto de Montilla; la participación española en la llamada Knowedge City, la ciudad del conocimiento ideada por el rey Abdalá, y el mencionado Landbridge que nunca llegó a realizarse.

Amr al-Dabbagh, director de la SAGIA, jugó un papel destacado en ese viaje: adora España y tiene barco y casa en Marbella, donde pasa las vacaciones y a donde le siguen yendo a ver destacados visitantes españoles.

El *fantasma CSW* no regresó en el mismo avión que los reyes y prolongó su estancia en Riad, donde por fin hay una institución que sí dejó constancia de su presencia: la web del Kingdom Holding, la empresa del príncipe Al-Waleed bin Talal, uno de los hombres más ricos del planeta, la definió como «consejera estratégica» del reino de España y también como «representante personal» del rey Juan Carlos.

El príncipe Al-Waleed entra y sale de esta historia en varias ocasiones: como socio de Iñaki Urdangarin a través de la empresa África Mixta, que construye casas en Mali, Marruecos y Senegal; como amigo de don Juan Carlos al que este le escribe una carta en abril de 2012 felicitándolo por haber sido absuelto de las acusaciones de violación por la justicia española, y como interlocutor de CSW durante un almuerzo de trabajo en Riad en 2007.

CSW permaneció en Riad poniendo en marcha el proyecto del SSIF que se presentó en público en 2007 en Madrid. En cualquier caso, a finales de abril de 2006, dos semanas después de ese inusual viaje oficial del reino de España, CSW se marchó de vacaciones a Lanzarote, donde algún medio local la describió como «gran amiga de la familia real española». A las tres semanas, de nuevo ocupó la alfombra roja junto al rey en el Casino de Estoril con los premios Laureus. A esas alturas de la primera década de 2000, don Juan Carlos y CSW eran inseparables.

En cuanto a Zanganeh, que antes pasaba la mayor parte del tiempo entre Londres, Marbella y la Costa Azul, hoy día parece que está en Dubai, desde donde habría vuelto a su trabajo original de abridora de puertas con Irán.

De Mónaco Gérard sabemos que el año pasado dejó la presidencia del brazo privado del HSBC en Montecarlo y hoy se dedica a asesorar a los clientes más cercanos.

En junio de 2007, apenas un año después de ese controvertido viaje oficial a Riad, el rey Abdulá bin Abdulaziz al-Saud correspondió a los reyes de España con una visita oficial a Madrid, la primera de un monarca saudí en veinticinco años. El 18 de junio, en el Palacio Real, don Juan Carlos le impuso el collar de la Insigne Orden del Toisón de Oro, la más alta condecoración de España. La decisión, aprobada en Consejo de Ministros, sorprendió a más de uno, incluidos puristas monárquicos.

Justo al día siguiente, en el palacio de El Pardo, tuvo lugar la solemne presentación del Fondo Hispano-Saudí de Infraestructuras (SSIF, por sus siglas en inglés). Entonces se describía como un «fondo bilateral estrella» que iba a multiplicar las relaciones entre Arabia Saudí y España. En el acto, muy protocolario, estuvo presente CSW codeándose con la crema y nata del *establishment* español. Pero hoy en día, de nuevo, son muy pocos los que tienen «consciencia» de haberla visto. Y eso, a pesar del papel protagonista que ella jugó en el fondo.

Esta fue la crónica que escribió sobre el acto Peru Egurbide, el desaparecido corresponsal diplomático de *El País*:

> El rey Juan Carlos y el rey Abdulá presidirán el lanzamiento de un fondo de inversión dotado con 5.000 millones de dólares (unos 4.125 millones de euros) de capital íntegramente privado para realizar proyectos conjuntos de desarrollo de infraestructuras, de la industria energética, de nuevas tecnologías y de la industria de Defensa principalmente en Arabia Saudí, Oriente Próximo y norte de África.
>
> El fondo, cuya creación fue acordada durante la visita que los reyes hicieron a Riad en abril de 2006, tiene financiación de los dos países, aunque mayoritariamente saudí, y está llamado a revolucionar unas relaciones económicas centradas hasta ahora casi exclusivamente en las importaciones españolas de petróleo, con una tasa de cobertura de apenas el 22 por ciento y un déficit comercial próximo a los 2.000 millones de euros.
>
> La afluencia de liquidez refuerza el atractivo para las empresas españolas de un mercado que crece con los precios del crudo. Eads Casa, Isolux, Mapfre, Navantia, Santa Bárbara, Ferrovial, Unión Fenosa, Winterthur y Técnicas Reunidas son algunas de las empresas que han confirmado su presencia en el lanzamiento del Fondo Hispano-Saudí de Infraestructuras. CAF, Repsol-YPF, Cepsa y los dos grandes bancos, SCH y BBVA, siguen también de cerca el proyecto. La gestión del fondo, similar al creado para otras zonas de América Latina o Europa del Este, ha sido encomendada a Morgan Stanley, Cheyne Capital y Arox Capital.

Según fuentes solventes, la estructura del SSIF como *private equity fund*, fondo de capital privado, fue montada por CSW y por Amr al-Dabbagh, el gobernador de la SAGIA, que fue el auténtico ideólogo, como dejó claro en su conversación preliminar con el rey Juan Carlos en Stuttgart el 2 de febrero de 2006. Actuó como secretario Juan Garrigues Díaz-Llanos, miembro de la familia Garrigues, muy vinculada al monarca. Juan Garrigues está al frente de la empresa Fomento al Desarrollo, que se dedica a las infraestructuras en distintos países, entre ellos Guinea Ecuatorial. Uno de sus principales socios y amigo de la infancia es Juan Gómez-Acebo Borbón, hijo de la infanta Pilar. El sobrino del rey y el exsecretario del SSIF sonaron mucho hace dos años cuando fracasó su tienda de lujo Shangai Tang, una marca de origen chino que instalaron en Madrid gracias a la inyección de capital de la compañía financiera Richemont a través de su filial en España (Richemont Iberia, dirigida por Philippe Guillaumet, que también fue invitado a la cacería del lago Lomond a la que acudió Urdangarin en noviembre de 2004).

Después de la entrevista de CSW en *El Mundo*, varios periodistas comenzamos a hilar lo que realmente había ocurrido con ese proyecto fracasado y enterrado en la memoria de los que lo pusieron en marcha. Un conocido empresario me lo explicó así: «CSW estaba en medio, algunos participamos porque detrás estaba el rey y, al final, la cosa no salió». Cuando se empezó a comprobar que los saudíes habían perdido el entusiasmo, Juan Garrigues viajó a Riad con el objetivo fracasado de revivir el proyecto. No ayudó el creciente deterioro de la economía mundial.

Aunque su puesta de largo fue, a lo grande, en el palacio de El Pardo el 19 de junio de 2007, el *fondo estrella* se conformó de verdad el 21 de diciembre de 2007 cuando fue rubricado por los dos ministros de Industria: el español Joan Clos y el saudí Ibrahim al-Assaf. El objetivo final fue más modesto que el inicial:

se trataba de llegar a los mil millones de dólares, el 20 por ciento aportado por empresas españolas y el 80 restante por la SAGIA.

Catorce empresas españolas —Isolux Corsan, Sacyr Vallehermoso, Obrascon-Huarte, Caja Madrid, La Caixa, Grupo Villar-Mir, Mutua Madrileña, Abertis, Acciona, Iberdrola, ACS, Técnicas Reunidas y Unión Fenosa— convenientemente contactadas por CSW, aportaron más de quince millones de dólares. Distintas fuentes consultadas coinciden en que el fondo «se fue a pique» porque los saudíes se echaron para atrás y no aportaron lo que habían comprometido.

Al parecer, esos quince millones de dólares se quedaron «por el camino» porque había que hacerse cargo de las *management fees* (tarifas de gestión) de la gente que estaba trabajando en el proyecto, como la propia CSW, Juan Garrigues o las gestoras internacionales —Cheyne Capital, Arox y Morgan Stanley— y el bufete Garrigues, «que no trabajan gratis». Dicen que la mayor parte de esos quince millones fue a parar a manos de CSW en concepto de comisión. Sin embargo, gente cercana a la princesa alemana señalan que «su trabajo fue remunerado, pero no fueron millones como los obtenidos por otros en el acuerdo del AVE».

El fracasado SSIF se cerró con discreción a principios de 2010, sin embargo, el Centro Nacional de Inteligencia había tomado buena nota de lo sucedido. Las empresas callaron, pero el CNI incluyó a CSW en su radar de alerta y la etiquetó como «peligrosa para el rey y para España».

A partir de 2013, la opinión pública empezó a hacerse preguntas tras la irrupción pública de CSW en los medios. Uno de los españoles que participó en las negociaciones y en la arquitectura del SSIF me dijo que le había sorprendido la «seguridad en sí misma» con la que ella participó en algunas reuniones: «Una vez tuve que decirle que a mí solo me mandan mi mujer y mi suegra, de lo insoportable que estaba siendo. ¿Quién se creía que era?».

Esa misma persona se contestó a continuación a sí misma: CSW pisaba fuerte en España «porque venía de la mano del rey. Todo el mundo lo sabía y todos se aplicaban al cuento. Pero yo insisto: a mí solo me mandan mi mujer y mi suegra».

No obstante, el viaje del rey Abdulá a Madrid y el Toisón de Oro, según las interpretaciones de algunos, pudieron servir para más cosas. Por ejemplo, para que don Juan Carlos —esta vez en solitario y sin la intervención de CSW— supuestamente pidiera al monarca saudí que aportara ciento diez millones de euros al Proyecto Ayre impulsado por Iñaki Urdangarin y que consistía en el patrocinio de una segunda embarcación española en la 33ª edición de la Copa América de vela. Dos meses después, en agosto, el rey de España insistió cuando fue a Marbella a ver a Salman en visita privada. Entonces, su íntimo amigo Salman era príncipe heredero, y ambos acordaron que la familia real saudí aportaría los ciento diez millones que Urdangarin necesitaba para su proyecto, que al final tampoco salió adelante debido a una batalla legal entre los equipos Alinghi y BMW-Oracle que paralizó la competición y demoró la vuelta a Valencia de la copa hasta 2010.

El año 2008 arrancó con el setenta cumpleaños de don Juan Carlos. Ese fue el momento en el que CSW creyó llegado el momento de «dignificar» la relación: hacer saber a los españoles que don Juan Carlos y doña Sofía formaban un gran equipo profesional, pero que cada uno llevaba una vida privada separada. Juan Carlos I estuvo dudando pero al final «le faltó valentía» y decidió seguir apostando por el statu quo dada la imposibilidad de seguir en el trono separado de la reina Sofía, aunque fuera no legalmente.

Mientras tanto, el trabajo continuaba, y 2008 fue un año muy importante para las relaciones entre España y Rusia. En febrero, Putin acudió al cumpleaños de Arturo Fernández y a los Laureus en San Petersburgo. CSW mantiene que su buena relación con Putin se debe a Vladimir Lisin, el magnate ruso del acero con castillo en Escocia al que ella organizó cacerías. No obstante, fuentes cercanas al rey de España señalan que «la puerta a todos los jefes de Estado, Putin incluido» se la abrió don Juan Carlos. Sí sabemos con certeza que fue el monarca español el que se la presentó a su buen amigo Arturo Fernández, cuya relación, según gustan de contar ambos, viene de «tiempos de los abuelos»: Arturo Fernández Iglesias, con tienda en la calle Hortaleza de Madrid, fue el maestro armero de Alfonso XIII.

En 2008, Putin era un líder indiscutible, alejado del contaminado personaje en el que se ha convertido hoy. En sus primeros ocho años de mandato tras abandonar su carrera de espía del KGB, el PIB de Rusia había crecido un 72 por ciento. Bien es cierto que lo hizo más en dirección de los oligarcas que rodeaban al líder, pero Rusia adquirió un poderío económico que convirtió a los *new russians* en miembros con tarjeta platino del club de la *jet set* internacional, rebosante ya de jeques árabes y de empresarios chinos cercanos al Partido Comunista.

Entre 2004 y 2008, Juan Carlos I realizó al menos media docena de viajes privados a Rusia que le ayudaron a consolidar con Putin una amistad profunda que continúa al día de hoy. Además del interés de Estado, existe entre ambos una variada paleta de gustos comunes: la caza, los buenos vinos, las bellas mujeres, el patriotismo, el modo directo de conversar y la admiración por el liderazgo fuerte. Ambos gozaron en sus países de un respeto reverencial hacia su vida privada, aunque, a diferencia de en España, en Rusia continúa habiendo miedo de revelar detalles privados sobre Putin. El periódico que desveló la supuesta relación del sexagenario líder ruso con la gimnasta Alina Kabaeva, de treinta y un años, fue cerrado de inmediato.

En los buenos tiempos, se decía de Juan Carlos I y de Putin que eran los dos únicos líderes europeos al frente de sus países en un continente que echaba de menos a hombres visionarios como Helmut Kohl, Mijaíl Gorbachov o Felipe González. Algunos conocedores del carácter de Putin cuentan una anécdota que revela para ellos una parte de su personalidad semiimperial que le ayuda a sentirse bien entre reyes: durante el crudo invierno ruso, requiere la asistencia de dos ayudantes más, uno para retirarle el abultado *parka* que usa encima de la camisa, y otro para ponerle la chaqueta que lo reemplaza. Mientras todo esto ocurre a su alrededor, Putin se mantiene como una esfinge que no colabora con los *parkeadores*.

Consumada la *tandemocracia* ideada por Putin para intercambiarse el poder con Dimitri Medvedev, don Juan Carlos tuvo el honor de ser el primer jefe de Estado del mundo que, el 19 de junio de 2008, fue recibido por el nuevo primer ministro Medvedev. Después del encuentro, Putin y el rey se fueron a cenar solos a las afueras de Moscú a la zona de Rublyovka, una especie de Beverly Hills a la rusa en la que el metro cuadrado está igual de caro que en Manhattan. Allí, en el restaurante Podvorie, donde el aire es mucho más limpio que en la cercana capital, se empezó a gestar la operación económica de enorme importancia geoestratégica para España y que alarmó a más de un socio occidental: la entrada de la rusa Lukoil en la española Repsol, que tras meses de negociaciones no se llevó a cabo.

Cuatro meses después de esa cena, Lukoil mostró su interés por comprar el 29,9 por ciento de Repsol a través de un paquete del 20 por ciento de Sacyr y de casi un 10 por ciento de La Caixa. La operación no estaba exenta de riesgos porque suponía la entrada de Rusia en el mercado energético nacional, lo que, según un ejecutivo español, era como permitir a «los bajos fondos ponerse cómodos en tu casa». Desde el principio, el rey de España apoyó calurosamente el proyecto en contra del criterio del Gobierno, que estaba dividido, aunque el presidente Zapatero lo apoyó desde el principio. Pedro Solbes, ministro de Economía, y Miguel Sebastián, de Industria, se manifestaron claramente en contra. Así que el presidente decidió que su mano derecha en La Moncloa, el diplomático Bernardino León, «se encargara» del asunto.

El papel de CSW en la frustrada operación de Lukoil no está claro. Al parecer, ella «intentó colocarse como intermediaria utilizando al rey», pero el único que trabajó activamente en el proyecto fue Allen Sanginés-Krause, un español nacido en México en 1959, de familia catalana y con residencia en Londres. Sanginés, alto ejecutivo de Goldman Sachs durante dieciséis años, asesoró a Lukoil durante toda la operación y trabajó con el presidente de Repsol, Antonio Brufau, así como con el fallecido Ricardo Fornesa, expresidente de La Caixa. Sanginés elaboró los documentos exploratorios junto a Vadim Gluzman, que era el representante de Lukoil en Estados Unidos y que ahora tiene su propio fondo de inversión —Watson Capital— en Massachusetts. Lukoil había sido cliente de Sanginés durante su época como ejecutivo de Goldman Sachs en Moscú, y Gluzman era un amigo personal del hispano británico.

El Gobierno español se mostró inicialmente contrario a la operación y siguió las indicaciones de Solbes. Con el paso del tiempo, «tomó una actitud neutral», según fuentes que participaron en la operación, que desconocen hasta qué punto intervino el rey para suavizar el rechazo del Ejecutivo de Zapatero hacia los rusos. Muestra de la neutralidad que llegó a mostrar el Gobierno fue la reunión que Sanginés mantuvo en La Moncloa con el secretario general de la Presidencia, Bernardino León, y en la que este no se manifestó contrario al proyecto. A este encuentro acudió también Gluzman. Ambos presentaron a León los documentos de trabajo que habían elaborado con Brufau y con Fornesa. «No tuvieron ninguna pega por parte del Gobierno de Zapatero, que no se mostró ni positivo ni negativo».

Durante los meses que duró la negociación, CSW intentó aproximarse a Sanginés en varias ocasiones y «sacar la conversación del tema cuando no venía a cuento», señalan fuentes cercanas a los protagonistas. Por ejemplo, en el restaurante El Bodegón, donde Sanginés cenó dos veces con el rey y con CSW, una de ellas con Plácido Arango para celebrar el cumpleaños de la pareja del monarca. Sanginés también fue invitado en otras dos ocasiones a La Angorilla, la casa en el monte de El Pardo en la que el rey instaló a CSW.

Sanginés, un empresario muy sólido, doctorado en Economía por Harvard, conoce al rey de España desde hace muchos años y comparte amistades con él, como Pepe Fanjul en Miami (el multimillonario de origen asturiano que en febrero de 2015 invitó al rey emérito a Casa de Campo, en República Dominicana). Sus abuelos ya se conocían. De hecho, José María Sanginés apareció en la portada del semanario francés *Petit Journal* junto a Alfonso XIII en La Granja porque ambos eran muy aficionados a los coches.

Pero «su amistad con don Juan Carlos se deterioró durante un tiempo por culpa de CSW». En un determinado almuerzo en el restaurante Flanigan, propiedad de Miguel Arias, en Palma de Mallorca, Sanginés compartió con el rey lo que tantos pensaban de CSW: «A Sanginés le parecía que era de alto riesgo para él y para España. Tenía ese afán de figurar y de participar en todos los temas, en todas las negociaciones».

Él es «muy amigo» de Alexander zu Sayn-Wittgenstein, el exsuegro de CSW, y conoce bien «la pasta de la que está hecha». Fue a través de la conexión de la familia política por la que CSW pidió ver a Sanginés en su oficina en Londres cuando él aún trabajaba para Goldman Sachs en 2007. «Lo llamó y le dijo que quería hablarle de un tema de Rusia. Él y el reputado financiero español que estuvo veintitrés años en Goldman Sachs, Juan Antonio del Rivero, comieron con ella. Al parecer no dijo más que tonterías, chismes acerca de Antonio Brufau. Les pareció una enredadora», me explican.

En España, según las mismas fuentes, «CSW le preguntaba siempre a Sanginés por Lukoil, intentando sacar la conversación. Pero a él no le parecía adecuado y cambiaba de tema».

Finalmente, la transacción no se llevó a cabo, primero «porque Del Rivero se opuso tajantemente». Me indican que el empresario consideraba que la entrada de los rusos en el mercado energético nacional «no era buena para España». La segunda vez que casi se lleva a cabo se estropeó porque «Moody's amenazó con bajarle la calificación a Lukoil si esta se endeudaba para adquirir el paquete de Sacyr en Repsol».

Las fuentes conocedoras de lo sucedido se muestran tajantes respecto al papel de CSW: «No trabajó en ningún momento con Sanginés. Todo el mundo sabía que el rey la ayudaba a mediar, y que ella utilizó Laureus para situarse».

Según un empresario español que conoce bien a Sanginés, este es «un profesional relevante que hace asesoramientos importantes con clientes de nivel. Es además bastante culto, un intelectual».

En la actualidad, y tras dieciséis años en Goldman Sachs, Sanginés gestiona su propio fondo especializado en energía y en propiedades inmobiliarias con oficinas en Londres, Madrid y Ciudad de México. La última vez que se le vio públicamente con CSW fue en San Petersburgo el 21 de junio de 2014, cuando los dos fueron fotografiados en el festival de las noches blancas. La imagen de ambos con la modelo Natalia Vodianova y el príncipe Paolo Borghese fue muy comentada en España porque CSW llevaba las esmeraldas subastadas por la condesa de Romanones.

La versión que dan los allegados a CSW es bien diferente. Según ellos: «Sacyr sí quiso vender su parte, pero los españoles en muchas ocasiones se aproximan a los extranjeros para que entren como caballeros blancos para luego bloquear las operaciones por enfrentamientos internos de los accionistas y por la pelea política usual».

Y ahí es donde cobra relevancia el papel de CSW, «que intenta ayudar a los extranjeros, confundidos como están de que se les haga parecer intrusos que no son bienvenidos aunque se les hubiera pedido formalmente por los inversores clave en España que entraran en juego. A Lukoil se le pidió que entrara».

«El resultado es que los españoles acaban dejando en una posición embarazosa a las empresas o a los países extranjeros de turno, y hacen perder el tiempo a los equipos que trabajan en estas operaciones», concluyen quienes insisten en que CSW sí habría sido remunerada por los rusos por sus *buenos oficios* si la compra por parte de Lukoil se hubiera llevado a cabo.

En el Museo Sorolla de Madrid hay un cuadro que corresponde al tiempo que pasó en La Angorilla el pintor con su hija enferma y gracias al cual podemos descubrir las vistas tan bonitas que tiene la casa del guarda o el pabellón en el que se instaló CSW en la segunda mitad de la década del 2000.

La Angorilla, o la Casita, está bien en alto, cerca del embalse, lo que permite divisar los pinos de la sierra de Guadarrama y seguir el paso de las estaciones. «El Guadarrama desde La Angorilla», pintado por Sorolla entre 1906 y 1907, está protagonizado por el gris del cielo, el blanco de la nieve de la sierra y el característico color parduzco de las encinas del monte de El Pardo. Pero no es por este hermoso cuadro por lo que los españoles han oído hablar del sitio.

Una semana después de aparecer la entrevista de CSW en *El Mundo*, el pequeño canal de televisión 13 TV mostró las imágenes de su entrada a la Casita a través de la colonia de Mingorrubio, cerca del palacio de El Pardo. El escándalo fue mayúsculo. ¿Qué hacía allí, en un edificio oficialmente propiedad de Patrimonio Nacional? ¿Quién había pagado y por cuánto el arreglo del pabellón de caza? ¿Quién se había ocupado de la seguridad, el traslado, la manutención y el mantenimiento de CSW y de su hijo pequeño mientras ambos vivían en España?

El Gobierno de Rajoy, así como cualquiera que pudiera tener algo que ver en el asunto, optó por adoptar la postura del avestruz para evitar comprometer aún más a la debilitada Corona. La razón de Estado prevaleció sobre todas las preguntas que los estupefactos ciudadanos y algunos parlamentarios de formaciones minoritarias realizaron públicamente.

Pero la fórmula utilizada para correr un tupido velo no ha podido ocultar los hechos: CSW dispuso de un hogar en España donde establecer una *familia paralela* con el rey entre 2008 y hasta que fue expulsada tras la caída de don Juan Carlos en Botsuana en abril de 2012.

El antiguo pabellón de caza, que, como ya hemos contado, estaba en muy mal estado antes de ser ocupado por CSW, fue reformado a cargo de la Casa del Rey con la contribución del recientemente fallecido decorador Jaime Parladé.

Ante la falta de explicaciones oficiales, el dedo acusador recayó sobre los diplomáticos Yago Pico de Coaña de Valicourt, presidente de Patrimonio Nacional entre 2005 y 2010, y Nicolás Martínez-Fresno, su sucesor hasta 2012. No obstante, parece ser que «Patrimonio Nacional no puso un céntimo para la reforma de esa casa. El dinero vino directamente de la Casa del Rey». Así, este organismo no solo no se encargó de la reforma, sino que además no se ocupaba del mantenimiento de La Angorilla, que era un lugar «muy reservado, al que tenía acceso muy poca gente y en el que estaban vigilados hasta los jardineros».

Según la ley, Patrimonio Nacional «como organismo público responsable de los bienes de titularidad del Estado que proceden del legado de la Corona española recogidos en la Ley 23/1982, de 16 de junio, tiene como fines principales el fundamental apoyo a la jefatura del Estado para la alta representación que la Constitución y las leyes le atribuyen, así como la puesta a disposición de los ciudadanos del patrimonio histórico-artístico que gestiona a través de su uso con fines culturales, científicos y docentes».

En la práctica, tiene una doble pata: por un lado la administrativa, que dependía de la vicepresidenta del Gobierno —María Teresa Fernández de la Vega en la época en la que se reformó La Angorilla y su subsecretario, Juan José Puerta Pascual, que está ahora en el Consejo de Estado con su antigua jefa—, y por otro la Casa del Rey —el propio rey y el jefe de su Casa: Alberto Aza en ese momento; su secretario general, Ricardo Díez-Hochleitner, y el coronel de intendencia que se encarga directamente de los pagos.

Fuentes conocedoras de lo sucedido en esa época afirman: «En Zarzuela eran intocables». Patrimonio Nacional lo que hace en realidad es encargarse «del entorno» de La Zarzuela, sobre todo «evitar la posibilidad de un incendio, pero no entra en la intimidad de la Casa. El rey es el que manda en La Zarzuela y en los edificios anejos, como el campo de tiro, La Angorilla o el pabellón de caza construido en 2007 para albergar todos sus trofeos de caza».

La única función de Patrimonio Nacional sobre La Angorilla era que estuviese «en perfecto estado de revista» para poder ser utilizada en caso de incendio. De hecho, los empleados no sabían que CSW se hospedaba en allí, «como tampoco han visitado nunca la casa del príncipe de Asturias y no sabían quién estaba allí en cada momento». Las oficinas de Patrimonio están en el Palacio Real, y sus miembros no van al monte de El Pardo, excepto si son llamados por la Casa para despachar. Tampoco pueden andar a sus anchas dentro del recinto.

«El rey está en su derecho de hacer lo que quiera en sus dependencias, como si quiere ampliar su dormitorio o su cuarto de baño en La Zarzuela. La Angorilla es una de sus dependencias. Otra cosa es que fuera adecuado reformar esa casa y permitir a CSW y a su hijo establecerse allí. Creo que si se le hubiera hecho ver que eso era inadecuado, el rey habría escuchado y lo habría entendido. Había que haberle dicho: "Señor, eso no se puede hacer"», me cuenta un empleado.

Según otros, el rey es caprichoso pero sabe cuándo tiene que parar, o ante quién: cuando solicitó unos estabilizadores para el yate *Fortuna* de modo que el barco no se moviera al tomar copas, reculó cuando se le explicó que el coste era muy alto. Desgraciadamente, unos meses más tarde, el monarca consiguió instalar los estabilizadores: lo único que hizo fue realizar la petición ante otra persona.

A partir de 2012, La Angorilla se convirtió en un quebradero de cabeza para el Gobierno de Rajoy. Privadamente, en marzo de 2013, el Ejecutivo del PP admitió que se le hacía «muy difícil» explicar determinados asuntos como el accidente en Botsuana o el domicilio en El Pardo de CSW. Públicamente, la vicepresidenta Soraya Sáenz de Santamaría esquivó el asunto echando mano de la documentación aportada por Patrimonio Nacional, del que se dijo que dependía la vivienda: «El Gobierno, indudablemente, ni tiene, ni tiene por qué tener, ni es lógico que tenga datos de lo que hace la jefatura del Estado». Patrimonio, que depende de la vicepresidenta, dejó claro que La Angorilla está destinada «exclusivamente al uso y el servicio» del rey, y el Gobierno no tiene ningún tipo de potestad ni sobre el edificio ni sobre el dinero público. La ley de bienes de Patrimonio del Estado establece que hay dos tipos de inmuebles: los que además de usados por el monarca permiten el acceso del público y su alquiler y los que están «exclusivamente afectos» del rey, como el antiguo pabellón de caza.

En respuesta a una pregunta parlamentaria de Izquierda Unida, el Ejecutivo aseguró que en los archivos de Patrimonio Nacional «no consta» que CSW celebrase en propiedades gestionadas por este organismo en el monte de El Pardo reuniones comerciales o que su nombre aparezca como arrendataria de alguna de ellas. Pero en el escrito se evita en todo momento negar que utilizara una de las mismas como residencia para ella y su hijo durante sus largas estancias en España. No es la única respuesta que deja «en blanco». También rechaza contestar si los supuestos gastos de alojamiento, manutención, viajes y dispositivos de seguridad de sus estancias corrieron a cargo del erario público. Solo se muestra contundente al negar que CSW haya «recibido encargo por parte de este Gobierno» o que haya dispuesto de pasaporte diplomático español.

En todos los casos, el Gobierno lanzó la pelota al tejado de la Casa del Rey pero con extrema suavidad para no empeorar la situación institucional. «¿La van a demandar judicialmente por falsedad?», preguntaron los diputados de IU José Luis Centella y Alberto Garzón. La respuesta fue que no, pues, según el Gobierno, «interponer acciones judiciales supone utilizar los medios jurídicos del Estado, algo que el Gobierno solo hace en favor del interés general y, en ningún caso, para realizar desmentidos».

En 2014, y usando la recién estrenada Ley de Transparencia, IU trató de saber si fue necesario gastar tres millones de euros de dinero público en la reforma y rehabilitación de los edificios, quinientos mil euros en decoración, una piscina climatizada y otra al aire libre, jardines, garajes y gimnasio, según la documentación de esta formación parlamentaria. Pero no consiguió ninguna respuesta.

En puridad, la responsabilidad de que el jefe del Estado hubiera decidido instalar a una ciudadana extranjera en las dependencias oficiales del monte de El Pardo era del Gobierno de Zapatero. Rajoy *heredó* la situación y no hizo nada por cambiarla. En época de Zapatero, el CNI, que dependía entonces de Alberto Saiz, un hombre de confianza de José Bono, ministro de Defensa hasta 2006, no elaboró «en ningún momento» un informe confidencial sobre la existencia de CSW y su peligrosa cercanía a la jefatura del Estado. Extrañamente, los miembros del Gobierno de Zapatero no vieron nada y no supieron nada «hasta bien entrado el año 2007». Y ello a pesar de que CSW viajó a Riad en la delegación oficial del reino de España en abril de 2006.

Algún antiguo miembro del Gobierno socialista ha esbozado una sonrisa cuando he comentado: «¡Menos mal que CSW no era una espía de una potencia extranjera o una asesina yihadista!». A veces el Ejecutivo parece tener menos información de la que sería necesaria para proteger a sus ciudadanos.

Irónicamente, al otro lado de la carretera de El Pardo, frente a La Angorilla, hay otra casa con historia: la Quinta de la Muñoza, donde la reina regente María Cristina de Nápoles, viuda de Fernando VII y madre de Isabel II, vivió junto a su segundo marido, Fernando Muñoz, y los hijos que tuvo con él.

El caso de José Manuel García-Margallo, ministro de Asuntos Exteriores, declarado amigo personal de Mariano Rajoy y adorador confeso de Juan Carlos I, produce cierta ternura. A sus setenta años, huye con saña de los periodistas que intentan preguntarle por qué se prestó a reunirse con CSW en dos ocasiones cuando ya había estallado el escándalo y cuando esta se había convertido en *enemiga pública número uno*. Menos tierno es quizá que, a día de hoy, aún no haya acudido al Parlamento, como dijo que lo haría, a explicar por qué accedió a entrevistarse con la alemana y discutir en su presencia la conveniencia de que el rey de España fuera a Abu Dabi para «tranquilizar» a los inversores emiratíes.

Ocurrió en noviembre y en diciembre de 2012, cuando Margallo ya tenía conciencia de lo inadecuado de su comportamiento porque, según fuentes conocedoras de lo sucedido, «dejó el coche oficial en el ministerio y subió a Zarzuela en un vehículo de la Casa del Rey para que no se notara su presencia allí».

En las dos reuniones, dos almuerzos de cinco personas, entre ellas CSW, el rey, Margallo y el general Sanz Roldán, el ministro de Asuntos Exteriores no se olvidó de contar a la pareja del rey su propia e histórica relación con la monarquía española: los condes de Barcelona fueron testigos de su primera boda, aunque Margallo no añadió que lo hicieron en diferido, no en directo.

El rey había organizado esos encuentros en Zarzuela, a pesar del riesgo que suponía la presencia de CSW (quien ya vivía fuera de España desde abril de 2012 pero siguió viniendo de incógnito hasta diciembre de ese año), por un motivo más importante que las ínfulas monárquicas de Margallo. Para hacer frente a los compromisos europeos de recorte de déficit comercial, el Ejecutivo de Rajoy había tenido que echar marcha atrás en el atractivo plan de primas a las renovables ideado por el Gobierno de Zapatero en época de bonanza y que atrajo a inversores extranjeros, entre ellos el Gobierno de Abu Dabi.

El Gobierno de Rajoy, «aunque tenía razón porque no había dinero, perdió las formas y lo hizo de la peor manera posible: criminalizó al que había hecho la inversión, y ejecutó y cambió la ley con retroactividad». A José Manuel Soria, el ministro de Industria, le tocó el papel de malo de la película. En diciembre de 2012, le dio la puntilla final al enfrentamiento, con la llamada «Tasa Soria» que aprobó el Congreso de los Diputados y que gravaba por igual a la energía renovable y a la sucia.

Entonces, el Gobierno de Abu Dabi se puso en contacto con CSW «para que hablara con el rey y que él influyera sobre el Ejecutivo de Rajoy para que cambiara el rumbo». Gracias a su relación con don Juan Carlos, CSW estableció muy buenos contactos en Abu Dabi que la llevaron a firmar un contrato de intermediación.

El rey don Juan Carlos actuó movido por el bien de ella y por el bien de España para evitar que los emiratíes denunciaran al Estado ante la corte internacional, como acabaron haciendo. Convocó esas reuniones en Zarzuela, de las que salió la decisión de que el propio rey acudiría en enero al Energy Summit organizado en Abu Dabi.

El viaje estaba cerrado y listo para celebrarse cuando, justo dos días antes de que la amplia delegación saliera para allá, Diego Torres filtró los correos que desvelaban la presencia de CSW en el Valencia Summit de Iñaki Urdangarin en octubre de 2004. Zarzuela se temió lo peor, lo que efectivamente ocurrió: el día antes de partir, *El Mundo* informó en su web del inminente desplazamiento del rey a Abu Dabi. Lo que no sabía el periódico es que allí le esperaba CSW, cómodamente instalada en la *suite* presidencial del Emirates Palace.

Tras un largo, larguísimo viernes, casi a medianoche, un portavoz oficial de Zarzuela confirmó que el viaje había sido cancelado por «prescripción facultativa». El rey estuvo una semana sin hablar con Rafael Spottorno por obligarlo a quedarse en Madrid; y CSW montó en cólera porque los emiratíes, al cancelarse el viaje, le pidieron inicialmente que abandonara la *suite* presidencial, que como su nombre indica está destinada solo a presidentes y jefes de Estado.

Durante la resolución de esta delicada situación, Mariano Rajoy se temió una nueva crisis institucional, porque durante largas horas se mantuvo la duda de si el rey iría a Abu Dabi sin su consentimiento. Cosa que al final no hizo.

Gonzalo de Benito, un veterano diplomático, era el número tres del Ministerio de Asuntos Exteriores cuando se canceló ese viaje. Al estallar el escándalo de CSW, en el ministerio le daban por «gran conocedor» de la pareja del rey, ya que él tuvo que ir a esperar y a despedir al monarca al aeropuerto en las tres ocasiones en las que este asistió a la Fórmula Uno en Abu Dabi, porque él era el embajador en aquel país entre 2009 y 2011. Se equivocaron. De Benito, que en la actualidad es embajador en Japón, actuó con escrupulosa profesionalidad y nunca buscó la compañía del rey o de sus acompañantes fuera de lo estrictamente necesario. En ese sentido, se diferenció enormemente de su jefe, el ministro Margallo.

El martes 19 de marzo de 2013, al simpático general Félix Sanz Roldán le tocó de nuevo bailar con la más fea. Y de qué modo. Como en junio de 2012, cuando realizó «labores de inteligencia» en el desayuno que mantuvo en Londres con CSW a instancias del Gobierno, al jefe del CNI le tocó dar la cara de nuevo según lo dispuesto por el Ejecutivo.

Tres semanas después de la entrevista de CSW en *El Mundo*, Sanz Roldán compareció en la Comisión de Secretos Oficiales del Congreso para responder a los grupos parlamentarios sobre los supuestos vínculos de CSW con los servicios de inteligencia. Contó que coincidió con ella «por casualidad» pero, como Margallo, eludió facilitar cualquier dato que pudiera comprometer al rey. Ninguno de los parlamentarios consiguió que dijera nada, ni siquiera Josep Antoni Durán i Lleida, portavoz de CiU, que llegó a espetarle: «General, ¿tiene algo que contarnos sobre Corinna?».

El general solo confirmó que CSW nunca se benefició de la protección de sus agentes; aseguró que el Centro no conoció los lugares donde residió durante su estancia en Madrid y que, por supuesto, no le encargó «trabajos delicados».

Izquierda Unida y UPyD no cuestionaron públicamente las parcas explicaciones del general, pero pidieron en el Congreso la comparecencia de Margallo.

El más punzante fue Alberto Garzón, el diputado revelación de IU, que planteó una serie de preguntas al Ejecutivo del PP incluyendo el detalle de si CSW cobró por beneficiar a empresas españolas. Garzón no se quedó corto: «¿Ha abierto el Centro Nacional de Inteligencia cuentas en territorios *offshore* o paraísos fiscales a nombre de identidades operativas? ¿Ha abierto el CNI cuentas en Suiza? ¿Conoce el Gobierno el hecho de que Corinna utiliza dos cuentas corrientes en Suiza, en los bancos Bank of Scotland de Zúrich y en Private Bank en Ginebra, en las que recibe dinero como pago por la intermediación entre empresas españolas y extranjeras? ¿Sabe quién más tiene acceso a esas cuentas corrientes? ¿Conoce el Gobierno si existe relación entre la compañía Rhone Gestion, registrada en Suiza, y la princesa Corinna? ¿Conoce el Gobierno si existe relación entre el gestor de fondos Arturo Fasana y la princesa Corinna? ¿Viajaba el rey don Juan Carlos en los vuelos privados que salían desde la base de Torrejón y en transporte propiedad de la compañía NetJets, según han indicado fuentes periodísticas? ¿A cargo de qué cuenta corriente se abonaba el coste del transporte en el que viajaba la princesa Corinna y otros pasajeros, en las misiones de intermediación entre empresas españolas y empresas extranjeras? ¿Es cierto que el Gobierno, a través del ministro de Asuntos Exteriores y de Cooperación, se ha reunido recientemente con la princesa Corinna? Si es así, ¿con qué fin? ¿Tiene relación con la mediación entre el Gobierno y algunos inversores extranjeros?».

Pero se quedó solo. La clase política dominante —PP y PSOE— volvió a cuidar a Juan Carlos I. Algunos, sin embargo, lo hicieron refunfuñando: «Ya es hora de que el rey ponga más cuidado a la hora de elegir a sus amistades».

Tras la cancelación del viaje a Abu Dabi, CSW comprendió que el poder del rey estaba menguando seriamente con respecto al que ella había conocido años anteriores. En Zarzuela se jugaba una partida muy importante para el país: se trataba de salvar a la monarquía a toda costa. Ya no habría más reuniones secretas con ministros del Gobierno ni misiones delicadas. España se había cerrado a CSW. La alfombra roja que empezó a desplegarse a su paso en 2004 había desaparecido, y ella llegó a la conclusión de que le tocaba mirar por sus intereses.

Fuentes cercanas a la princesa se lamentan de que la mayor parte de las sospechas recaigan sobre ella, quizá por ser mujer y por la caricatura de una «conseguidora rubia». Al rey, en cambio, se le exime de toda culpa.

Por otra parte, a ella se le retiró bruscamente esa alfombra roja que sigue operando para otros miembros de la familia real: «César Alierta [Telefónica] le buscó un trabajo en Washington a Iñaki Urdangarin, trabajo para el que este no estaba cualificado. Isidre Fainé [La Caixa] va reubicando a la infanta Cristina allá donde necesita estar, con una facilidad que pasma a otros compañeros de la entidad. ¿Eso no es alfombra roja?».

Y lo cierto es que, a día de hoy, los servicios de inteligencia en España, con el general Roldán a la cabeza, desconfían enormemente de esta mujer, de la que se preguntan «qué guarda aún en la cajita».

Capítulo 9

EL HOMBRE Y EL REY

«I'm a man after all before being what I am. I simply adore you».
«Soy un hombre después de todo antes de ser lo que soy.
Yo simplemente te adoro».
JUAN CARLOS I a Carmen Díez de Rivera, 18 de junio de 1976,
recogida en Ana Romero, *Carmen, Suárez y el Rey*

Un día cualquiera de marzo de 2013, saloncito azul, palacio de La Zarzuela.

¿Cuántos momentos de infelicidad pasó don Juan Carlos solo en su *saloncito azul* el año antes de abdicar? No en su despacho oficial ni en el salón de audiencias donde recibía a autoridades. Tampoco a la entrada de Zarzuela donde se fotografiaba junto a reyes y jefes de Estado. Ni en comidas o cenas con supuestos amigos en las que decía lo que los demás querían o podían oír.

Solo, sentado sobre un sofá vacío frente a una tele. Solo, sin el sonido de los *flashes* y las bromas impostadas, junto a un teléfono que más que un móvil era su cordón umbilical con un mundo del que se había aislado. «Poco a poco, le fueron quitando todo: el poder, la mujer que amaba, su capacidad para disfrutar de la vida. No le dejaron nada, excepto la soledad de un viejo león que se retira solo a morir», señala una persona que supo de esos días trágicos de Juan Carlos I durante parte del año 2013.

Según esa misma persona, a partir de enero de 2013, y sobre todo en el terrible mes de marzo, el rey fue sometido a un «confinamiento en régimen de incomunicación». Esta afirmación, a todas luces exagerada, provoca reacciones diferentes. Para unos, el monarca fue abandonado por todos en su entorno inmediato como castigo a su comportamiento poco ejemplar y como medida de presión para conducirlo a la abdicación: «Lo dejaban solo queriendo». Para otros, su soledad fue la consecuencia natural de una vida labrada con la laboriosidad del gran egoísta que es: «Una mezcla explosiva del ser humano y del jefe de Estado: cuando no actúa movido por sus propios intereses, lo hace por los de España. Nunca lo hace pensando en qué es lo mejor para ti. No le importa nadie, solo se importa él».

Como no busco juzgar, sino solo explicar lo que sucedió en la convulsa parte final del reinado de Juan Carlos I, creo que fue a través de esa escena doméstica —un septuagenario sin familia ni amigos que se consume en una salita decorada hace mucho en azul— como visualicé el drama del que nace rey y está condenado, a perpetuidad, a ser un símbolo institucional antes que un hombre de carne y hueso.

En la magnífica biografía de Isabel Burdiel sobre Isabel II, tatarabuela de don Juan Carlos, hay un párrafo que me hizo reflexionar también sobre la angustia de su descendiente por aquellos días: «El problema de Isabel II había sido su absoluta falta de discreción, el estado casi maníaco en el que cayó, y el embrollo político que provocó. Su fama de inestable e impredecible, incapaz de controlar sus pasiones, esclava de sus deseos, viene de entonces. Como viene también su reverso en cierta cultura popular que, durante muchos años aún, se mostró comprensiva con la niña malcasada, manipulada por una madre insaciable y un marido afeminado y absolutista».

A partir de Botsuana y de la falta de sensibilidad que el rey mostró hacia el posible colapso económico de España, su capital político y humano empezó a hacer aguas. En marzo de 2013, se sintió impotente para recuperarlo y eso le llevó a la desesperación. Sin la caza, sin la libertad, sin los viajes, sin la compañía del ser querido, sin el poder y hasta sin ese sofá mullido que a todos nos gusta tener en casa: a raíz de las operaciones y sus dificultades para moverse, los médicos pidieron que se le cambiara el sofá del saloncito azul por uno nuevo y seguramente más incómodo. La familia también hacía tiempo que había desaparecido, si es que alguna vez la tuvo. «Podía pasarse hasta dos meses sin ver al príncipe, que estaba claramente del lado de la madre», señalan fuentes conocedoras de las escuálidas relaciones familiares de los Borbón-Grecia. «Incluso sin ver a la infanta Elena, de la que siempre se dice que es la que más unida está a él. A veces venía a verlo cuando iba a montar a caballo a La Zarzuela, pero ellos no saben lo que es el amor familiar, nadie les ha enseñado —continúan—. No fue el caso Urdangarin el que descompuso a la familia: esta simplemente no existió nunca».

«Me daba pena verlo ahí solo, un sábado, un domingo por la tarde y por la noche, sin más compañía que los ayudas de cámara», cuenta una persona que en más de una ocasión dejó a los suyos para acompañar al monarca en los temibles fines de semana de *prisión incomunicada* a los que fue condenado sobre todo tras la operación de hernia discal del 4 de marzo de 2013, cuando le dieron un tiempo estimado de baja entre dos y seis meses. Médicamente fue esa operación la que más secuelas le dejó: «Al quitarle la presión que sufría en la espalda, la consecuencia fue similar a la de una manguera a la que se le quita una piedra que la está presionando desde hace mucho tiempo: se queda aplanada y el agua no pasa bien. Lo mismo le ocurrió a don Juan Carlos: los nervios de las piernas no le funcionaban bien y le costaba moverlas. Eso le aterrorizó, porque pensó que quedaría confinado en una silla de ruedas, como su madre, el resto de su vida».

«Mándame una pistola para que me suicide», le dijo el rey a uno de sus amigos después de que el Gobierno, el jefe de la Casa y hasta el director del CNI le hubieran obligado a cancelar el viaje a Abu Dabi «no por consejo médico —como se dijo públicamente—, sino porque se comprendió que CSW podía ser un verdadero peligro para la seguridad nacional». La petición de una pistola era claramente una exageración del monarca, que no podía ocultar su irritación. Por primera vez casi desde la muerte de Franco, no se hacía su voluntad. Según se comentó esos días en su entorno, «entre unos y otros» le estaban dejando «sin salida vital».

Para un político que trabajó cerca de él durante años, «cancelar el viaje de Abu Dabi fue un error, porque fue cuando el rey dijo: "Van a por mí". Desde entonces, y hasta finales de marzo, sufrió una gran presión para que abdicara. Se sentía completamente solo y entró en depresión. Le obligaron a que dejara de verse con CSW, se operó otra vez y tenía mucho miedo».

La celeridad y la seriedad con la que se canceló el viaje a Abu Dabi —el embajador de España allí, Eugenio Salarich, lo supo menos de veinticuatro horas antes— le dejó «noqueado» de una manera especial, según fuentes de su entorno, que añaden: «Es un manipulador nato: le dice a todo el mundo lo que quiere oír en cada momento, incluido a su hijo».

Para otros, sin embargo, por primera vez en mucho tiempo, la Casa del Rey y el Ejecutivo actuaron con decisión, como debían haberlo hecho durante los últimos treinta y ocho años: la presencia de CSW en Abu Dabi para acudir junto al monarca al Energy Summit era una potencial muesca en el «desprestigio institucional» que estaba sufriendo España.

Más de un día en esa espantosa primavera, un alto cargo del Gobierno recibió a un rey exasperado en su casa, a horas intempestivas, sin tener con quién hablar o a dónde ir. La mujer de este fiel servidor del Estado, alertada sobre la presencia de una visita destacada, ha visto más de una película en el cine a solas esperando a que el desdichado monarca abandonara su casa y ella pudiera volver sin importunarlo.

Es difícil saber con exactitud lo que él sentía y quería en esos momentos porque las descripciones nos llegan a través de segundas personas. Pero de los testimonios de los que lo trataron en esos meses se desprende la imagen de un hombre que se echó en brazos del único apoyo que tenía en ese momento: CSW. Ella era su único objeto de consuelo y de cariño. Pero para la mayor parte de su entorno, su pareja no era más que «una manipuladora que se aprovechaba de su débil estado para sacarle todo lo que quería».

«*Now that I know what it is to be with somebody, I'm going to suffer solitude*», «Ahora que sé lo que es estar con alguien, voy a sufrir de soledad», le dijo el rey a CSW. Ella, en respuesta a este enamoramiento supuestamente único en la vida del monarca, respondió con insistentes llamadas interesándose «por sus molestias, reconfortándolo, preguntándole si se había tomado las medicinas, cómo había pasado el día. Le daba pena que nadie lo hiciera, que nadie se estuviera ocupando del hombre detrás del rey». «Él estaba aterrorizado: por su mala salud, por el futuro. Ella lo consolaba y le insistía en que no debía tirar la toalla. Le recordaba que él era el rey, que solo él debía decidir».

A casi nadie en España logré arrancarle una visión positiva del papel que jugó CSW en los críticos días de 2013. El entorno inmediato del rey, que conocía su insistencia en que este no cediera a las presiones y renunciara la Corona, veía motivos interesados: «Le vale más como rey». Apenas un miembro de la clase política, me habló con más caridad esa primavera: «Lo atiende, le da cariño, y eso está bien. Pero creo que los españoles ya no la dejarían verlo. Sobre todo la derecha cavernícola. Sí, ella ha ganado mucho dinero gracias a él, pero también se lo ha hecho ganar a empresas españolas».

«Él está obsesionado con ella, y ella está embarcada en un estilo de vida irreal», me señaló otra persona del entorno del rey que dice conocer bien los recovecos de la vida privada de CSW.

Esa primavera, la caricatura de CSW como mujer diabólica se abrió paso por los mentideros madrileños: su mal carácter; su manera de darle al rey «carrete cuando conviene y de recogerlo cuando hace falta en un perfecto ejercicio de manipulación», y hasta la escena que CSW le montó al monarca en pleno *hall* de un hotel de Venecia frente a un grupo de personas que habían viajado con él en el mismo avión en el que ella no fue invitada.

Ese dibujo iba acompañado de otro: un monarca mayor, débil, asustado, que llegaba al final de su vida en completa soledad.

Aquí, de nuevo, las visiones difieren. Según unos: «Ella era la única que le hablaba claramente, que se reía de él, que le gritaba cuando hacía algo inaceptable y que lo trataba normal, como un ser humano, no como un rey».

«Corinna viene de abajo, por eso la conozco tan bien», señala sin embargo otro supuesto amigo del exrey, que comparte esa visión poco amable de la última pareja estable de Juan Carlos I. Me asegura, además, que los servicios de inteligencia guardan celosamente datos de la vida privada de CSW que no dudarán en poner en circulación si esta hace peligrar la dignidad real en España.

Llegados a este punto, es difícil rastrear los hechos como son. Lo cierto es que tras las últimas reuniones de CSW en Zarzuela con el general Sanz Roldán y con Margallo en diciembre de 2012, la clase dirigente se cerró en banda. Fue entonces cuando, además de su residencia en Mónaco por motivos fiscales, CSW cambió el hogar que tenía en el monte de El Pardo por un elegante piso en una de las direcciones más distinguidas de Londres, donde apenas los rusos y los árabes multimillonarios pueden permitirse tener casa.

De esa dura época de soledad impuesta por la salud y por los escándalos, hay varios nombres que sonaron en Madrid como amigos que no dudaron en acompañar al rey cuando él los necesitó: Juan Miguel Villar Mir, el general Félix Sanz Roldán, el doctor Ángel Villamor o el expresidente Felipe González. A ninguno le gusta hablar de su relación con el exmonarca, y menos en unas circunstancias tan difíciles para él.

También CSW afirmó encontrarse en una situación muy complicada que ella no dudaba en calificar de «pesadilla». No podía ver al rey pero se sentía obligada a apoyarlo en la distancia. Se sabía criticada a lo largo y ancho del país: si estaba, por estar; si no estaba, por no estar. En su afán por defenderse, acabó poniendo aún más piedras en el camino. Cuando se canceló el polémico viaje real a Abu Dabi, una CSW muy enfadada que, como hemos visto, se quedó *colgada* en la *suite* presidencial del Emirates Palace se refirió a lo sucedido como un «golpe de palacio» en Zarzuela que tendría retenido a don Juan Carlos. Aunque sus interlocutores no llegaron a creerla, sí intuyeron sin embargo que el rey de España empezaba a perder su poder. Y en el colmo de la humillación, al comprobar que el rey no iba a ocupar la *suite* presidencial, se le sugirió a CSW que debía abandonarla, a lo que ella se negó en redondo.

Las habladurías no eran buenas para nadie, y menos aún para un país como España que luchaba por recuperarse de una crisis económica en medio de una persistente crisis política. La imagen del país se resentía en los círculos dirigentes del exterior aunque estas interioridades no salieran en la prensa.

Lo que sí resultaba más que visible era el caso Nóos que, a esas alturas, estaba colocando en portada con frecuencia a la familia real. Si un día resultaba imputado el asesor de las infantas Elena y Cristina, Carlos García Revenga, machaconamente llamado «secretario» por los medios, otro era llamado a declarar el conde Fontao, el abogado del rey. Torres seguía con su estrategia de ir filtrando correos embarazosos. Los españoles empezaron a vislumbrar una Zarzuela convertida en una casa de los líos donde nadie parecía estar realmente al frente, desde luego no un monarca que salía y entraba de hospitales aparentemente incapaz de poner fin a los escándalos.

La expulsión de los duques de Palma del paraíso se fue haciendo en diferido, lo que fue malo para todos: para ellos porque les hizo sentirse aún más víctimas y para los españoles porque les dio la sensación de que los *empujoncitos* que les iban dando eran resultado de las encuestas internas —un rechazo cercano al cien por cien de la población española hacia la pareja— y no al convencimiento personal o a una decisión madura de los padres, el hermano y la institución.

El 10 de febrero de 2013, cuando Juan Carlos I acudió al Buesa Arena en Vitoria para presidir la Copa del Rey, el recibimiento fue desolador. Además de la tradicional pitada al himno nacional, los asistentes le gritaron «¡Fuera, fuera!» y, lo que es peor, le corearon la canción infantil: «Un elefante se balanceaba sobre la tela de una araña». Una cosa es que se pite al rey en España debido a las habituales tensiones nacionalistas y otra es que se le hagan chanzas porque su imagen ha dejado de inspirar respeto.

Este punto fue especialmente doloroso para él, porque todos los que le conocen lo describen como «un caballero». Le llegaban los vídeos y las imitaciones más crueles, y él los interpretaba —correctamente— como la pérdida de popularidad entre todas las capas de la sociedad. Su corona se tambaleaba con claridad, pero cayó definitivamente cuando perdió el respaldo de la clase dirigente y de los poderes fácticos.

Como cada año, a primeros de enero de 2013, *El Mundo* le había *regalado* a Zarzuela una encuesta con preguntas que nadie parecía querer hacer para no infligir más daño a Juan Carlos I. En esa en particular se pudo ver claramente que el rey no recuperaba la popularidad que había perdido tras la caída en Botsuana. Esos veinte puntos de crédito que se despeñaron por el risco de la irresponsabilidad personal ya no volverían jamás.

En medio de toda esa niebla que se cernía en torno al monte de El Pardo, irrumpió CSW como un elefante en una cacharrería. En febrero, sintiéndose abandonada a su suerte por el aparato de Zarzuela, decidió lanzar su propio mensaje de defensa en medio de posados glamurosos que incluyeron una pulsera valorada en más de tres millones de euros. Peor, imposible, ante un país agobiado por la crisis económica y el deterioro de las instituciones, empezando por la Corona. Tras leer sus declaraciones, algunos miembros del Gobierno entendieron además la peligrosa relación que se había creado entre CSW y la Casa del Rey. Ese fue el caso, por ejemplo, del ministro de Industria, José Manuel Soria, que comprobó sorprendido cómo se manejaban algunos de sus documentos sin que él los hubiera facilitado. Don Juan Carlos, que pareció entender el error cometido en Botsuana, seguía errando al permitir que CSW regresara a Madrid y dialogara con Margallo, su ministro más cortesano, sobre asuntos que solo correspondían al Gobierno, como eran los problemas con los líderes de Emiratos por las primas a las renovables.

El último trabajo de CSW para Zarzuela, en diciembre de 2012, fue la puntilla. *El Mundo* desveló que ella escribió el guion y eligió el atrezo del vídeo de Juan Carlos I para el Energy Summit de Abu Dabi, ese al que luego no asistió. En él, el monarca se dirigió a los participantes del foro en el Emirates Palace sentado junto a una enorme fotografía de *sheikh* Zayed, el jeque fundador de los Emiratos. La cinta la grabó un cámara de Televisión Española bajo la dirección de Javier Ayuso, el director de comunicación de la Casa. A partir de ahí, CSW solo tendría cabida en el universo emocional del monarca. Se acabaron los trabajos para España.

En Zarzuela, donde solo se vivía ya a la espera de malas noticias, no era fácil hacer bromas, aunque alguno de humor estoico lo intentaba. ¿Un maleficio o la ira de los dioses? El 31 de marzo, *El Mundo* volvió a asestar un golpe en forma de exclusiva al publicar el testamento de don Juan de Borbón, del que siempre se dijo que vivió gracias a la ayuda caritativa de algunos seguidores monárquicos españoles. *Crónica*, el suplemento dominical dirigido entonces por Miguel Ángel Mellado, se hizo con el documento que demostraba que don Juan murió rico y que dejó a sus tres hijos casi siete millones de euros entre cuentas bancarias e inmuebles. El dinero, además, estaba en tres cuentas en Suiza. Su hijo ingresó los 2,25 millones de euros que le correspondieron en una cuenta en Ginebra mediante tres cheques en octubre de 1993.

La información no dejó bien parado al rey, del que siempre se sospechó *sottovoce* que podía tener cuentas en el extranjero. Durante más de tres meses, Zarzuela guardó silencio. A principios de julio se nos convocó a un *briefing* en Magnolias en el que, sin previo aviso, se nos informó de que el jefe de la Casa, Rafael Spottorno, había hecho una laboriosa investigación fruto de la cual había comprobado que el rey empleó esos 2,25 millones de euros en pagar «deudas y obligaciones» de su padre, y que en 1995 cerró la cuenta. Spottorno no aportó prueba documental alguna. Los bancos se habían fusionado, había pasado mucho tiempo y los papeles habían desaparecido. Tampoco hubo documentos de que el monarca hubiera pagado impuestos en España por la herencia recibida.

Lo que parecía que no podía empeorar, lo hizo: el 3 de abril, el juez Castro imputó a la infanta Cristina y la instó a acudir al juzgado a declarar el día 27 de ese mismo mes. «No se acaba de entender que el rey no comente con su hija las críticas que había hecho llegar a su marido», escribió el magistrado en su auto.

Doña Cristina, o la ciudadana Cristina de Borbón, como empezaron a llamarla los medios debido a su falta de ejemplaridad, no llegó a declarar porque fue *desimputada* por el fiscal. Esta figura jurídica no existe, pero fue acuñada espontáneamente para definir una situación que fue debatida con entusiasmo por los españoles de todas las clases sociales y en todos los puntos del país. Zarzuela adoptó un papel sorprendente: se inmiscuyó de lleno en el quehacer de la justicia al emitir un comunicado en el que expresaba su «sorpresa» por la decisión del juez y defendía la del fiscal. El comunicado, incomprensible para la mayoría de los españoles, se explica en el contexto de la reunión que mantuvieron en palacio el rey, el príncipe, el presidente del Gobierno, el ministro de Justicia, Alberto Ruiz-Gallardón, y el fiscal general del Estado, Torres Dulce, en la que se estableció una línea roja de actuación: se dejaba caer a Urdangarin al foso pero no a la infanta para evitar la contaminación de toda la Corona.

Sin éxito alguno, don Juan Carlos se dirigió a su hija menor «como rey y no como padre» para que hiciera algo, como por ejemplo divorciarse de su marido. No solo no lo hizo, sino que la pareja Urdangarin-Borbón salió reforzada después de lo que ambos consideraron una injusticia. Además, de nada sirvió la interferencia de Zarzuela en los quehaceres de la justicia: un año más tarde, la infanta Cristina fue imputada sine díe, y así sigue.

Por si la situación no estuviera aún lo suficientemente enrarecida con todos los acontecimientos, el *todo Madrid* supo en ese tiempo que el director de *El Mundo*, Pedro J. Ramírez, se había reunido en Londres con CSW. ¿Por encargo de quién? ¿Para tramar el qué? Juntos, la enemigo número uno del momento con el enemigo número uno de siempre.

En la primavera de 2013, mientras en España los almendros empezaban a estallar en blanco y en rosa, en La Zarzuela el aire se tornaba irrespirable.

El viernes, 22 de febrero de 2013, la *esquina* de la redacción de *El Mundo* hervía. Por la ubicación de su despacho, a Pedro J. le solíamos llamar «el de la esquina». Allí se concentraban los despachos del poder: el del director, el de su eterno número dos, Casimiro García-Abadillo, y el de su *filósofo* de cabecera, Pedro García Cuartango. Esa mañana, con la primera entrevista de CSW ya hecha, el director andaba dando zancadas por la redacción, síntoma inequívoco de que estaba excitado por alguna noticia.

Entre conversaciones cruzadas, y ante la incredulidad general, saqué a colación la columna que José Antonio Zarzalejos había publicado ese día en *El Confidencial* y que tituló «El rey baraja ya la abdicación». Me pareció relevante porque Zarzalejos es un periodista riguroso que tiene buenas fuentes, y porque intuía —recién llegada de mi encuentro con CSW en Londres— que el monarca no podría hacer juegos malabares durante mucho más tiempo.

«Sin movilidad y sin popularidad, *tocado* en su percepción pública por su relación con Corinna Sayn-Wittegenstein [*sic*] y ahora también por su aireada —aunque no probada— intervención para proporcionar la presidencia de la Fundación Laureus a su yerno, don Juan Carlos ya es permeable a asumir una próxima abdicación, siempre en una coyuntura más distendida que le permita lo que, sin duda, merece: dejar la jefatura del Estado con la vitola de haber sido el mejor rey de la historia de España. Porque ya su permanencia al frente de la institución de la Corona ha traspasado el umbral de la optimización de la monarquía de tal forma que la proclamación de don Felipe produciría una regeneración institucional completa con un efecto dominó en todo el sistema, ahora muy renqueante», escribió el antiguo director de *ABC*, que ha vuelto con gusto al periodismo de calle con la experiencia necesaria como para producir columnas al estilo anglosajón: con opinión pero, sobre todo, con información.

Lo que Zarzalejos escribió se lo habían confirmado directamente en Zarzuela, pero los *hombres de gris* no tuvieron empacho en desmentirlo ese mismo día a través de un comunicado. El rey «montó en cólera» al comprobar que su entorno no solo aceptaba con los brazos abiertos lo que aún no era más que una idea sin elaborar, sino que empezaba a difundirla para que no hubiera marcha atrás. Esto hizo extremar las precauciones a Spottorno, que, en 2014, cuando la idea volvió a estar sobre la mesa, fue preguntando al rey cada día durante dos semanas si «esta vez iba en serio», o si «iba a cambiar otra vez de opinión».

La operación de relevo, como ya hemos visto, se empezó a estudiar en profundidad en 2010 poco antes de la operación de pulmón, pero el rey «no quería ni oír hablar del tema», apoyado por un entorno que le repetía: «El príncipe aún no está preparado».

«Después de Botsuana, se lo empezó a ver venir, pero no quería ni atado», me corrobora un destacado político que habló con el monarca de la posible abdicación «al menos en quince ocasiones» entre 2012 y 2014. «Ya he hecho todo lo que tenía que hacer», fue el argumento principal de don Juan Carlos para justificar un final que, en el verano de 2012, puso sobre la mesa al presidente Rajoy como órdago a su decisión de seguir viendo a CSW, y que el 5 de enero de 2013, con motivo de su setenta y cinco cumpleaños, «se le había vuelto a sugerir». Pero «ella se negó en redondo a que él lo hiciera».

Los diplomáticos extranjeros acreditados en Madrid, y sus extensiones en los servicios de inteligencia, ya no preguntaban si el rey pensaba abdicar, como en el pasado reciente. En la primavera de 2013, la pregunta era: «¿Por qué no lo ha hecho ya? ¿A qué espera? Debería hacerlo».

A su alrededor, en un perfecto cuadro shakespeariano, las clases informadas destacaban tres problemas, los tres con nombre de mujer y las tres a la defensiva. El primero, el de la princesa de Asturias, quien después de «unos años muy buenos, tras tener a las niñas, se torció. Considera que tiene que protegerse frente a una familia disfuncional». El segundo, el de la infanta Cristina, «cuya soberbia le impide dar el paso —la renuncia a los derechos dinásticos— que aligeraría la carga que lleva el rey». Y el tercero, el de CSW, que «tiene mucha influencia sobre el monarca incluso en la lejanía. Aunque ya no tiene dependencia física hacia ella, sí la tiene psicológica». No hay un cuarto nombre femenino, el de doña Sofía, «porque ella lo único que quiere es que su hijo reine. Nada más, y nada menos».

Los rumores y los temores se fueron multiplicando, y las teorías que cruzaban Madrid, de boca en boca, eran de lo más variopintas. Una persona muy bien situada que tiene una relación estrecha con el rey se mostraba indignada: «¿Por qué permitió el CNI que la foto del rey con el elefante muerto permaneciera tanto tiempo en la red? ¿Por qué nadie organizó adecuadamente la actividad de Urdangarin cuando se casó con Cristina? Lo que quería hacer, cuánto necesitaba ganar, cómo iba a hacerlo... Nadie ayudaba de verdad al rey, mientras que todos los de su alrededor se aprovechaban de él». Superada la indignación, esta persona sí reconoció que el rey también había cometido errores: «El principal, creer que podía hacer lo que le diera la gana».

El debate en España comenzaba a deslizarse por una peligrosa pendiente: si el *juancarlismo* estaba herido de muerte, y los españoles nunca habían sido monárquicos, ¿por qué aceptar la Corona después de Juan Carlos I? La decepción personal provocada por el rey confirmó a muchos españoles la maldición del *gen Borbón*, que acaba siempre mal para España. Este era el camino que Zarzuela y Moncloa querían evitar a toda costa: que los últimos años de don Juan Carlos pusieran en peligro la arquitectura política de la España salida de la Transición. Ese fue el temor que empezó a imponerse entre la clase dirigente: si el rey permanecía en el trono habiendo perdido el respeto de los españoles, existía el grave peligro de que los ciudadanos le dieran la espalda no solo a él, sino a la Corona en general.

Hasta entonces, la clase dirigente se había visto beneficiada por un rey que traía estabilidad y confianza al país. Pero en pocos meses se empezó a instalar el convencimiento de que el monarca se había transformado en un peligro para la estabilidad del sistema creado tras la muerte de Franco. Incluso entre algunos de sus más enérgicos defensores, benefactores o beneficiados. Don Juan Carlos se estaba quedando peligrosamente sin apoyos.

El temido *efecto contagio* empezó a producirse en 2013, y contaminó hasta los grandes valores de la Casa, como la reina. El 8 de enero, para gran sorpresa de sus acompañantes, doña Sofía fue abucheada en Madrid en un acto solidario en el cine Callao: la presentación de la película de televisión basada en la vida de Vicente Ferrer, que entregó su vida a los intocables de la India. Algunos de sus fieles entre los *hombres de gris* mostraron su sorpresa e indignación: «No es justo, si hay alguien que no se lo merezca es ella». Pero volvió a ocurrirle lo mismo, a finales de mes, en el Teatro Real. Y de nuevo, cinco meses más tarde, en el Auditorio Nacional de Madrid.

La indignación popular hacia lo que se consideraba un comportamiento poco ejemplar de la familia real parecía no hacer distingos entre sus miembros: la infanta Elena, quizá la más injustamente afectada porque fue apartada de la Casa de manera exprés por culpa de su hermana y su cuñado, también la sufrió el 7 de febrero de 2013 en un inocuo acto en el Casino de Madrid. Era una tarde-noche lluviosa cuando la infanta llegó al hermoso edificio decimonónico en la calle Alcalá para presidir un evento de mujeres empresarias. El evento apenas había sido publicitado, la tarde no invitaba a salir a la calle y, sin embargo, ahí estaban, concentrados en la puerta a la espera de la llegada de la hija mayor del rey, los descontentos. Doña Elena, que acababa de sufrir un esguince en la rodilla izquierda mientras montaba a caballo, cojeaba un poco, lo que hizo aún más lenta y desagradable la entrada en el edificio.

Si hasta allí habían acudido españoles *de bien* —no vi a ningún *hooligan* entre los abucheadores—, ¿hasta dónde estaba llegando el descontento hacia los Borbones del siglo XXI?

Lo supimos, en vivo y en directo, el 31 de mayo, cuando los príncipes de Asturias recibieron una sonora pitada en el Liceo de Barcelona, un lugar poco sospechoso de albergar a *desarrapados.* Incluso los españoles que no hablan catalán imaginaron que la expresión «*foteu el camp!*» no es precisamente un halago. Las caras de los príncipes, cada uno en su estilo, lo decían todo. En el caso de doña Letizia, era claro el enfado: desde su punto de vista, ellos sufrían las consecuencias de las actuaciones irresponsables de otros.

Entre ellos, su suegro, el rey, que seguía enrocado en su decisión de no abandonar el barco hasta que la situación política se aclarara, el juicio de Urdangarin finalizara y los españoles se hubieran convencido de que, al fin y al cabo, él había sido el mejor Borbón de la historia de España.

En esa dirección lo apoyaba y lo aconsejaba CSW, que en abril había enviado a su primer exmarido, el americano Philip Adkins, a acompañar al rey. Adkins almorzó con don Juan Carlos en Zarzuela y, por fin, lo encontró más animado porque había mejorado algo. El primer día que pudo ponerse de pie después de la operación de hernia discal, al monarca se le llenaron los ojos de lágrimas. Le pareció un milagro, él que se daba ya por confinado de por vida a la silla de ruedas. CSW y Adkins, por un lado, y el doctor Villamor por otro, le empujaron a hacer la dura rehabilitación que le ayudaría a caminar de nuevo. No había muchos más a su alrededor que le inspiraran el deseo de sobreponerse a la invalidez, excepto su propia ambición y la fijación dinástica que le había sido inculcada desde niño.

A corto plazo, su gran ilusión era poder viajar de nuevo al extranjero para encontrarse con CSW. Incluso los que tanto empeño ponían para separarlos se dieron cuenta entonces de que «ella era la única que le daba vidilla». Una *vidilla* necesaria para mantener la estabilidad institucional en España hasta que el horizonte económico, político y judicial se estabilizara. CSW, con su habitual rapidez mental, pareció darse cuenta del cambio de rumbo en la capital de España. Más de una persona la oyó comentar con amargura: «Ahora sí querrán que me ocupe yo de él para que en España puedan seguir utilizándolo. Primero me echan con cajas destempladas y ahora me buscan. ¿Por qué no me dejan en paz?».

Pronto, el rey pudo viajar de nuevo a Londres para verla, una rutina que mantuvo cada tres semanas mientras su salud se lo permitió. Estaba claro que mientras CSW no viniera a España ni se inmiscuyera en los asuntos nacionales, casi era mejor que el rey siguiera viéndola para que tuviera «algún tipo de esperanza que le ayudara a recuperarse físicamente». Su entorno de Zarzuela, en un nuevo vaivén, empezó a convencerse una vez más, para bien o para mal, de que «su mejoría física lo pone en la casilla de salida para otros tantos años».

Esa también fue la época en la que el rey decidió que no podía abandonar el trono «con el rabo entre las piernas» como casi todos sus antecesores, cuando proclamó que volvía «para dar guerra». Fue un espacio temporal breve en el que llegó a creer que podría relanzar su imagen y erigirse en protagonista de una segunda Transición. En ese tiempo de energía positiva, hasta *El Mundo* le apoyaba. Pedro J., en su Carta del Director, escribió «El Rey Batallador», insistiéndole para que siguiera al frente del trono hasta la muerte. Y hubo una portada, la del domingo 5 de mayo, que al monarca le entusiasmó.

Esa portada, que llevaba mi firma, se tituló: «El rey decidido a reactivar los mejores valores de la Transición». Su contenido era una clara *lanzadera* para que don Juan Carlos retomara las riendas de la jefatura del Estado:

> El rey está decidido a intentar relanzar los mejores valores de la Transición, dado el escenario económico, político y social tan turbulento de España. Según el programa institucional *Audiencia abierta*, de TVE, don Juan Carlos va a relanzar el papel moderador de la Corona para propiciar «pactos, acuerdos y consensos» frente a la crisis. El monarca, de setenta y cinco años, quiere fomentar la «transparencia» y el «sometimiento a la ley» de todas las instituciones, empezando por la monarquía.
>
> Don Juan Carlos da por cerrado el debate sobre su abdicación, pues ve garantizada la continuidad a través de la figura del príncipe Felipe, según el espacio emitido ayer por TVE.
>
> Desde hace dos semanas, el rey insiste, casi a diario, en que está de vuelta. Ayer lo hizo a través de la televisión pública, que ofreció, por primera vez en diez años, imágenes del monarca despachando en La Zarzuela con Rafael Spottorno, el jefe de la Casa del Rey. Don Juan Carlos está ya «en plena actividad» tras la última operación para lograr «pactos, acuerdos y consensos», y para relanzar la maltrecha Corona, según informó con entusiasmo el espacio *Audiencia abierta*, que cada sábado trata sobre los actos de la monarquía.
>
> El regreso del rey se produjo el pasado 22 de abril más rápido de lo esperado, tan solo siete semanas después de ser operado de una complicada doble hernia discal que le provocaba grandes dolores en la espalda. Tras cuatro apariciones meramente físicas en La Zarzuela (el escritor José Manuel Caballero Bonald; el primer ministro esloveno, Robert Fico; el rey de Jordania, Abdulá II, y el ministro de Exteriores de Guinea Ecuatorial, Agapito Mba Mokuy), don Juan Carlos dio el paso, personal e inesperado, de acudir el pasado

martes al Bernabéu para asistir al partido entre el Real Madrid y el Borussia Dortmund.

Ayer, la escenificación de su vuelta subió un peldaño más y se llenó de contenido político. Según TVE, ha regresado con tres grandes objetivos: «Dar un fuerte impulso a la Corona»; «propiciar acuerdos entre las fuerzas políticas y sociales desde una escrupulosa neutralidad» y «retomar su intensa agenda diplomática».

Se trata de un papel de mediador por encima de las luchas políticas que ya ejerció durante la Transición. «El jefe del Estado explora las posibilidades de alcanzar acuerdos que ayuden a reducir el desempleo», afirmó la televisión pública, que informó de que el rey ha seguido despachando semanalmente con el presidente del Gobierno, Mariano Rajoy, y que ha mantenido «contactos habituales» con el líder de la oposición, Alfredo Pérez Rubalcaba. En estos encuentros, ha trasladado estos planes a ambos responsables políticos mientras los «perfila en Zarzuela con su equipo de confianza».

Fue tan grande el peldaño escalado ayer de golpe por el rey, que desde Zarzuela se quisieron rebajar las expectativas provocadas por este programa, distanciándose de unas conclusiones que atribuyen a los realizadores. Según fuentes oficiales, «hablar de un pacto aún es prematuro, el acuerdo no está en marcha, aunque podría ocurrir». De momento, señalan, la corriente política no va en ese sentido, pues el Gobierno ha anunciado contactos solo con las fuerzas sociales, después del anuncio, la semana pasada, de los 6,2 millones de parados y las sombrías expectativas económicas hasta 2016.

Oficialmente, en Zarzuela se hace hincapié en que en estos treinta y ocho años de reinado, don Juan Carlos ha perseguido siempre el mismo objetivo: la unidad de las fuerzas políticas. En este sentido, no hay nada nuevo en el programa de ayer en lo referido al pacto. Pero sí se reconoce que, en este segundo retorno (el primero tuvo lugar el año pasado casi en las mismas fechas, tras la caída en Botsuana), el «componente interno» va a ser mucho mayor. En 2012, con el trasfondo del rescate y la prima de riesgo, el rey se lanzó en pos de la Marca España y recorrió 70.000 kilómetros. Ahora, según Zarzuela, «el problema más importante de España está dentro: es el paro».

Las imágenes exclusivas que recogen las cámaras de TVE fueron rodadas el martes en el despacho del rey, antes de recibir al ministro guineano y de ir al fútbol. En ellas se ve a don Juan Carlos repasando unos papeles, leyéndolos con ayuda de gafas y hablando con Spottorno. Estas imágenes, según los responsables del programa, muestran «en su rostro las huellas del quirófano, pero también su determinación; en sus ojos el peso de la experiencia, pero también decisión; en sus manos el paso del tiempo, pero también firmeza».

La voz en *off* de Miguel Ángel Sacaluga dice que el monarca quiere «intensificar su papel de árbitro moderador, aumentar sus contactos con políticos, interlocutores sociales y ciudadanos. Los tiempos y los españoles piden más entendimiento entre instituciones, partidos y agentes sociales». En el reportaje se explican los cuatro ejes sobre los que rey pretende vertebrar el relanzamiento de la imagen de la Corona al día siguiente del sonoro suspenso del CIS: transparencia en las cuentas; sometimiento a la ley; estabilidad, cerrando definitivamente el debate sobre la abdicación, y continuidad, reforzando el protagonismo del príncipe para que, cuando llegue el momento, la sucesión sea solo un trámite.

Según Zarzuela, estos puntos forman parte de una lista aún más larga que se sustenta, sobre todo, «en que el rey esté plenamente activo». Desde la institución se insiste en que, hasta ahora, el monarca no ha rebasado «los plazos de seguridad establecidos por los médicos».

Uno lee ahora ese artículo con una mezcla de condescendencia y de pena por el deseo de que ocurra lo que hay en él.

No se reflejaba en mi crónica que se trataba del enésimo intento cocinado en Zarzuela por insuflar vida en una figura que se apagaba sin remisión: el barómetro del mes de abril del Centro de Investigaciones Sociológicas dio 3,68 puntos a la monarquía, un claro suspenso que se convirtió en la nota más baja desde que comenzaron las encuestas. La vez anterior, en octubre de 2011, la monarquía había logrado una media de 4,89 puntos. En dos años, entre octubre de 2011 y abril de 2013, el gubernamental CIS *se olvidó* de preguntar a los españoles por su opinión hacia la monarquía, siguiendo el viejo axioma de *no news, good news.*

Visto ahora, con la distancia de los hechos acaecidos, uno no puede sino esbozar una sonrisa: ¿en qué mundo vivía Zarzuela en aquella época si pensaba que don Juan Carlos, Mariano Rajoy y Alfredo Pérez Rubalcaba podían ponerse al frente de una nueva España?

Como si Botsuana no hubiese existido, trataron de retrotraerse a marzo de 2012, cuando el rey se reunió con el *lobby* del Ibex 35 en ese encuentro-exclusiva filtrado posteriormente a *El País* y *El Mundo.*

Increíblemente, el rey y su entorno estaban aparentemente convencidos de que don Juan Carlos aún podía ponerse al frente de una renovación de la imagen de la monarquía. Además de «entusiasmado» con esa portada, también se encontraba «muy animado» ante la perspectiva de «retomar el control», aunque «sigue estando solo y confundido acerca de su relación con CSW».

También la clase política dirigente y los principales medios de comunicación hicieron todo lo posible por reinsertar a Juan Carlos I en los corazones de los españoles. A este esfuerzo se sumó Pedro J. Ramírez, quien en su carta «El Rey Batallador» dejó escrito: «Lo que ahora requerimos de él no es que nos vuelva representar en los Juegos Olímpicos sino que impulse un proyecto regenerador, similar al de la Transición, que nos saque del hoyo». Y llegó a decir de él que «sigue siendo el mayor activo de nuestra democracia». La extraña misiva semanal de Ramírez echó a temblar los consejeros del rey: si le pedía que se quedara con esa tanda de piropos, solo podía ser para «echarlo él mismo, cuando él quisiera».

Aunque mis fuentes describieron al rey como «entusiasmado» con la mencionada portada y de volver a ser el protagonista de una segunda Transición, lo cierto es nunca llamó a Ramírez para agradecerle la casi aduladora carta. Juan Carlos I había dejado de fiarse del director de *El Mundo* hacía más de veinte años: una simple columna no iba a convertirlo en su principal apoyo.

En ese tiempo hubo otro desagradable motivo adicional que supuestamente jaleó la decisión real de «aguantar» contra viento y marea. El propio rey se encargaba de airear la sospecha: doña Letizia no estaba preparada para ser reina de España. No he podido confirmar si todo lo sucedido en torno a la princesa de Asturias durante aquellos meses fue una *tormenta de verano* auspiciada por los que no querían que accediera al trono, entre ellos su propio suegro, o si se trató de una serie de hechos consecuencia de su atribulada existencia.

Lo que sí puedo asegurar es que la tormenta tuvo lugar, aunque los medios de comunicación pasaron por encima de ella de puntillas. Personas influyentes la utilizaron para probar que doña Letizia no era apta para ser consorte del rey de España. La mano de Shakespeare se dejó sentir de nuevo en La Zarzuela en un extraño segundo acto de una tragedia cuyos capítulos estaban ya muy avanzados. Las personas que se decían más responsables e informadas se jactaban de poseer los datos necesarios para declararse contrarios a la posibilidad de que doña Letizia ocupara el lugar de la reina Sofía. El rey hacía poco por defenderla.

«Ella se casó enamorada, pero luego se desenamoró, se desengañó o no está bien», señalan fuentes solventes sobre lo que empezó a ocurrir en la primavera de 2013 tras la publicación del libro *Adiós princesa*, escrito por un primo de doña Letizia, David Rocasolano, y que no fue publicitado en ningún medio de comunicación tradicional.

El libro en cuestión, con bastante mal estilo, es un claro acto de venganza hacia un familiar con el que la relación se ha roto, y no deja bien parada a la actual reina de España. A partir de ahí, no sabemos si influida por la traición familiar, doña Letizia empezó a dar muestras públicas de un claro malhumor. Su cara estática y su tensión latente se convirtieron en marca personal hasta septiembre de 2013, en que lo peor había pasado y «le vio las orejas al lobo». En Buenos Aires, durante la malhadada presentación de la candidatura española a los Juegos Olímpicos, los príncipes de Asturias demostraron públicamente que sus supuestas dificultades matrimoniales habían quedado atrás. La excelente intervención de don Felipe, sobre todo comparada con la lamentable de los políticos, le dio un halo real al heredero ante todo el país, que lo siguió por televisión.

Desde abril y hasta septiembre de 2013, los *problemas* de doña Letizia se superpusieron a los de don Juan Carlos: comenzaron a ser discutidos por el *todo Madrid* su extrema delgadez, su mala relación con don Felipe, sus inadecuadas salidas con amigas y, lo peor, unos mensajes de móvil de una persona que actuaba contra ella.

Al parecer, el Gobierno tuvo que pedir al CNI que interviniera ante un «intento de chantaje». Un asunto turbio que debió de complicar la relación familiar hasta el punto de que, en agosto, doña Letizia abandonó Mallorca y dejó al príncipe allí con las infantas Leonor y Sofía. En ese momento, el rey pidió al príncipe que se divorciara de ella, pero el resultado fue el mismo que el de la petición que formuló a la infanta Cristina: la pareja se volvió a unir y luchó aliada contra la adversidad.

Fue ese el extraño verano en el que la prensa monárquica publicó un artículo llamando al orden a doña Letizia para luego rectificar y afirmar que supuestos problemas en la pareja no eran más que «una errónea percepción pública». El talante cambiante de la princesa, que mejoró en septiembre de 2013 —y definitivamente en junio de 2014 cuando se convirtió en reina—, vadeó el temporal, de modo que su supuesta incapacidad para reinar quedó enterrada en el olvido. Ya había un motivo menos para que don Juan Carlos se resistiera a abdicar. Sobre todo, debía dejar paso al príncipe de Asturias «mejor preparado de la Historia», como él mismo dijo en TVE en enero de 2013.

Como el año anterior, el rey eligió el Día de las Fuerzas Armadas para hacer una *rentrée* pública tras una operación. Esta vez, tuvo lugar en la plaza de la Lealtad de Madrid, no en Valladolid, y resultó bastante deslucida y pobre. Duró apenas veinte minutos, y el paso lento del monarca, seguido de las caras de circunstancias de los príncipes de Asturias, no sirvió exactamente como el espejo de los ejércitos de España.

A esas alturas del año, y a pesar del progresivo desprestigio en el que estaba cayendo el bipartidismo en España, desde Zarzuela se encargaban de repetir que el PP y el PSOE seguían contando entre los dos con la mayoría de los votos de los españoles. Sin poder viajar por su mal estado físico, se decidió concentrar los esfuerzos del rey en simular un empujón político destinado a aunar a las fuerzas políticas para sacar a España de la crisis. Ese mes de junio visitó con gran fanfarria el Consejo de Estado, una institución mayormente desconocida para los españoles y a la que van a parar expresidentes, como Zapatero, y otros elefantes del sistema, como la vicepresidenta Fernández de la Vega o el jefe de la Casa del Rey, Alberto Aza. Se intentó vender la presencia de Juan Carlos I en ese hermoso edificio del Madrid de los Austrias como un acto político de singular importancia. También se destacó que, últimamente, se estaba reuniendo con todos los expresidentes de la democracia, incluido José María Aznar, como si de nuevo pudiera ejercer de demiurgo que cambiara el rumbo del país.

El 20 de junio, la misa conmemorativa del centenario del nacimiento de don Juan se convirtió en el mejor ejemplo del estado de descomposición en el que se encontraba la familia real española: nada de esto quedó fotografiado o contado, pero los que acudimos ese día al Palacio Real pudimos observarlo y casi tocarlo con las manos. Los reyes, como de costumbre, no se miraron ni se hablaron. Los príncipes de Asturias se presentaron sin sus hijas, aparentemente porque doña Letizia se negó en redondo a que las niñas asistieran. La princesa de Asturias estuvo tan seria y malencarada que claramente había tenido un altercado reciente: no comulgó, no besó el anillo del obispo como el resto de la familia real y tampoco hizo la reverencia ante el Santísimo. Todos estos gestos, salvo la comunión, forman parte del protocolo. Saltárselos era su manera de mostrar un monumental enfado. Por su parte, la infanta Cristina, que reapareció sola tras año y medio de ausencia, se sentía claramente a disgusto: tan pronto sonreía demasiado como mostraba unos ojos llorosos. Los más normales, la infanta Elena y su hijo mayor, Felipe Juan Froilán. Los que conocen los intríngulis de palacio afirman: «El abuelo tiene tan poca relación con los nietos que no sabe dónde estudian o si el mayor es un gamberro».

De la ceremonia salimos confundidos y con la clara sensación de que la familia real, de esa manera, no podía seguir cumpliendo su función institucional. Las principales autoridades del país, allí presentes, tuvieron que tener por fuerza la misma impresión. Era evidente.

El rey hizo caso omiso a esta clara descomposición familiar, declaró que lo suyo era «cuestión de tornillos», no de estar «enfermísimo» y se lanzó a visitar Marruecos. Ese viaje había tenido que ser pospuesto a primeros de año por su operación de hernia discal, y en ese momento se sintió con ánimos de hacerlo: era un trayecto corto que le traería muchos réditos, dada la importancia política de la relación entre los jefes de Estado vecinos.

Zarzuela repitió sin cesar que, nueve meses después del complicado viaje a India, el rey estaba en plena forma para recuperar su «agenda exterior». Según pudimos observar en Marruecos, esa aseveración era claramente exagerada. De la misma forma que la visita a la India quedará en mi memoria por la longitud de la primera alfombra roja, el último viaje oficial a Marruecos de Juan Carlos I está para mí conformado por varias escenas aisladas: la llegada en el Falcon, del que salió con enorme dificultad, y la ternura con la que un alto funcionario le prestó su brazo a la vuelta para que pudiera subir con dignidad. Los periodistas estábamos lo suficientemente cerca como para comprobar el enorme esfuerzo que este hombre llevó a cabo para facilitar la entrada de don Juan Carlos en el avión. «Me hizo pensar en mi padre», me diría más tarde el funcionario cuando le hice ver lo difícil que debió de ser extender su brazo sin mover un músculo y sostener al monarca hasta que entró en el avión.

Ese viaje también tuvo su traspiés con una alfombra en el palacio real de Rabat, donde una mano amiga también lo sujetó con fuerza. Y finalmente, una recepción en el jardín del embajador de España, Alberto Navarro, en la que un invitado marroquí suspiró: «Qué pena verlo así. Esta será su última visita a Marruecos».

En esa recepción, el rey se arrastró a duras penas entre los invitados apoyándose en sus muletas y contestando irritado a las preguntas de los periodistas. «Ahora voy a pensar en mí», nos dijo.

Puede que así se explique que unas semanas más tarde, en agosto, cuando pasó unos días en la casa de Philip Adkins en Sussex, discutiera con CSW la posibilidad de contraer matrimonio y de que ella obtuviera el título de su alteza real Corinna de Borbón. El complicado plan implicaba aguantar un año más, llegar hasta los fastos de celebración del cuarenta aniversario de su proclamación en noviembre de 2015 y luego retirarse con ella en un país extranjero, apenas con un apartamento en el Palacio Real al que acudir cuando los ánimos de los españoles se hubieran atemperado respecto a ella. Era un deseo recurrente en el ánimo del monarca pero de muy difícil encaje en la realidad política y constitucional de España.

Su ilusión era que el 22 de noviembre de 2015 pudiera celebrar sus cuatro décadas en el trono antes de pasar la batuta a su hijo después de que la justicia ajustara cuentas con su yerno y los españoles se hubiesen pronunciado de nuevo por una estabilizadora victoria del Partido Popular.

Pero todo parece indicar que el rey no se daba cuenta de que el tren había pasado de largo delante de él. A finales de agosto, a la vuelta de Sussex, unos terribles dolores le volvieron a atacar. El doctor Villamor descubrió que se trataba de la peor de las opciones: una infección en la prótesis que él mismo le había colocado en la cadera izquierda en noviembre de 2012.

La teoría, que el mismo rey ha interiorizado, de que podía haber muerto de septicemia «es ridícula», según fuentes médicas. La prueba: que durante un mes La Zarzuela debatió y organizó la mejor manera de volver a empezar. Qué opción médica tomar, y cuándo y cómo informar a los españoles de que el rey —aquel que iba a ponerse al frente de la nueva Transición española— volvía a quirófano por *trigésima* vez en tres años.

En secreto, los planes se fueron desarrollando a lo largo del mes de septiembre, y ayudan a entender el buen humor de los príncipes de Asturias a su regreso veraniego. A finales de mes,

El Confidencial desveló que médicos americanos habían estado visitando al rey, y el plan de Zarzuela de esperar hasta el último minuto para informar a los ciudadanos se tuvo que adelantar.

El viernes 20 de septiembre —¡por primera vez en la historia!—, tuvo lugar una rueda de prensa en La Zarzuela presidida por Rafael Spottorno con la compañía de tres médicos: a su derecha, dos venidos de Estados Unidos, y a su izquierda, el doctor Villamor, cuyo rostro serio dejaba intuir que algo más estaba pasando en medio de todo el tumulto.

Según me han contado, al mediodía, Villamor almorzó en buena sintonía con los médicos venidos de la clínica Mayo —Miguel Cabanela y Robert Trousdale—, Spottorno y dos miembros del gabinete de prensa. Pero a algunos periodistas no les pasó desapercibida la manera en la que Spottorno cogió a Villamor por el brazo y lo apartó del equipo médico a la hora de sentarse en la rueda de prensa. Con gran firmeza, agarró al médico del rey y le dijo: «Tú, aquí».

Una nueva partida estaba a punto de empezar.

Capítulo 10

EL DÍA DE LA MARMOTA

«Un espeso nudo de pasiones mediocres, intereses personales e intrigas de salón pareció absorber definitivamente la política de la Corte y contaminar a una gran mayoría de los políticos de la época. Unos y otros fueron encendiendo y apagándose mutuamente las vacilantes luces que habrían podido iluminar el laberinto en que se había convertido lo que quedaba de monarquía constitucional en España».

ISABEL BURDIEL, *Isabel II, una biografía*

Medianoche del miércoles, 24 de septiembre de 2014, hospital universitario Quirón, Pozuelo de Alarcón, Madrid.

Había tensión en el hospital esa noche, aunque los periodistas no sabían bien dónde ubicarla. Estaban hartos ya de esperar a que terminara la enésima operación del rey y tenían ganas de irse a dormir. Entre ojeras y vasos de café empezó la rueda de prensa al filo de la medianoche con los doctores Miguel Cabanela y Robert Trousdale como únicos protagonistas. Súbitamente, y tras zafarse de algún organizador que quiso impedírselo, Ángel Villamor subió al estrado. Muy serio, tomó asiento junto a los colegas gallego y canadiense venidos de la clínica Mayo y ocupó la silla justo frente a Rafael Spottorno. Así quedaron los dos, en silencio, mirándose a los ojos: el más famoso traumatólogo de España y el jefe de la Casa del Rey echaban «cordialmente» chispas.

Había motivos para el hartazgo general: el hospital universitario Quirón de Pozuelo era el tercer centro madrileño tomado por el rey y todo lo que le acompaña en apenas dos años. Ni siquiera el buen aparcamiento y la cafetería servían ya para apaciguar los ánimos de la *corte volante* de camarógrafos, ayudantes y policías. Pero, ¿a qué se debía el enorme disgusto del doctor Villamor? El médico madrileño delgado y de cara aniñada es de modales exquisitos. Se dio a conocer en España por los milagros que hacía con toreros y deportistas al salvarles la temporada que daban por perdida tras haber sufrido un accidente. El atractivo traumatólogo, formado en la Dexeus de Barcelona y en Estados Unidos, se hizo con el título de *médico del rey* en junio de 2011 cuando lo operó de la rodilla derecha. La intervención —una artoplastia en lenguaje técnico— fue todo un éxito que lo catapultó a la *celebridad*: el negocio de su clínica privada Iqtra creció exponencialmente al calor de los que pensaban que la mera elección de don Juan Carlos era garantía de éxito.

En realidad, el doctor Villamor era ya un viejo conocido del rey cuando los españoles le otorgaron la distinción de médico real. La artrosis llevaba años causando estragos en el cuerpo del monarca, «haciéndole rabiar de dolor». Villamor y su equipo lo atendían en Zarzuela para intentar paliar los dolores pues el jefe del Estado «nunca encontraba el momento de entrar en quirófano».

Hasta que sufrió un accidente silenciado por la Casa del Rey. Fue en el verano de 2009, cuando don Juan Carlos se cayó en el barco en Mallorca y se rompió el hombro derecho. Villamor fue transportado en helicóptero desde Menorca, donde estaba de vacaciones, hasta el palacio de Marivent para realizar una primera infiltración que le paliara el dolor. Poco imaginaba entonces el joven médico, de cuarenta y dos años, la que se le venía encima.

A partir de ahí, la confianza del rey en él se volvió absoluta. Influyó la total discreción de Villamor, que jamás habla sobre su relación pasada o presente con don Juan Carlos a pesar de las sospechas que provoca en el antiguo entorno del exrey, que acusan injustamente al médico de muchas noticias relacionadas con la Casa Real. Aunque oficialmente esa caída en el *Fortuna* nunca existió, ocurrió durante las vacaciones de verano de 2009, cuando, con setenta y un años ya cumplidos, la *armadura* Borbón empezó a descolgarse. Los principales culpables: la artrosis, las frecuentes caídas, los hábitos poco saludables y las dificultades en el riego sanguíneo, que empezó a estar al límite según las comprobaciones que se le hicieron en las carótidas tras el accidente en Botsuana. Además, se resintió a partir de ese momento cada vez más su vigor. Sin embargo, en 2010, todo ese cuadro médico pasó a un segundo término cuando temió seriamente por su vida por la operación de pulmón.

Los incordios relacionados con la salud limitaron al hombre de acción que fue el rey, cuya vida giró en torno al trabajo, la caza, la vela, los viajes, la gastronomía y las mujeres. No encontró la estabilidad al final de su vida activa, y los problemas se multiplicaron debido a la fijación que empezó a sentir por una relación sentimental que él creía de difícil encaje en su condición de jefe de Estado. Perdido en ese laberinto emocional, Villamor se convirtió en su confidente. Por eso, Spottorno llegó a creer que sobre el joven médico recaía la responsabilidad de presionar al monarca para hacerle «cambiar de hábitos». Pero fueron demasiadas las esperanzas depositadas en la capacidad transformadora de Villamor, que no era la persona más adecuada para conseguir algunos de los objetivos que exigía el entorno real, como que «dejara a la novia y se controlara más en sus hábitos poco saludables».

El doctor Villamor operó al rey cinco veces entre el verano de 2009 y el otoño de 2012, además de atenderlo durante la luxación que sufrió con el ministro emiratí. Entre operación y operación, el médico de cara aniñada, su equipo de fisioterapeutas y los ayudas de cámara de palacio conformaron el círculo más estrecho de un hombre sin familia. Una cercanía que el siguiente anillo vital del rey, compuesto por altos cargos de la Casa y *consejeros externos*, quiso controlar. ¿De qué hablaba con Villamor? ¿Qué le aconsejaba el médico? Spottorno despachaba con el rey dos veces al día, pero la barrera de intimidad que Villamor y su equipo construyeron en torno al monarca era impenetrable. Cuantos más problemas de salud tenía el rey, más crecía la desconfianza del jefe de la Casa hacia el médico.

A partir del 20 de agosto de 2013, cuando regresó de Sussex tras sus vacaciones con CSW, el rey empezó a quejarse de nuevos e intensos dolores en la cadera izquierda. El doctor Villamor le diagnosticó una infección en la prótesis que él le había colocado en noviembre del año interior. El mundo se vino abajo y el médico no dio crédito a la «mala suerte» del monarca. Según fuentes médicas, la infección pudo deberse a una muela que se trató ese verano en Vitoria. Pero la hipótesis más segura fue simplemente ese mal fario que echó raíces en el monte de El Pardo en los últimos días del reinado de Juan Carlos I. En ningún caso, y en este punto coinciden varios médicos consultados, es achacable a una mala práctica de Villamor.

Para el entorno del rey, sin embargo, había llegado la hora de parar los pies al ubicuo médico. Por alto pasaron los *hombres de gris* las veces que Villamor condicionó su vida profesional y personal a la del monarca; había ido demasiado lejos: joven, guapo, tenía la oreja del rey, se le atribuyó una relación con la infanta Elena, salía en las revistas de moda y su clínica privada iba como un tiro. Cuando el doctor Miguel Fernández-Tapia, el médico de La Zarzuela, lo telefoneó para comunicarle que iban a buscar «una segunda opinión», empezó el principio del fin para la vida en rosa de Villamor, aunque él no lo vio con claridad hasta el viernes 20 de septiembre de 2013, instantes antes del comienzo de la histórica rueda de prensa en Magnolias. Cuando el médico de toreros, reyes y deportistas fue a sentarse junto a Cabanela y Trousdale, Spottorno lo agarró con firmeza del brazo, lo apartó del equipo médico y lo sentó a su izquierda, solo. Castigado.

La rueda de prensa, retransmitida en directo, contó con un toque sarcástico en el atrezo: el tapiz que sirvió de fondo a los cuatro protagonistas reproducía la batalla de Tesino, un combate extraído de la Segunda Guerra Púnica entre la caballería cartaginesa comandada por Aníbal y la infantería romana. La cara de Villamor reflejaba claramente esa otra lucha que él mismo libraba: en medio segundo había pasado del todo a la nada, y los españoles le estaban viendo en ese preciso instante como un auténtico perdedor. ¿Qué habría hecho para que lo trataran así? Desde el punto de vista de Zarzuela, el trato con el *pobre Villamor*, como pasó a llamarse, estaba siendo impecable. Una vez más, como tantas veces en los hechos que se narran en este libro, en la privilegiada obra de teatro que viví, se agrandaba la brecha entre lo que ocurría sobre el escenario y lo que estaba pasando entre bambalinas.

Sobre la escena, maneras de caballero. Fuera de ella, dardos envenenados a través de filtraciones periodísticas. Uno de los que más dolió al doctor fue el que publicó un periódico cercano a palacio: según este, Villamor «no se había lavado» tras la primera operación del rey el 24 de septiembre, lo que en la jerga médica significa que no había participado en el proceso. Según fuentes solventes, tanto el 24 de septiembre como el 22 de noviembre, en la sala de operaciones estuvieron presentes tres «oyentes» (el médico *antiaging* del rey, otro médico de la Casa y un miembro de la seguridad), pero el equipo médico que operó se compuso de Cabanela, Trousdale, Villamor y las tres personas que siempre trabajan con el médico madrileño. Cabanela y Trousdale dirigieron la operación según las «prácticas protocolizadas», mientras que Villamor y su equipo habitual participaron de lleno en ella, «desde separar hasta suturar».

Fuentes cercanas a Villamor remontan a Botsuana el mal recuerdo que Zarzuela guardaba de él: el traumatólogo recibió la llamada del rey antes que Spottorno, que supo del accidente sufrido en el Okavango cuando el monarca ya había coordinado todo con el médico y con el intensivista de la Casa que lo acompañó a la cacería. Spottorno apenas tuvo tiempo para reaccionar y poner rumbo a Moncloa, donde el presidente del Gobierno tampoco conocía al detalle la decisión personal del rey.

Héroe, villano y hasta una caricatura de Frankenstein. Pronto se empezó a hablar de la «manía» de Villamor por inyectar al rey en la cadera para ayudarle a funcionar mejor públicamente. Ese abuso de medicamentos, sobre todo de corticoides, le hizo mucho mal, según el relato que comenzaba a abrirse paso. Por segunda vez en menos de una semana, en esa segunda rueda de prensa de medianoche en el hospital Quirón donde solo tenían permiso para hablar los doctores invitados, Villamor estuvo a punto de estallar. «Dentro de ocho semanas aproximadamente llevaremos a cabo la segunda parte», señaló con su marcado acento gallego Cabanela en referencia a la operación en dos tiempos a la que había que someter a Juan Carlos I, ajeno *el mago de Minnesota* al silencioso duelo que mantenían el médico y el jefe de la Casa. El combate de poder, habitual en las cortes de otra época, parecía fuera de lugar en el moderno hospital a las afueras de Madrid en pleno siglo XXI.

Pero el desenvaine de espadas venía de largo, y era conocido y comentado el desagradable asalto del *valido* al médico, de estatura mucho más reducida que la del gigantesco diplomático. «¡A mí no me hables de tú! ¡Soy el jefe de la Casa!», se le oyó decir, a gritos y mirándolo de arriba abajo, al públicamente sereno Spottorno. A Villamor le costó caro servirle de apoyo a Juan Carlos I en una época de enorme trasiego emocional en la Casa: Spottorno no podía permitir que un complaciente advenedizo pudiera poner palos en la rueda de una delicadísima operación de Estado. Este libro me ha servido para comprobar que en la cumbre, allí donde el juego que se libra es alto, no es extraño que los que se creen poderosos pierdan las formas.

De cara a la galería, nada de eso ocurrió la noche del hospital Quirón. «Ha sido un éxito y estamos todos muy contentos», dijo la reina un poco antes de la rueda de prensa. «Los médicos están muy animados. Ha ido todo como la seda», añadió don Felipe, acompañado por doña Letizia y la infanta Elena en un posado fotográfico trufado de sonrisas, saludos y parabienes. Sepultada quedó así la angustia de un médico que se sentía injustamente tratado y que temía por su futuro profesional. No es difícil imaginar el daño de imagen que le infligió la decisión de Zarzuela de traer a dos especialistas de Estados Unidos. El mensaje lanzado desde palacio no estaba encriptado: el doctor Villamor había perdido la confianza del rey y los mejores tenían que intervenir en una situación límite. Herido en su orgullo profesional y dolido en su alma, su actitud esa noche ante la prensa llegó diligentemente y a través de otros a oídos del rey.

Como las paredes de palacio son de cristal, no tardó mucho en saber Villamor de esas maledicencias en el entorno del monarca, lo que hundió su espíritu y su salud. Dejó de dormir. En enero de 2015, calmadas ya las aguas, una nueva puya: el libro autorizado por Juan Carlos I que publicó el periodista Fernando Ónega, que dio por válida la versión de Zarzuela de que el rey «estuvo a punto de morir por una septicemia» antes de la operación de septiembre. Nueva indignación en el entorno de Villamor: «¿Te imaginas dejar morir al rey porque no se está suficientemente pendiente de él?». Según fuentes médicas, la posibilidad de una septicemia en un paciente tan controlado como él es simplemente «ridícula».

El bastón del rey, ese que tanto detesta y que intenta esconder en las fotos, ha hecho justicia a Villamor: en noviembre de 2013, tras la segunda operación, en cuya rueda de prensa ya no participó el doctor madrileño, yo misma pregunté a los médicos de la Mayo qué tipo de vida podría llevar Juan Carlos I a partir de entonces. Actividades como cazar, jugar al tenis y montar en bicicleta no fueron descartadas. Sin querer «poner la mano en el fuego», adelantaron también que en seis meses ya podría caminar normalmente y dejar el bastón, cosa que no ha ocurrido.

Meses después del desplante al doctor Villamor, don Juan Carlos comenzó a cortejarlo de nuevo a través de terceras personas. Ahora, no es difícil verlos comiendo o cenando en algún restaurante de Madrid. El exrey, con su bastón, y el joven médico, con su buena fama recuperada. Además de un gran traumatólogo, Villamor se ha convertido también en experto en las prácticas florentinas de Zarzuela.

El *affaire* Villamor había sido solo un aspecto, entre otros muchos, de ese mes de septiembre de 2013, oscuro y denso como una mancha de crudo esparcida en el mar. La infección del rey cayó como un jarro de agua fría sobre los ánimos de todos, y los demonios shakespearianos volvieron a acercarse al monte de El Pardo sobre un palacio de La Zarzuela que parecía una casa embrujada y batida por el viento. La montaña rusa de la abdicación volvió a ponerse en marcha. Juan Carlos I, aferrado al vagón, bajaba de nuevo por sus raíles debido al efecto de la gravedad.

Antes de la infección, el rey había llegado a creer esos cantos de sirena que lo definían como único líder posible de la regeneración de España en una segunda Transición. También creía a los que le rogaban que se mantuviera al mando como único garante de la estabilidad de España y como clave de bóveda de un sistema que a la mayoría de los españoles le había ido bien. Y estaban los monárquicos puros, convencidos de que un rey solo puede morir en la cama.

De todos modos, de esa pista, la realidad lo llevaba a otra a velocidad de vértigo, una llena de entradas y salidas hospitalarias, de molestias, de reconocimientos médicos, de una rehabilitación dura, de mayores dosis de soledad, de renovados conflictos políticos en torno a un trono en zozobra y de nuevos envites familiares. Esos continuos altibajos emocionales, de la euforia a la desesperación en apenas días, agriaron el carácter de don Juan Carlos, como pudimos observar en directo en más de una ocasión. Otros, más cercanos a él, además de observarlo, tuvieron que sufrirlo en silencio.

En medio del nuevo y desolador escenario, los actores discutían sobre la mejor opción para atajar la infección y devolverle la salud al monarca. CSW defendía a capa y espada la opción de que el rey acudiera a la clínica Mayo a operarse, pero el entorno solo veía en ese interés por llevarlo a Estados Unidos una simple estrategia de conveniencia porque allí ella podría estar «a sus anchas» junto al rey mientras durara la recuperación, haciendo y deshaciendo a su antojo lejos del cortafuegos establecido por la maquinaria del Estado en Madrid. Al fin y al cabo, en junio de 2011, cuando el rey se había operado de la rodilla, la recuperación se llevó a cabo en Barcelona porque allí la pareja podía estar junta y más cómoda y más discretamente que en Madrid.

Desde el entorno de CSW se defiende a la expareja del rey: ella tenía claro que era en la Mayo donde podía recibir un tratamiento integral que acabara con años de atención médica adaptada a los caprichos del monarca. En Estados Unidos no se andarían con chiquitas porque se tratara de un jefe de Estado: lo tratarían con la misma profesionalidad y la misma exigencia que al resto de los pacientes, y si había que quitarle todos los medicamentos que estaba tomando de golpe y empezar desde cero, lo harían. CSW, además, no tenía la mejor de las opiniones sobre los estándares de la medicina española, por no decir de España en general.

Lo fundamental, sin embargo, era el problema político que planteaba tener al jefe del Estado en el extranjero durante un tiempo determinado sin poner en marcha los procedimientos constitucionales de la regencia o la inhabilitación. Las discusiones se sucedieron. Rafael Spottorno, Mariano Rajoy, el príncipe de Asturias y el director del CNI, el general Félix Sanz Roldán… «El heredero tenía que haberse puesto siempre del lado de su padre, incondicionalmente, haciendo que se respetaran sus deseos de principio a fin». El monarca, por otra parte, se mostró indeciso: quería ir a la clínica Mayo porque creía que allí pondrían fin a la agonía que llevaba padeciendo casi dos años, pero temía las consecuencias institucionales de una baja por enfermedad tan larga y tan lejos de España, con las consiguientes críticas a un jefe del Estado que acudía al extranjero a buscar el mejor tratamiento médico cuando los españoles sufrían ya el deterioro de la sanidad pública a causa de los recortes. Por eso, tras muchas idas y venidas, se decidió que los médicos se desplazaran a España y que la operación se llevara a cabo en un hospital privado de Madrid.

Una vez más, nada de estas complicadas discusiones de palacio sabían los españoles. Pero la situación se había enredado tanto que a la escena se filtraban pequeños detalles alarmantes, como la actitud del rey durante la apertura del año judicial en la sede del Tribunal Supremo en Madrid. En el acto, muy solemne y tomado por las togas y las puñetas, sufrió un lapsus similar al de julio de ese año en Marruecos o al de enero de 2014 durante la Pascua Militar: una confusión mental que no pasó desapercibida. Cuando el fiscal general del Estado, Eduardo Torres-Dulce, terminó su discurso, Juan Carlos I se equivocó y volvió a darle la palabra a él en vez de al presidente del Supremo, Gonzalo Moliner. El ministro de Justicia, Alberto Ruiz-Gallardón, lo sacó con suavidad del error, pero el monarca reaccionó mal y torció el gesto. No se quedó al cóctel, como había hecho siempre, y dejó mal sabor de boca entre la élite judicial, que lo encontró muy desmejorado. A esas alturas del mes de septiembre, el rey no solo tenía fuertes dolores, sino que andaba de un humor pésimo, estaba muy preocupado y dormía mal.

Como colofón, y en el momento más inadecuado, CSW volvió a la palestra de la mano de Bob Colacello en la edición americana de *Vanity Fair*. Después de hablar con Colacello en Madrid, yo misma puse en contacto al legendario periodista americano con CSW en Londres. Entre ambos pareció haber un entendimiento inmediato: en tres ocasiones ya han posado juntos el veterano cronista social y la consultora global para la revista: en Buckingham Palace, en junio de 2013, y los desfiles de la New York Fashion Week, en 2013 y 2014.

Colacello escribió en septiembre de 2013 un largo artículo titulado «Rey y controversia» en el que hacía un repaso a los problemáticos últimos años del monarca, y en donde recogía la siguiente declaración de CSW: «Sí, somos amigos íntimos. Alguna gente no entiende que pueden pasar cosas en un determinado momento y que terminan, aunque la amistad no termine. Ahora es un caballero que se va haciendo mayor y que lucha por su salud y creo que necesita todo el apoyo posible... La gente espera que pase algo grande de una manera u otra. Pero no va a pasar nada, a excepción de que él no puede irse de caza y yo no puedo ir a España. Él se mantiene en contacto. Llama a mis hijos una vez a la semana para saber qué tal les va. Se comporta como usted y yo lo haríamos con un amigo».

Estas palabras cayeron posiblemente tan mal como las que había dicho en febrero de ese mismo año, pero por otros motivos. En *Vanity Fair*, CSW dejó negro sobre blanco que ella y el rey habían sido una pareja pero que ya solo eran amigos, algo que no había hecho hasta entonces. En su entrevista en *El Mundo*, recuerdo lo difícil que fue encontrar la expresión «amiga entrañable». En inglés, «*elderly*» tiene una carga de respeto de la que carece el adjetivo «*old*». Lo que más daño hizo en Zarzuela fue, no obstante, dejar también meridianamente claro que Juan Carlos I se interesaba por sus hijos Nastassia y Alexander de una manera en la que nunca se había ocupado de sus propios hijos o de sus nietos.

La expresión *«elderly gentleman»* fue traducida en España, de manera incorrecta, como «anciano caballero». En realidad, ella no quiso mostrarse tan antipática como la describieron en palacio, donde la acusaron de querer insultarlo llamándolo «viejo».

Las calderas de La Zarzuela echaban humo con todos estos acontecimientos cuando los reyes de Holanda, Guillermo Alejandro y Máxima, acudieron el 18 de septiembre a almorzar con don Juan Carlos y doña Sofía, los príncipes de Asturias y la infanta Elena. Justo dos días antes de la rueda de prensa con Cabanela. Era su primera visita oficial a España, y la expectación era grande sobre todo por la presencia de la reina argentina, otra consorte latina y plebeya como Letizia Ortiz. Cuando llegaron a la entrada de palacio, sin embargo, un gesto de doña Sofía eclipsó el interés por Máxima Zorreguieta: la reina besó al rey en la mejilla, y los fotógrafos creyeron estar viendo visiones. Hacía cinco años, o más, que no recordaban algo parecido.

Al día siguiente, la noticia de que el rey tenía que volver a operarse volvió a cubrir de gloria la figura de la reina Sofía: la opinión pública decidió que ese beso había sido un gesto de solidaridad y compasión hacia una persona con la que compartió su vida. Pero antes de que se comunicara dicha noticia, primero se convocó la rueda de prensa, lo que provocó que ese viernes 20 de septiembre fuera otro día extraordinario en la historia del ocaso del reinado de Juan Carlos I. Desde por la mañana hasta que finalmente se produjo la reunión de los médicos con los periodistas frente al tapiz de la batalla de Tesino, España se convirtió en un populista patio de vecinos donde se calibraban a voz en grito distintas opciones para el futuro de la monarquía.

Rumores, insidias, falsas noticias, posibilidades, insultos y sugerencias tomaron las redes sociales con fruición. A la hora del almuerzo, los españoles estaban convencidos de que Zarzuela iba a anunciar algo de suma importancia, como la abdicación o la inhabilitación del rey, y/o el divorcio de los príncipes de Asturias.

Ese día yo estaba de baja médica, y mi móvil se vio inundado de mensajes sobre la inminente doble noticia que se iba a producir: Juan Carlos I daba paso a un Felipe VI divorciado. El *tsunami* de noticias se produjo en apenas dos días. *El Confidencial* filtró la presencia de los médicos americanos en Madrid y puso en marcha la ola de rumores. La Zarzuela reaccionó contrafiltrando a través de *La Razón* el inminente parón del rey. A las seis de la tarde del viernes, finalmente, se produjo la famosa rueda de prensa liderada por Rafael Spottorno para poner orden, negar abdicaciones y divorcios, y proclamar que todo seguía igual, con un rey «con sus funciones constitucionales intactas». Pero las voces de los españoles, resumidas en ciento cuarenta y cuatro caracteres, quedaron ahí: la abdicación de Juan Carlos I se había dado por descontada. En Zarzuela tomaron nota.

Con la nueva tanda de operaciones, el otoño se instaló en Zarzuela en forma de moviola. La mayor exclusiva: conseguir la fecha exacta de la siguiente operación. La siguiente: la fecha de su primera audiencia tras la operación. Un endiablado *Bolero* de Ravel para los exhaustos oídos del rey, que nada más salir del hospital Quirón, el lunes 25 de noviembre, se fue a Zarzuela a encontrarse con el general Félix Sanz Roldán, el jefe de los espías convertido en un confidente selectivo: alguien a quien don Juan Carlos hacía las justas revelaciones que lo convertían en amigo pero al que también intentaba usar en provecho propio, como al resto de su entorno, como ha hecho siempre a lo largo de todos sus años de vida.

Para el general Sanz Roldán, obligación y devoción se han mezclado en su relación con don Juan Carlos como jefe de Estado. Siente por él una sincera corriente de simpatía y solidaridad —se acercan en edad, ambos son hombres curtidos bajo una dictadura y convertidos en demócratas en edad adulta—, pero también se siente obligado a estar informado de sus pasos y actuaciones por el *interés de Estado*, el bien mayor y último que mueve el espíritu de los patriotas, pero que no pocas veces les lleva a proteger también intereses que no son más que personales. Son incontables las veces que he oído invocar ese misterioso interés del Estado en casos nimios en los que solo se trataba de tapar conductas embarazosas de determinadas personalidades.

Una actuación de don Juan Carlos que inquietó especialmente al general Sanz Roldán fue la visita a España del ministro ruso de Asuntos Exteriores, Sergei Lavrov, programada inicialmente para el sábado inmediatamente posterior a la salida del rey del hospital. El atlético Lavrov había sido visto almorzando con CSW en el mismo hotel de Nueva York donde se hospedó la delegación oficial española para acudir a la asamblea general de la ONU. Los diplomáticos que acompañaban a José Manuel García-Margallo no vieron con muy buenos ojos la estrecha relación entre el poderoso canciller de Vladimir Putin y la expareja del rey, una consultora global con gran parte de su negocio concentrado en el Golfo Pérsico y Rusia.

En ese momento, Lavrov se había convertido en uno de los personajes más importantes de la política internacional porque acababa de facilitar un acuerdo preliminar con la Siria de Bashar al-Assad y con la república islámica de Irán. La inteligencia española tenía sobrados motivos para mostrarse inquieta ante una visita que no había pasado inicialmente por su radar, sino que había sido organizada directamente por CSW.

A lo largo de ese otoño, los medios españoles siguieron con indisimulado interés el nuevo trabajo de CSW como asesora de los príncipes de Mónaco, con los que acudió en viaje oficial a Rusia. Convencidos de que la mejora en la salud del rey debilitaría su dependencia psicológica del monarca con respecto a CSW, los poderes del Estado encargados de velar por el interés de España sintieron una renovada preocupación tras la recaída real. El mantra de PP y PSOE, que se erigieron a través de Mariano Rajoy y Alfredo Pérez Rubalcaba en guardianes de la estabilidad del país, seguía siendo el de la «normalidad institucional» a pesar de las dos nuevas operaciones y la consiguiente reclusión del rey en Zarzuela. Rubalcaba, que aun con sus problemas internos en el partido seguía siendo una figura de peso en el organigrama del Estado como líder de la oposición, fue al Quirón a visitar al rey, aduciendo que en realidad lo único que quería era hablar de fútbol con él, ya que lo ocurrido —la operación número 9— no era más que un «incidente»: «Es cuestión de muy poco tiempo que le tengamos perfectamente en forma».

Pero la sospecha de que CSW pudiese desestabilizar al monarca en un momento dado siempre estuvo ahí. Les tranquilizaba saber que ella «vivía como una marquesa» en Londres y no necesitaba nada de «nosotros», según fuentes gubernamentales. En España, la élite seguía actuando como si todo fuera bien aun con la idea de que no había que bajar la guardia. Fuera de nuestras fronteras nos veían con otros ojos.

En noviembre, Canal+ Francia emitió el demoledor documental *El ocaso del rey*, que solo fue retransmitido en España dos meses más tarde por la televisión vasca pero que quien quiso pudo ver sin problemas en internet. El efecto negativo de contemplar a través del espejo vecino lo que sucedía con la Corona no pudo ser contrarrestado por Zarzuela, que intentó colocar a amigos de la Casa para opinar positivamente sobre el rey en distintas televisiones extranjeras.

En el otoño de 2013, cuando me reincorporé al trabajo tras mi baja por enfermedad, el olor a podrido y la sensación de hartazgo se habían multiplicado en Zarzuela. Describí la primera salida pública del rey tras la primera fase de su operación como «el tercer acto del cuarto regreso» de Juan Carlos I. Había *regresado* tantas veces a la actividad institucional, que uno ya no sabía cuándo se marcharía otra vez para *regresar* de nuevo. Repetido a marchamo durante año y medio en nuestras cabezas y crónicas, el estribillo real se había convertido en un insufrible martilleo. El engranaje de Zarzuela se adaptó rápidamente a las nuevas necesidades del guion, haciendo de la necesidad virtud y con extraordinaria resiliencia ante la clara falta de movilidad del monarca. Pero los periodistas estamos hechos de otra pasta.

Una tarde, una de tantas, el raquítico sol de invierno reflejado en el *pino cojo* de Zarzuela, ese que está justo a la entrada de Cristales, me hizo pensar en lo lejos que quedaba la primavera. ¿Hasta cuándo esta interminable cobertura periodística? ¿Cuántas veces había vivido ya esa misma escena en los tres últimos años y cuántas tendría que vivirla y contarla otra vez?

La permanencia en el *planeta Borbón*, emulando la expresión acuñada por la periodista americana Meyer para referirse al universo de los Windsor, es muy dura de llevar. Lo que significaba para don Juan Carlos lo comprobé apenas media hora después en el salón de audiencias. Ese día, además de la escasa potencia del sol, me llamó la atención que a los periodistas nos hicieran pasar por la pequeña cocina junto al salón en vez de directamente por la puerta principal. No solo se varió el trayecto, sino que durante unos seis o siete minutos nos pidieron que permaneciéramos en el pequeño habitáculo, apretados, porque desde que empezaron los problemas de la Corona la cobertura se había hecho cada día más numerosa. Tantos reporteros para cubrir tan poca cosa.

Allí me acordé de los consejos de un príncipe amigo que me recomendó adaptar mi comportamiento a la casa real que me había tocado cubrir profesionalmente: «Todas las familias reales son disfuncionales porque la institución requiere un comportamiento de sus miembros que no es del todo humano. Escucha y mira: la mayoría de los grandes hechos ocurren a través de pequeños gestos».

Cuando entramos en el salón de audiencias, el rey ya estaba perfectamente colocado y preparado para hacer lo que tocaba en el guion del día, destinado a mostrarlo ocupado y medianamente en forma ante los españoles. Entonces caí en la cuenta de que nuestra espera en la cocina se había debido a la necesidad de situarlo fuera de nuestra vista. Ni los sacerdotes ni los preceptores franquistas, que trabajaron en la formación de su carácter desde que llegó a España con diez años, debieron de prepararlo para la humillación que debía de sentir cada vez que ese grupo infecto de periodistas entraba para escrutarlo y certificar su mejoría. El improvisado chequeo médico de los informadores lo irritaba cada vez más. «Ten cuidado, que estos te miran hasta cómo pones los pies», dijo públicamente a su invitado durante esa audiencia aparentemente en broma pero con una extraordinaria carga de veneno dirigida a los periodistas, que claramente ya solo acudíamos en masa a las inocuas audiencias «por si pasaba algo con el rey».

Sentí pudor cuando le oí hablar así. Desde que se había operado de la hernia discal, sus piernas habían quedado en muy mal estado, muy débiles. Es cierto que, durante un tiempo, sus pies parecían moverse a un ritmo distinto al de las piernas, y él, obviamente, era consciente de ello.

Qué lejos quedaba ese rey hedonista y risueño que me describieron personas que compartieron con él jornadas de caza y placer. Como aquellas tan frecuentes los fines de semana tirando perdices en La Flamenca, la finca del duque de Fernán Núñez tan cerca de Madrid, o en Ciudad Real después de usar de madrugada el helipuerto del hospital Gutiérrez Ortega de Valdepeñas y trastocar el sueño del sufrido alcalde Juan Martín. Ahora solo nos quedaba clavar la mirada en el diseño de la alfombra y dejar de mirarle los pies.

El aparcamiento en Somontes, el paso de la seguridad, la subida al monte en autobús, el pino torcido frente a Cristales, los bustos de bronce de una época pasada... Las mismas caras, similares saludos, parecidas preguntas sin respuestas. Y la barandilla dorada de sabor a *Cuéntame*. ¿Hasta cuándo la misma liturgia? Meses más tarde, entrevistando a un destacado político español que sumó largas horas de conversación con el monarca, este me dijo que fue también ese pálido sol de invierno que se colaba por la ventana del despacho del rey lo que le hizo pensar en el fin de una época: «Entendí que empezaba una nueva época en la Historia de España, pero créeme que no sentí nada especial. Hacía mucho tiempo que venía viendo cómo el rey se acercaba a su final. Un poco como cuando te están hablando durante mucho tiempo de un cáncer, de cómo evoluciona, y al final te dicen que hay metástasis. Tampoco te llevas una gran impresión porque ya estás preparado para ello».

Fuera de la corte, las discusiones políticas de la villa giraban en torno a la posibilidad de una «regencia *light*» sin meterse en faena constitucional. O en una «sucesión tranquila», también sin problemas constitucionales. El consenso alcanzado era que únicamente en caso de incapacidad del monarca debería abrirse un periodo de regencia que sería asumido automáticamente por el príncipe de Asturias, previo reconocimiento de la inhabilitación del rey por las Cortes Generales, como se recoge en el artículo 59.2 de la Constitución.

La regencia se consideraba una «magistratura extraordinaria y temporal que se caracteriza por su provisionalidad». Una hipótesis cien veces negada por Moncloa y por Zarzuela. Tampoco dejaba el Ejecutivo entonces que se hablara siquiera de la necesidad de desarrollar mediante ley orgánica el Título II de la Constitución dedicado a la Corona para, entre otras cosas, regular las funciones del heredero y situaciones tales como la abdicación.

El propio rey, siendo príncipe de España, había asumido interinamente la jefatura del Estado en dos ocasiones durante la dictadura de Franco debido a las enfermedades del caudillo: del 19 de julio al 2 de septiembre de 1974, y del 30 de octubre al 20 de noviembre de 1975. Quizá fuera ese recuerdo el que le hacía oponerse a la posibilidad de que su hijo don Felipe hiciera lo mismo en ese momento.

Por ello, *normalidad institucional* era el mantra de los políticos populares y socialistas. La obra a representar se titulaba «tranquilidad y trabajo». Los de siempre, UPyD e IU, diferían, pero a nadie parecía importarle la opinión de los partidos minoritarios de entonces.

Pero esa regencia de facto o de andar por casa no era tan perfecta, sobre todo para el príncipe de Asturias, que es quien tenía que sufrir las consecuencias. Don Felipe presidió el desfile militar del 12 de octubre y algunos medios lo criticaron porque no era capitán general. Un mes más tarde, acudió a la Cumbre Iberoamericana de Panamá, pero no pudo participar por no ser jefe de Estado. Su presencia resultó un poco extraña, por no decir embarazosa. Para el entorno del rey, empezaba a ser difícilmente justificable este limbo en el que se empeñaban en mantener a la Corona, con el rey desaparecido en combate y con el príncipe sin licencia para ejercer.

Don Felipe, a sus cuarenta y cinco años, se puso en noviembre oficiosamente al mando de la diplomacia pública de la monarquía con un macroviaje cultural y económico de una semana a Estados Unidos que en realidad tenía que haber sido realizado por don Juan Carlos y que fue cancelado en dos ocasiones. El estado de Florida celebraba el quinto centenario del descubrimiento de esa península por el vallisoletano Juan Ponce de León, y California el el tercer centenario del nacimiento del mallorquín fray Junípero Serra, que fundó las famosas misiones encadenadas en la Costa Oeste. El viaje fue todo un éxito, y sirvió para demostrar la capacidad de volar solo de don Felipe. Siempre y cuando lo dejaran.

Llegado diciembre y a punto de despedir el año, los portavoces de Zarzuela volvieron a entonar el canto de que el rey estaba «mejor de lo previsto». La montaña rusa, superada la parte más baja, subía de nuevo hacia los cielos. Al mismo tiempo, sin embargo, el rey multiplicaba sus encuentros con Felipe González, su gran confidente político, «el único del que se fía», según una persona que conoce bien a ambos.

El expresidente González es un hombre de su misma edad con el que vivió la Transición y con el que compartió andamio hasta reconstruir España tras la dictadura; un andaluz extrovertido de carácter similar al suyo con el que contar chistes verdes y hacer comentarios sexistas, el caballero que en público guarda las formas de manera exquisita y lo trata como un rey. Al parecer, González acompañó al rey en ese vagón que subía y bajaba por la montaña hasta que llegó el día de cogerlo de la mano y ayudarlo a bajar.

Nada que ver el trato áspero de José María Aznar, con el que tuvo mala relación, según fuentes solventes. Un diplomático quedó estupefacto cuando oyó a un Aznar sonriente decir ante un monarca con cara de póker: «A este [Juan Carlos I] lo mando ahora a Polonia». Como colofón, el expresidente señaló con la mano al rey, como si este fuera «un maniquí o un poste de teléfono».

González fue y sigue siendo el presidente de Gobierno preferido del rey. Lo de Suárez duró un tiempo, pero luego se acabó. Calvo Sotelo apenas pasó por el cargo. A Zapatero «lo toreó» y con Rajoy «no se lleva», según personas que han podido comprobar la química con los diferentes presidentes de la democracia.

«Felipe preparó la abdicación, y todos sus detalles, con el rey. Intervino también en la redacción del discurso ante la nación del día 2 [de junio de 2014]. Pero lo más importante fueron sus conversaciones preliminares con él, cuando el monarca se fue convenciendo de que tenía que abdicar para salvar la institución». Me ha asegurado una persona de total credibilidad, quien también afirma que González no lo convenció, sino que se limitó a acompañar a «un hombre extremadamente listo experto en hacerse el tonto».

Son muchos los testimonios que avalan esta inteligencia natural disimulada para hacerla actuar mejor. La han visto en acción con personas difíciles como, en su momento, el matrimonio Kirchner o el líder sirio Bashar al-Assad.

Juan Carlos I tiene la costumbre de tocarse la cabeza y decir: «Yo de aquí poco», para añadir tocándose la nariz: «Pero de aquí mucho». A finales de 2013, el olfato le decía que llegaba su fin, pero el corazón se lo impedía. Así, ese año volvió a cerrarse con el carrusel de la abdicación en funcionamiento.

En su mensaje televisado de Nochebuena, se mostró inusitadamente firme y dio la impresión de haber retomado las riendas: «Esta noche, al dirigiros este mensaje, quiero transmitiros como rey de España: en primer lugar, mi determinación de continuar estimulando la convivencia cívica, en el desempeño fiel del mandato y las competencias que me atribuye el orden constitucional, de acuerdo con los principios y valores que han impulsado nuestro progreso como sociedad. Y, en segundo lugar, la seguridad de que asumo las exigencias de ejemplaridad y transparencia que hoy reclama la sociedad».

Según el relato oficial, se trató simplemente del último acto antes del drama final que conduciría a la abdicación. A partir de ahí, la narrativa oficial se puso en marcha para transformar la montaña rusa, con su vértigo y sus miedos, en un amable e infantil tiovivo.

Capítulo 11

ARABIA FELIX

«Había hecho mi último viaje al Territorio Vacío […]. Me di cuenta de que los beduinos con los que había vivido y viajado estaban condenados. Algunos mantienen que les irá mejor cuando hayan cambiado la dureza y la pobreza del desierto por la seguridad de un mundo materialista. Yo no lo creo. Siempre recordaré cuántas veces me vi honrado por esos cabreros analfabetos que poseían, en mucha mayor medida que yo, generosidad y valentía, capacidad de resistencia, paciencia y gallardía. Con ningún otro pueblo he tenido nunca la misma sensación de inferioridad personal».

WILFRED THESIGER, *Arenas de Arabia*, 1959

Sábado, 17 de mayo de 2014, Jedda, Arabia Saudí.

En Arabia, don Juan Carlos se siente en casa. Ese sábado de primavera, caída ya la noche, el rey sintió de nuevo en el rostro la húmeda caricia de la ciudad de Jedda al besar las mejillas de su viejo amigo el príncipe Salman bin Abdulaziz al-Saud, dos años mayor que él.

«*Good to see you!*», «¡Me alegro de verte!», saludó el monarca en inglés entrelazando sus manos con las del príncipe saudí. «*How are you?*», «¿Cómo éstas?».

«*I'm fine*», «Bien», le contestó Salman con esa voz grave de actor de Hollywood.

Del entonces príncipe y actual rey de Arabia Saudí se ha dicho siempre que es el más listo de los siete hijos varones del fundador del Reino Saudí, el guerrero Abdulaziz, y de su favorita, Hissa al-Sudayri. A la formidable Hissa, que obligó a sus siete hijos a comer cada semana en su casa hasta que murió en 1969, se le achaca la ambición, la lealtad y la capacidad de trabajo de los llamados Siete Sudayri o Siete Magníficos.

Como en el Reino del Desierto no existen las certezas, solo los rumores, esa noche no sabíamos hasta qué punto estábamos asistiendo a una escena histórica: ninguno nos podíamos imaginar que don Juan Carlos, tres semanas más tarde, dejaría de ser el rey de España, y que Salman, ocho meses después, se convertiría en rey de Arabia Saudí y Custodio de las Dos Sagradas Mezquitas.

Del príncipe Salman se decía ya que padecía Alzheimer y que una reciente embolia le había dejado un lado semiparalizado, como pudimos comprobar por el derrame que vimos en su ojo izquierdo. Hasta entonces, había tenido el sarcasmo clavado en una mirada punzante y fiera. Muertos el rey Fahd, sus hermanos los príncipes herederos Sultan y Nayef, y en estado muy débil el rey Abdulá, él había ido acumulando títulos y poder, y hacía años que actuaba como rey *de facto*.

Patriarca del clan Sudayri, uno de los tres que mantienen el delicado equilibrio de poder entre más de veinte mil príncipes, Salman es el que más se parece físicamente a su padre, del que heredó una enorme capacidad de resistencia a la hora de negociar con las tres patas del Reino del Desierto: las tribus, el búnker salafista y los *royals*. También tuvo tiempo de hacerse inmensamente rico con los negocios, con la puntilla en 2012 de la cartera de Defensa, cuyo presupuesto se aproxima a los cuarenta mil millones de dólares. Además de colocar a tres de sus hijos en posiciones de poder, disfrutó de un sinnúmero de esposas legales y de concubinas, aunque respetó la tradición islámica de no tener nunca más de cuatro mujeres a la vez.

Como digo, en la primavera de 2014 ya estaba enfermo, y para evitar un desestabilizador *juego de tronos*, dos meses antes de la visita de don Juan Carlos se nombró al *número dos*: el príncipe Muqrin, de sesenta y nueve años, el último de los treinta y cinco hijos del viejo Abdulaziz, al que se calificó de viceheredero.

Cuando se convirtió en rey, en enero de 2015, Salman escogió a Mohammed bin Nayef, de cincuenta y cinco, años, como sustituto de Muqrin y dejó la potente y lucrativa cartera de Defensa a su hijo Mohammed, de treinta y cuatro años, su preferido, el mayor de los hijos tenidos con su tercera esposa legal. Dentro de diez o quince años, con la tercera generación Al-Saud a cargo, el Reino del Desierto sufrirá grandes cambios.

Carne de futuro para los arabistas, que tanto escasean en España. Exceptuando a Juan Carlos I, pocos son los diplomáticos españoles capaces de desenvolverse con soltura por el intricado árbol genealógico de los Al-Saud, cuyo fundador tuvo nada menos que veintitrés esposas legales y más de medio centenar de hijos. Don Juan Carlos es, junto a George Bush padre, el líder occidental que más ha profundizado en su relación con el Reino del Desierto. Ambos la han desarrollado a lo largo de cuarenta años: Bush padre con Texas como trasfondo, Juan Carlos I con Marbella.

Según fuentes diplomáticas de ambos países, esa amistad constituyó un indudable capital político y económico para España. Por razones culturales, los árabes del desierto exigen una relación de confianza a la hora de cerrar tratos: un apretón de manos sigue teniendo tanto valor como un documento en un lugar donde, al final, siempre decide el rey.

Que esa complicidad existía pudimos comprobarlo esa noche de mayo de 2014 viendo avanzar a Salman y a nuestro rey, ambos de similar tamaño y constitución, cogidos tiernamente de la mano según la costumbre local. Esta vez, afortunadamente, sobre una alfombra roja mucha más modesta que la india, apenas suficiente para darle prestancia a los dos augustos personajes en su lento caminar entre el Airbus de la Fuerza Aérea española y la sala VIP del aeropuerto internacional de Jedda.

A Salman, como a don Juan Carlos, se le intuía una enorme vanidad. Cosas de la realeza, según un amigo saudí. Bajo el *agal* —la doble cuerda negra que sujeta el *shemagh*, el tocado que cubre la cabeza— y el *dishdash* —la túnica blanca hasta los pies— lo poco que se dejaba ver el entonces príncipe tenía detrás incalculables horas de trabajo: el tinte azabache de su bigote y su barba a lo D'Artagnan, la sonrisa de marfil hecha por los mejores dentistas occidentales, y las manos largas con la manicura recién terminada. La piel de la cara, casi sin arrugas es un reflejo de una vida lejos del sol abrasador de Arabia.

Hasta en el arte de los silencios, de enorme importancia en la cultura árabe, a don Juan Carlos se le veía relajado con Salman. Más de una vez interrumpieron la comitiva para hablarse entre ellos. El séquito, a falta de alfombras voladoras y lámparas mágicas, y a pesar de las presencias españolas como las de Pedro Morenés y de Ana Pastor, parecía sacado de *Las mil y una noches.*

Para los occidentales, toda esta parafernalia no es fácil. Se confunden con los nombres árabes, se sienten cohibidos con las túnicas, no saben qué hacer con tanto contacto personal y hasta rechazan el amargo sabor del café con cardamomo que se bebe en el desierto y que, junto a los dátiles, es el signo máximo de cortesía del beduino hacia el visitante. Me fijé en que el monarca español se lo tragó sin pestañear, dejando claro que él se mueve con absoluta soltura entre especias, azulejos e incienso.

Esa noche de la llegada, príncipe y rey se acomodaron en ampulosos sillones estilo imperio para ser fotografiados. «*Is this new?*», «¿Es nueva?», preguntó el rey a Salman en referencia a la imponente sala VIP, todo alfombra y mármol, construida después de su última visita oficial en 2008. Terminada la actuación, sus reales altezas se perdieron en la noche para protagonizar juntos el último viaje oficial de don Juan Carlos como jefe de Estado fuera de España. La visita a Jedda estuvo precedida de una a Emiratos Árabes Unidos y a Kuwait, y otra a Omán y Bahréin, todos ellos estados minúsculos pero unidos por la geografía al gigantesco Reino del Desierto en cuyo corazón late ese Territorio Vacío que tanto encandiló al viajero inglés Thesiger.

Fue el propio rey quien eligió a última hora estos países *hermanos* como broche internacional a su reinado. La Constitución española da prioridad a la representación del monarca ante las «naciones de su comunidad histórica» en su artículo 56.1. Pero el Golfo Pérsico, más que Latinoamérica, constituyó la *joya de la corona* de las relaciones exteriores de Juan Carlos I.

En Latinoamérica no hay realeza con poder absoluto para dirigir el destino de sus naciones, y esa es la principal característica de los seis países del llamado Consejo de Cooperación del Golfo (GCC, por sus siglas en inglés): Arabia Saudí, Kuwait, Bahréin, Qatar, Emiratos Árabes Unidos y Omán. Yemen, la séptima nación de la península arábiga, se ha convertido en estado fallido y en un inmenso quebradero de cabeza para los saudíes, que intentan mantener la supremacía suní en la zona a base de represión y dinero: pusieron fin con su ejército a la revuelta democrática en Bahréin y ahora mantienen económicamente la estabilidad de Jordania, el único estado que queda entero en los alrededores del *Daesh* (el Estado Islámico).

Dentro de ese conglomerado de países, don Juan Carlos estableció a lo largo de su reinado una «relación especial» con Arabia Saudí (que cuenta con el 25 por ciento de las reservas de petróleo del mundo) y con Emiratos Árabes (poseedores del 10 por ciento) que son, junto a Qatar, los de mayor músculo económico y político de Arabia. El rey emérito tuvo buen ojo, aunque las circunstancias de sus relaciones con Riad y con Abu Dabi fueron diferentes y se establecieron en momentos distintos.

En el origen está la Marbella *glamurosa* que ideó el príncipe Alfonso de Hohenlohe en los años sesenta y setenta. Fue entonces cuando los hermanos Fahd, príncipe heredero, y Salman, gobernador de Riad desde los diecinueve años, decidieron establecer su lugar de vacaciones en la Costa del Sol en vez de en la francesa Costa Azul, destino preferido de la *jet set* de la época.

Fahd, que se convirtió en rey en 1982, eligió las colinas de Marbella para construir en ellas una réplica de la Casa Blanca frente al Mediterráneo, y hasta allí peregrinó con disciplina cada verano desde Mallorca el rey Juan Carlos para presentarle sus respetos. Salman, más modesto, se instaló al lado de su hermano en un palacio que llamó Al Riyadh —«el edén» en árabe—. Su yate, *Shaf London,* se convirtió en símbolo del poder y la gloria de los petrodólares en Puerto Banús.

Unos años más tarde, les siguió los pasos hacia Marbella el fundador de Emiratos Árabes, el astuto jeque Zayed bin Sultan al-Nahyan, que mandó construir el recinto-palacio de Al Batatal en la misma Milla de Oro que sus colegas saudíes. Zayed murió en 2004, Fahd en 2005, y Salman combina Marbella con Marruecos, donde dice tener más privacidad y más seguridad que en España. Pero las raíces se mantienen: las mezquitas más importantes de España, las de Málaga y la de Madrid, son consecuencia de esta relación especial de los hermanos Saud con nuestro país.

«Mi infancia son recuerdos de un patio de Marbella», le dijo a don Juan Carlos el jeque Abdulá bin Zayed al-Nahyan, actual ministro de Asuntos Exteriores de Emiratos e hijo del viejo Zayed, cuando lo recibió en Abu Dabi en 2008, donde los Al-Nahyan habían reproducido, en pequeño, el esquema de poder de los Al-Saud: los seis hijos que Zayed tuvo con su favorita, Fátima, ostentan el máximo poder, algo así como los Seis de Fátima *versus* los Siete Sudayri. El papel de Hissa en Arabia Saudí lo desempeña en Emiratos *sheikha* Fátima, otra mujer formidable que se casó con el fundador a los trece años y que hoy se sigue manteniendo robusta y alerta a pesar de sus problemas en las piernas.

La relación de don Juan Carlos con Arabia Saudí, que descubrió petróleo bajo su arena en los años treinta del siglo pasado, nunca se interrumpió en el tiempo. En el caso de Emiratos, el maná del *oro negro* no llegó hasta los años sesenta, y el juicioso Zayed controló el desarrollo del país con mano de hierro hasta que murió. Fue entonces, en 2004, cuando sus ambiciosos hijos empezaron a utilizar el dinero ahorrado por el padre-fundador para convertir el país en una potencia mundial. Los occidentales acudieron golosos cuando se empezó a cumplir el temor expresado por el gran viajero Thesinger después de la Segunda Guerra Mundial: el dinero a espuertas dinamitó la calidad humana de los beduinos, que olvidaron primar la educación sobre los bienes materiales.

Para entender las relaciones de don Juan Carlos con Arabia, hay que conocer la importancia del concepto «clientelización» que existe en la península del desierto, esa que los romanos dividieron en Arabia Petraea —con su capital, Petra—, Arabia Felix —la del café, el incienso y la mirra— y Arabia Deserta —la del Territorio Vacío.

Hay figuras —los *fixers*— que cobran comisiones de las empresas de su propio país para conseguir contratos que los líderes políticos de esos países luego venden a sus ciudadanos como origen de empleo y riqueza. Esta es una ecuación que nunca falla. Cuantos más *clientes* tienen las monarquías del Golfo, más contentos estarán todos en Occidente y en Oriente y más tiempo tendrán garantizado el poder los monarcas absolutos. Véase como ejemplo de este proceder el contrato del AVE a La Meca.

Según fuentes cercanas a la familia real saudí, don Juan Carlos mantiene una «relación fraternal» con más de un príncipe de la Casa Al-Saud, pero la base la formó con el triángulo de los hermanos Fahd, Sultan y Salman, del que ya solo queda vivo el tercero, el actual rey. En 1976, cuando era aún príncipe heredero de Arabia, Fahd le regaló el primer yate *Fortuna*, que luego sería sustituido por otro del mismo nombre por un grupo de empresarios españoles. Este es el precedente de los famosos *handouts*, obsequios, con los que los árabes agasajan a sus amigos: ya sean coches, relojes, obras de arte o dinero contante y sonante. Estos regalos no han de ser confundidos con las comisiones, que tienen un aspecto legal y reconocido. Ninguno de los dos conceptos, sin embargo, es fácil de entender para la mentalidad occidental.

Cuando en 1982 Fahd se convirtió en rey, su hermano Sultan siguió siendo ministro de Defensa, desde 1962 y hasta su muerte en 2011. Estar al frente de Defensa durante cinco décadas, cuando Arabia Saudí construyó su ejército y compró enormes cantidades de armamento, lo convirtió en un hombre fabulosamente rico. Los sobornos y las comisiones derivadas de la industria militar quedaron reflejados en el famoso caso Al-Yamamah, descubierto en 2007 por un programa de investigación de la BBC: el príncipe Bandar bin Sultan —hijo del ministro de Defensa y de una concubina— recibió doscientos millones de dólares al año durante diez años de BAE —el mayor fabricante de armas en el Reino Unido— por conseguir que en 1987 Arabia Saudí comprara más de un centenar de aviones británicos por un valor superior a los ochenta mil millones de dólares.

Salman sustituyó a su hermano Sultan como ministro de Defensa en 2011, cuando este murió. Según David Holden —en su libro *House of Saud*, publicado en 1981—: «La mayor parte de las transacciones en la década de los setenta fueron a parar a manos de Sultan con una ratio de 60:40».

A partir de 1982, y con este trío de poderosísimos hermanos convertidos en sus propios *hermanos*, don Juan Carlos se convirtió en pieza clave para la obtención de los contratos por empresas españolas de todo signo. Así surgió en este tiempo el rumor de la supuesta fortuna de cuantía desconocida aunque nadie haya dado la más mínima prueba o datos objetivos de su existencia y menos aún volumen.

Según las mismas fuentes cercanas a la familia real saudí, fue el propio Fahd el que intervino, poco después de convertirse en rey, para incluir a don Juan Carlos en el circuito de los grandes contratos. Hubo personas que se resintieron por esta nueva situación.

El financiero Ghaith Pharaon, hijo del doctor Rashid Pharaon, médico del viejo rey Abdulaziz, se vio afectado por esta nueva condición de don Juan Carlos porque hasta entonces él había tenido la exclusiva de la intermediación en los grandes contratos. Tiene un inmenso yate que suele ser visto en verano en las islas del Mediterráneo y la Riviera francesa; mientras que en el verano austral es conocido por las ostentosas fiestas que ofrece en su mansión de Punta del Este, en Uruguay. Desde 1991 está perseguido por el FBI por su papel en el escándalo el BCCI (Bank of Credit and Commerce International), y tras el 11-S su nombre salió a relucir en los medios occidentales como socio de los hermanos Bin Laden. Su hijo Wael Pharaon, de treinta y seis años, está presente en casi todas las compañías de su padre y se está abriendo camino como un gran inversor en Marruecos.

En cuanto al camino económico y geoestratégico tomado por don Juan Carlos, otro nombre a tener en cuenta es el del libanés Abderramán el-Assir, más conocido en España que Ghaith Pharaon, porque fue el hombre clave de las exportaciones militares españolas en la década de los ochenta. El economista El-Assir comenzó su carrera en 1975 en la embajada del Líbano en El Cairo, donde trabajaba como agregado cultural. Allí conoció y se casó al año siguiente con Samira Kashoggi, hermana del traficante de armas Adnan Kashoggi, entonces el hombre más rico del mundo.

Tras divorciarse de ella, con la que no tuvo hijos, se casó en 1985 con la española María Fernández-Longoria, hija de un conocido embajador de España que, entre otros destinos, ocupó la jefatura de misión en Marruecos. Establecido en Madrid con la empresa Alcántara Iberian Exports, El-Assir trabó amistad con don Juan Carlos y con el Gobierno del PSOE liderado por Felipe González, a través del cual conoció a Carlos Andrés Pérez y Alan García.

El ciudadano español de origen libanés El-Assir, con varias causas abiertas por la justicia internacional, vive ahora en Ginebra. Asistió en 2001 a la boda de Alejandro Agag y Ana Aznar, y en 2004 fue invitado a la de los príncipes de Asturias pero finalmente no acudió, quizá porque existe contra él una orden internacional de busca y captura.

Supuestamente, Arabia Saudí abrió el camino de Juan Carlos I para construir una fortuna que nunca tuvo y Emiratos Árabes la consolidó. En la primavera de 2008, cuando por circunstancias personales yo vivía en Abu Dabi, don Juan Carlos decidió revivir esa vieja amistad que tuvo con Zayed, al que solo había visitado oficialmente con la reina en 1981. Nunca más había vuelto a poner un pie en Abu Dabi, hasta el sábado 24 de mayo, tras «dos gatillazos» —como se hace referencia en la jerga diplomática a dos viajes fallidos—, la química funcionó de maravilla a pesar de la diferencia de edad entre el rey y el heredero del fundador, el jeque y general Mohammed bin Zayed al-Nahyan (MBZ en la jerga diplomática), de cuarenta y tres años, así como con su *guardia de corps*: hombres jóvenes educados en universidades anglosajonas como Khaldoon al-Mubarak, de cuarenta años, gran capo de Mubadala, uno de los fondos soberanos más importantes del mundo, así como presidente del Manchester City. Con Khaldoon se fotografió el rey emérito en octubre de 2014, apenas unos meses después de abdicar, en el estadio Etihad del Manchester City. También estuvo con él en noviembre de 2014 cuando acudió a la Fórmula Uno de Abu Dabi. El 18 de marzo de 2015, Khaldoon y don Juan Carlos se reencontraron en la Ciudad Condal, donde el Manchester City jugó contra el Barcelona.

Como digo, aquel sábado, por la noche, cuando don Juan Carlos pisó Abu Dabi por primera vez después de veintisiete años de ausencia, descubrió la ciudad-estado más rica del mundo, un lugar que alguien comparó al Flandes español que emergió de las marismas: el imperio de MBZ, que tan pronto bombardea posiciones islamistas en Libia como diseña proyectos de probada megalomanía como los museos de la isla Saadiyat, la Fórmula Uno en la isla de Yas o la ciudad ecológica Masdar City. Y reactivó su condición de *mejor embajador de España*: nuestro país tenía que compartir las oportunidades de negocio que se abrían ante él. En 2008, solo un puñado de españoles estaba inscrito en el consulado.

«Qué feliz está aquí la gente», comentó don Juan Carlos esa noche en la cena íntima que MBZ el preparó en el Emirates Palace junto a dieciocho personas entre españoles y emiratíes. La mayor parte de la delegación del rey, formada por medio centenar de personas, tuvo que encontrar la manera de entretenerse por su cuenta.

Los hermanos Al-Nahyan, comandados por Mohammed, habían abrazado la modernidad de las formas con tal fuerza que el contraste con las costumbres domésticas medievales resultaba abrumador. El rey se sintió fascinado con el hotel-palacio de siete estrellas, esa especie de gigantesca plaza de toros al final de La Corniche, el paseo marítimo que recorre el *skyline* de Abu Dabi. Degustó los mejores vinos en la última planta, donde solo tiene acceso la realeza, y paseó como un niño por el *lobby* en el que se adquieren monedas de oro en una máquina expendedora, se compran relojes de diamantes, se degustan mojitos en el Havana Bar o se contratan las mejores prostitutas del mercado. Todo en un país donde la *sharia* es la ley.

El rey apenas pudo reconocer ese campamento mal construido por libaneses sin escrúpulos que visitó en 1981 con doña Sofía. Entonces, los residuos iban a parar directamente al mar. En 2008, en cambio, disfrutó de un baño en las turquesas y transparentes aguas del Beach Club del hotel, donde antaño los hombres se tiraban al Golfo para recoger perlas. Muchos morían porque los pulmones les estallaban, pero en la actualidad sus descendientes conducían coches de lujo por La Corniche. A veces, con la tapicería aún cubierta por plásticos. ¿Para qué retirarlos cuando se va a cambiar tan pronto de automóvil?

La ecuación económica con la que se encontró el monarca era imbatible: mientras en el Golfo el precio del barril de petróleo se acercaba a los ciento cincuenta dólares, Occidente se deslizaba hacia la crisis del *credit crunch*, crédito bancario, de forma inexorable. Todo estaba por hacer, por construir y por invertir entre los nuevos ricos del Golfo. Don Juan Carlos les abrió sus brazos y los Al-Nahyan correspondieron. El país, del tamaño de Andalucía y con menos historia y peso que Arabia Saudí, había empezado a *coleccionar* trofeos entre la realeza occidental, desde el príncipe Andrés de Inglaterra a su desprestigiada ex, Sara Ferguson. De esta manera cree agrandar el empaque de una Casa que cuenta ya con quinientos príncipes, una nimiedad comparados con los al menos veinte mil de la Casa saudí.

Los Al-Nahyan quieren sentirse parte de la hermandad monárquica global integrada apenas por quince países. Como los Al-Saud, desean que los *royals* de verdad, los de Occidente, los de toda la vida, «blanqueen sus regímenes dictatoriales vestidos de *dishdash*», explican diplomáticos árabes conocedores de las costumbres locales. De ahí todas esas oscuras princesas germanas que me iban presentando en fastuosas bodas reales los años que viví allí. Todas me parecían iguales: altas, grandes, con largos apellidos y aburridos collares de perlas. Iban invitadas desde sus países de origen, a gastos pagados, con posibilidad de disfrutar del sol en un hotel de lujo.

El viaje de don Juan Carlos «fue iniciático», recuerdan los que lo vivieron. «Fue un éxito total. A partir de ahí, comenzaron las visitas privadas al hilo de la Fórmula Uno». La isla de Yas estuvo lista para las carreras en noviembre de 2009. Desde entonces y hasta 2014, el rey solo ha fallado dos veces, en 2012 y en 2013, debido a sus múltiples operaciones. El viaje más sonado fue el del 9 de noviembre de 2011, precedido por el inicio público del caso Nóos tras el registro de Barcelona, y que le valió dos Ferrari de regalo que luego dieron mucho que hablar. Antes de ir a Abu Dabi, además, don Juan Carlos realizó una visita privada a Qatar acompañado de CSW, lo que incrementó el disgustó de Rafael Spottorno, que veía venir el sinnúmero de problemas que iba a provocar la presencia *oficial / no oficial* de la aún denominada princesa junto al monarca.

Abu Dabi post-Zayed se ha convertido en un inmenso zoco global donde todo se compra y todo se vende, incluida la impostura. Como en el resto de Arabia, donde existen parlamentos y primeros ministros de papel, este inmenso zoco está regido por el capitalismo absolutista de las dinastías, llámense Al-Sabah en Kuwait o Al-Thani en Qatar. Los favores y el dinero se mueven por canales diferentes a los occidentales, y se hace imperativa la figura del *facilitador*, que en Occidente cobra el nombre peyorativo de comisionista o engrasador. Es este un individuo legalmente contratado y conocido por todos, una persona sin la cual un negocio no se abre paso en el desierto.

Los miembros de las familias reales árabes suelen estar rodeados de varias capas de ayudantes. En algunos casos, tienen agentes que los representan en un país determinado, como es el caso del sirio Mohammed Eyad Kayali, que actúa de mano derecha del rey Salman en España. Otros están instalados en Arabia, donde llevan viviendo mucho tiempo. Normalmente, incluyen a musulmanes de otros países —Siria, Sudán, Egipto y Líbano son naciones preferidas por el mayor nivel de educación— y a expatriados occidentales. Actúan como recaderos, asesores, intermediarios, representantes, acompañantes y todo a la vez. Se enriquecen en menor medida que sus jefes, y suelen quedarse con una cantidad que puede variar entre el 2 y el 10 por ciento del negocio según la generosidad del *patrón*.

Esta es la definición oficial que de Arabia Saudí hace el Ministerio de Asuntos Exteriores de España: «Una monarquía absoluta basada en las reglas que gobiernan una sociedad islámica en su interpretación más estricta. Declara que solamente el Corán es su Constitución, carece de Parlamento propiamente dicho, y los partidos políticos y sindicatos están prohibidos. El Poder Ejecutivo reside en el rey, quien nombra y dirige el Consejo de Ministros».

Así de claras las reglas, el occidental que tiene acceso al rey o al emir de turno tiene abierta la puerta del país y de sus negocios. Del mismo modo, el árabe que tiene a su favor al jefe de Estado occidental, seguirá contando con un manto de protección diplomática que hará que Occidente mire hacia otro lado cuando su estado absolutista reprima, cuelgue a ladrones, corte manos o impida conducir a las mujeres. Ni en su última visita pidió clemencia don Juan Carlos (ni ningún otro líder occidental) en favor del bloguero Raif Badawi, condenado a diez años de cárcel y a cincuenta latigazos semanales por sus escritos liberales.

La madeja de intereses mutuos, tejida bajo el manto del fraternal amor, ayuda a entender la veintena de viajes que el rey realizó a la península arábiga entre 2006 y 2014, seis de ellos a Abu Dabi. Tan importantes como la competitividad de las empresas es la confianza personal y el juego geoestratégico. En 2013, Arabia Saudí, Emiratos y Australia compraron a España material militar valorado en casi dos mil millones de euros, lo que supone el 44,4 por ciento de las exportaciones militares de nuestro país.

«Dime en qué te puedo ayudar», es la frase típica que solía decir el rey a los embajadores de la zona, alguno de los cuales explica: «Don Juan Carlos tenía la convicción de que entraba bien con ellos».

Hasta ahí, mejor imposible. El problema surgió para el monarca de España ante la opinión pública cuando empezó a arraigar la sospecha de que había un provecho personal propio en sus intermediaciones comerciales. Hace más de veinte años, y por pura casualidad, sus relaciones con los monarcas musulmanes plantearon un interrogante por primera vez. Ocurrió en 1992, cuando en Estados Unidos se publicó el diario de Asadollah Alam, un elegante y aristocrático iraní que fue jefe de gabinete —ministro de corte— del sah de Persia entre 1966 y 1977.

Alam, que veía cada mañana al sah y discutía con él todos los asuntos del día, tanto políticos como familiares, murió en 1978 de cáncer. Sus papeles fueron enviados a Suiza y su viuda solo empezó a editarlos a partir de 1987. Finalmente, aparecieron recogidos bajo el título de *The shah and I: the confidential diary of Iran's royal court, 1969-1977*. Muy preocupados por el auge del comunismo, en sus diarios incluyó Alam una carta del rey Juan Carlos al sah fechada el 22 de junio de 1977 en la que pedía dinero para defenderse contra el «peligro marxista» que representaba el PSOE.

Con un lenguaje muy de la época, el joven monarca español, que llevaba apenas año y medio en el trono, reclamó a su «hermano» Mohammed Reza Pahlevi la concesión de «diez millones de dólares» como «contribución personal» del sah al «fortalecimiento de la monarquía española» amenazada por un PSOE que don Juan Carlos definió como un «partido marxista».

«Cuarenta años de un régimen totalmente personal han hecho muchas cosas que son buenas para el país pero al mismo tiempo dejaron a España con muy deficientes estructuras políticas, tanto como para suponer un enorme riesgo para el fortalecimiento de la monarquía», explicó un joven don Juan Carlos a Pahlevi, al que apenas le quedaban dos años por delante al frente de su régimen petrolero, tan rico como injusto.

En la misiva, el rey de España se felicitaba por la confianza depositada en Adolfo Suárez y porque este acabara de ganar las primeras elecciones democráticas, pero advertía: «Sin embargo, el Partido Socialista obtuvo un porcentaje de votos más alto de lo esperado, lo que supone una seria amenaza para la seguridad del país y para la estabilidad de la monarquía, ya que fuentes fidedignas me han informado de que su partido es marxista. Cierta parte del electorado no es consciente de ello y los votan en la creencia de que, con el socialismo, España recibirá ayuda de algunos países europeos, como Alemania, o en su defecto países como Venezuela, para la reactivación de la economía española».

Parece ser que el «esquema de la carta por el futuro de la democracia y la monarquía de España» se aplicó también a Arabia Saudí, entonces bajo el rey Khalid, pero ya muy débil, y con Fahd como rey de facto; al Marruecos de Hassan II y al sultán Qaboos de Omán. La corte saudí entregó a don Juan Carlos cien millones de dólares, teóricamente como préstamo por diez años al cero por ciento de interés.

Hasta ahora, en España solo se conocían las peticiones a Irán y a Arabia Saudí. Ambas ayudas se unieron a las sospechas que levantaba el papel de intermediación del fallecido Manolo Prado y su intimidad con el rey. Durante más de veinte años, el terreno ha estado abonado por incesantes rumores sin confirmar. En diciembre de 2014, el catedrático Roberto Centeno, exconsejero delegado de la antigua Campsa, explicó en la cadena de radio Radio 3W la supuesta injerencia de Prado en la compra de petróleo para España. Según Centeno, Juan Carlos I cobraba una comisión por cada barril de petróleo que entraba en España, lo que en 1979 le habría supuesto unos ingresos de dos millones de dólares anuales.

Un miembro del círculo de don Juan Carlos desde la infancia confirma las denuncias de Centeno de esta manera: «Lo sabíamos todos».

Pero no pensemos que España está sola en estos tratos con países islámicos. Cuando el príncipe Bandar bin Sultan, el protagonista del escándalo Yamamah, fue entrevistado por el programa americano *Frontline*, de la prestigiosa cadena de televisión PBS, contestó así cuando fue preguntado por las acusaciones de corrupción en el Reino del Desierto: «Si usted me dice que al construir este país por un coste de cuatrocientos mil millones de dólares usamos mal o nos quedamos con cincuenta mil millones, yo le diría: "¿Y qué?". Nosotros no hemos inventado la corrupción. Esta ha existido desde los tiempos de Adán y Eva».

Sin embargo, la sospecha que ensombrece la figura del rey de España desde hace años se agravó en la última parte de su reinado debido a la aparición de CSW. A partir de 2006, y a la sombra del rey, ella empezó a cultivar a los monarcas árabes como *hilo directo* con Juan Carlos I y por tanto con las decisiones políticas que se tomaban en España.

La relación con Arabia Saudí era demasiado antigua y demasiado intensa. «Los príncipes saudíes no habrían encontrado la manera de entenderse con ella», señalan personas cercanas a la familia real saudí. Su trabajo fue especialmente intenso en Abu Dabi, donde Mohammed y su *guardia de corps* son hombres de su edad y más fáciles de tratar. Sultan al-Jaber, el poderoso líder de Masdar, que no pertenece a la familia real emiratí, la *protegió* en Nueva York de las miradas indiscretas de la delegación española integrada por José Manuel García-Margallo cuando coincidieron en la apertura de la Asamblea General de la ONU en septiembre de 2012. «No te preocupes, tú quédate a mi lado», le susurró Al-Jaber tomándola de la mano cuando algunos miembros de la delegación española pasaron de largo sin saludarla pero dirigiéndole intensas miradas.

En apenas tres años, tras su primera visita a Abu Dabi en 2008, CSW luchó por posicionarse en aquel país. Inicialmente apareció vinculada a la británica Charlotte di Vita, una mujer definida como «alguien que sabe trabajarse el sistema» y con la que CSW acabó teniendo una pésima relación. Di Vita tiene una ONG —21st Century Leaders— con la que ha entrado muy bien en Emiratos. Entre los setecientos treinta y nueve líderes-colaboradores de esta ONG se encuentra don Juan Carlos, que ha contribuido con el dibujo de una paloma de la paz sobre un círculo con la bandera de España.

En Abu Dabi, CSW se dejó ver acompañada por la española Isabel Falkenberg, de cuarenta y cuatro años y residente en Londres, donde dirige el *hedge fund* QW Capital junto a su marido, Gianluca Lobofalo, exvicepresidente de Morgan Stanley. Falkenberg y CSW formaron parte del consejo de una empresa de bombones, CSW como CEO y «consultora estratégica», y Falkenberg como directora. La empresa, Sir Hans Sloane Chocolate and Champagne House Limited, dejó de existir en 2012.

En 2011, Falkenberg viajó con CSW a Abu Dabi por primera vez porque el año anterior «un antiguo contacto de CSW la contrató para que la consultora germano-alemana le ayudara a expandir sus negocios a esa zona del mundo». Falkenberg y CSW fueron juntas a Abu Dabi en varias ocasiones, ya que esta última subcontrató a la española por su «capacidad de análisis financiero de empresas y sus idiomas». Aunque no son oficialmente socias, se ayudan mutuamente y se consultan con frecuencia. Esa operación en concreto duró tres años.

Desde el inicio de su relación con Emiratos, CSW insistió mucho en su origen aristocrático: «Entonces decía que formaba parte de la nobleza europea, que su padre era amigo del rey Juan Carlos, y que ella estaba ayudándole porque así se lo había pedido su progenitor».

Gradualmente, CSW fue transformándose a ojos de los líderes de Abu Dabi en «representante» del rey de España y en «la persona a la que había que dirigirse para tener línea directa con él». Al mismo tiempo, se consolidó como su «pareja oficial». Una peligrosa mezcla que indicaba a las alturas de Abu Dabi que era alguien a tener en cuenta hasta que don Juan Carlos indicara lo contrario.

Personas cercanas al Gobierno de Abu Dabi también me han confirmado que CSW tiene un contrato con la ciudad-estado como facilitadora de negocios con terceros países. Estas fuentes han añadido que esa relación contractual se deriva directamente de la relación de amistad entre don Juan Carlos y los líderes del país. «En cuanto el antiguo rey haga una señal, a CSW la dejarían caer».

En la actualidad, CSW mantiene una estrecha relación de trabajo con Amr el-Dabbagh, el exgobernador del SAGIA que ahora se dedica a gestionar el imperio de negocios familiares, uno de los mayores de Oriente Medio. Dabbagh fue tachado de «responsable» por políticos españoles del fracaso del Fondo Hispano-Saudí creado en 2007 a instancias de CSW y puesto de largo por Juan Carlos I en el palacio de El Pardo junto al fallecido rey Abdulá. Ella acompañó en una ocasión a Dabbagh a Nueva York cuando asistió al Global Clinton Fundation. A finales de 2014, Dabbagh impartió una conferencia en la London School of Economics a la que asistió Bill Clinton y en cuya preparación participó activamente CSW.

Ella siempre ha cuidado mucho el «riesgo reputacional» que supone el uso de su nombre en publicaciones escritas. La labor que desarrolla, perfectamente lícita desde todos los puntos de vista, incluye la necesidad de la más estricta confidencialidad. De ahí que siempre haya amenazado con que se querellará «contra cualquier persona que sugiera que ella ha actuado como una especie de conseguidor en femenino, llevando y trayendo dinero».

Determinar el carácter de la relación que el rey mantuvo con las casas reales de Riad y de Abu Dabi no es tarea fácil. Las monarquías del Golfo huyen de las transferencias y de los escritos, y prefieren el dinero líquido y las decisiones tomadas oralmente. Desde que abdicó, se publica abiertamente que la fortuna de don Juan Carlos asciende a tres mil millones de euros, pero no se especifica en calidad de qué. El último diario en hablar de ello fue el británico *Daily Mail* al relatar la demanda de paternidad de Ingrid Sartiau.

Cuando el príncipe Felipe anunció su compromiso con Letizia Ortiz Rocasolano, a la embajada de Arabia Saudí en Madrid llegaron suntuosos obsequios destinados a Zarzuela, según testigos oculares: de la misma manera que en España los amigos del padre entregan un sobre con dinero como regalo, los dirigentes saudíes enviaron su propia versión.

En España, al rey se le echa en cara haberse enamorado de una mujer que lo utilizó para hacer negocios. ¿Utilizó también

Juan Carlos I a CSW? Fuentes del Gobierno saudí me han negado oficialmente la existencia de «trato alguno» entre el rey y los líderes saudíes más allá de una «intensa amistad personal».

Los viajes al Golfo al final de su mandato sirvieron de poco para mejorar la imagen del monarca. Los españoles estaban ya saturados de sus salidas al extranjero con los grandes líderes del Ibex. Lo que empezó como un plus con la foto *exclusiva* del rey reunido con el Consejo Empresarial de Competitividad, en marzo de 2012, acabó convirtiéndose en un problema cuando el *lobby* del Ibex 35 liderado por César Alierta, el presidente de Telefónica, empezó a contaminarse del desprestigio de la clase política y la Corona. ¿Para cuándo las jubilaciones de los principales capos de los bancos y las multinacionales españolas?, se preguntaban los españoles cada vez con mayor frecuencia.

Tampoco contribuyeron demasiado a mejorar la opinión pública las noticias sobre contratos entre España y Arabia Saudí, que pasaron en gran medida desapercibidos. El último, de Abengoa, la empresa más potente de Andalucía, va a desarrollar la primera planta de desalinización solar del Reino del Desierto, valorada en ciento treinta millones de dólares. Sí ha cobrado mucho interés, en cambio, el *ultimátum* lanzado por los dirigentes saudíes al Gobierno de España con respecto al AVE del Desierto: si no cumplen los términos del contrato, las empresas españolas volverán a sufrir el *síndrome* del canal de Panamá.

Diplomáticos saudíes se quejan de la «politización» del consorcio que controla al grupo de empresas españolas participantes en la construcción del AVE. Aún está tierno en el recuerdo el fiasco de la presentación que hizo Pablo Vázquez, que ya ha sido destituido de la presidencia del consorcio, ante Juan Carlos I y una nutrida representación saudí. Fue en el salón de reuniones palacio real de Jedda y los periodistas estábamos presentes: el inglés de Vázquez era tan malo que no se entendió una palabra del trabajo español entre Medina y La Meca.

«Ya no está don Juan Carlos para hacer una llamada de teléfono y calmar los ánimos», me señalan. El monarca español fue coronado como mejor embajador de España por su intermediación por el contrato del AVE de La Meca, cercano a los siete mil millones de euros. Se hizo público el 26 de octubre de 2011 ante el enfado del Gobierno francés, que, como ya hemos contado, estuvo muy cerca de hacerse con él. Entonces, desde Zarzuela se acusó a los servicios secretos franceses de ser los responsables de propagar la idea de que don Juan Carlos cobraba comisiones. Según esto, habrían sido miembros de los servicios secretos franceses los que «contaminaron» a la periodista Doreen Carvajal, de *The New York Times*, hasta hacerle creer «el embuste».

¿Qué hará ahora Felipe VI con esta herencia *envenenada*? La llegada de Salman a la cumbre del poder saudí en enero de 2015 reforzó el *factor español* en su trono. Salman, que prefiere pasar largas temporadas en su nueva mansión de Tánger junto al idílico hotel Le Mirage, ha delegado sus negocios en España en su hijo Sultan, que es ministro de Turismo. Sultan es uno de los seis hijos que tuvo con una de sus esposas, la princesa Sultana, que llegó a pasar largas temporadas en Marbella, donde murió en 2011. El príncipe Sultan, ayudado por el agente en nuestro país de su padre, el sirio Mohammed Eyad Kayali, se encarga ahora de los intereses de Salman.

El nuevo viceheredero, Mohammed bin Nayef, tiene un enorme yate con el que siempre recala las vacaciones de verano en Ibiza. Su hermano Saud, actual gobernador de Medina, fue durante ocho años embajador en Madrid. Finalmente, está el hijo favorito de Salman, Mohammed, su ojo derecho, doce años más joven que el nuevo rey de España.

El príncipe Mohammed bin Salman, como nuevo y flamante ministro de Defensa, tendrá mucho que decir a la hora de apostar por uno u otro país occidental como fuente de armamento. España ocupa el séptimo lugar en el *ranking* mundial de países proveedores de armamento a pesar de haber perdido recientemente la posibilidad de vender cuatrocientos carros de combate Léopard a Arabia Saudí. Mohammed, que también mantiene su cargo de ministro de la Corte Real —jefe del gabinete que controla el día a día del rey— será quien decida qué se hace al respecto. El treintañero ha comenzado ya a desmantelar la red de *fixers* establecida por el fallecido rey Abdulá, como por ejemplo la del príncipe Mutaib bin Abdalá en la Guardia Nacional. Los españoles, como el resto de los occidentales, han de estar atentos a estos cambios para no perder la comba de los grandes contratos.

«Felipe VI no irá por el camino de su padre», señalan fuentes cercanas a la familia real saudí. Lo corroboran diplomáticos saudíes, quienes no creen que el nuevo rey quiera mantener esas estrechas relaciones personales que protagonizó su padre con Arabia. «Fuera de las relaciones entre los estados, Felipe VI no intentará situarse por encima y respetará escrupulosamente el trabajo de los ministros del Gobierno de turno», señalan quienes destacan la visita de Morenés en diciembre de 2014, seguida de su homólogo francés, Jean Yves Le Drian, en enero de 2015, como ejemplo de las batallas que libran los estados occidentales por «colocar» armamento a los saudíes.

Me insisten además en que «la reina Letizia no permitirá que su marido se haga amigo de unos hombres que dan un trato indigno a las mujeres». Y pocos son los que imaginan a Felipe VI cazando la avutarda hubara con jeques árabes en Pakistán.

La primera prueba de fuego del nuevo rey de España tuvo lugar el sábado 24 de enero de 2015, al día siguiente de la muerte de Abdulá bin Abdulaziz al-Saud, cuando Felipe VI acudió a Riad para dar las condolencias a la familia real saudí. Lo hizo en el marco de las condolencias generales, con el resto de los representantes mundiales, como el príncipe Carlos de Inglaterra o el primer ministro David Cameron. Para todos ellos, la familia estableció una hora y media —entre las cinco y media y las siete de la tarde—. Nada más.

Don Juan Carlos, por su parte, envió un telegrama de pésame y, unos días después, cuando ya la familia real había quedado sola y tranquila, aterrizó solo en Riad. Fue recibido en el aeropuerto por el príncipe heredero, Muqrin, y al día siguiente el rey Salman ofreció un banquete en su honor al que acudieron varios príncipes más.

La diferencia entre el pésame de Felipe VI y el de Juan Carlos I no pudo ser mayor.

En España se tomó nota: los rumores acerca del origen del patrimonio del rey emérito y sus relaciones con la península arábiga no cesarán hasta que él se decida a hacerlo público o hasta que sea investigado en profundidad.

Capítulo 12

NI UN MINUTO MÁS

«El cielo conoce, hijo mío, por qué sendas extraviadas, por qué caminos tortuosos e indirectos alcancé esta corona; yo mismo sé cuán laboriosamente se fijó sobre mi cabeza. Sobre la tuya descenderá más tranquilamente, con mayor respeto de la opinión, más firme, porque toda la mancha de la adquisición bajará conmigo a la tumba».
WILLIAM SHAKESPEARE, *Enrique IV*, acto IV, escena IV

Lunes, 6 de enero de 2014, Pascua Militar, Palacio Real.

Al principio, todo parecía más o menos normal esa mañana, recién pasados por España los Reyes Magos. En el Palacio Real de Madrid se celebraba una Pascua Militar más, la cita anual del rey como capitán general del Ejército ante la cúpula militar del país con la presencia del presidente del Gobierno. Es cierto que el acto, muy formal y aparatoso, había alcanzado su mínima expresión protocolaria debido a los problemas de movilidad del monarca, que ya no podía pasar revista a las tropas, aguantar de pie largo rato y caminar por el empedrado suelo del Patio de la Armería como exige el guion. Pero con un poco de buena voluntad, la ceremonia en el salón del trono seguía teniendo suficiente empaque como para justificar que la siguiera presidiendo don Juan Carlos con su fajín rojo. Sin embargo, esa mañana, el rey parecía más arqueado que de costumbre y con un paso tan fatigado que la reina Sofía y los príncipes de Asturias se vieron obligados a caminar detrás con más flema que sonrisa.

Todo iba bien en palacio a principios de 2014. Don Juan Carlos había empezado el año aparentemente decidido a seguir al mando de la dinastía Borbón al menos hasta los fastos de noviembre de 2015, cuando celebraría sus cuarenta años como monarca —seis menos que el récord establecido por Felipe V y cinco menos que su abuelo, Alfonso XIII, que nació rey— pero en el *top* 4 junto a Felipe IV —que permaneció cuarenta y cuatro años en el trono— y Felipe II —cuarenta y dos años por su parte—. Un broche de oro para un reinado igualmente dorado que le haría llevarse a la tumba el título de *Mejor Borbón de la Historia*, un galardón merecido si uno lee con atención las biografías de sus tres últimos antecesores, Isabel II, Alfonso XII y Alfonso XIII, sin olvidar las de la regente María Cristina de Borbón o la de su propio padre, don Juan, cuya impericia política le impidió arrancar el trono a Franco.

Igual le daba al rey que a algunos esta decisión suya les pareciera perniciosa para la vida institucional del país. O que otros la identificaran como contraria a los vientos de cambio que soplaban sobre España. Tampoco le importaban los convencidos de que cuanto más se demorara la despedida, más lustre perdería su reinado debido al convulso tiempo económico, político y social en el que se adentraba el país. El cálculo estaba hecho, y ante la voluntad del rey —«la abdicación es un acto personalísimo», nos recordaban continuamente desde Zarzuela— sobraban las razones.

Por si a alguien le quedaba duda sobre cuáles eran los planes de futuro del monarca, ese enero, la revista *¡Hola!* nos regaló una portada memorable y con unos términos bien claros: don Juan Carlos, pasado sin disimulo por la factoría del Photoshop, aparecía con motivo de su setenta y seis cumpleaños y del setenta aniversario de la revista sin arrugas en el rostro y con un jersey de cuello alto con el que hacía gala de barriga plana. Sin bastón, con el cinturón diseñado por Patrick Mavros y una deportiva chaqueta. Según la revista que obró el milagro de rejuvenecer al monarca más de veinte años, don Juan Carlos estaba «imponente, lleno de vitalidad, renovado y recuperado». Así lo atestiguaban su buen color, sus pantalones chinos y hasta los perros con los que posó en los jardines de La Zarzuela.

La portada del *¡Hola!* provocó de inmediato las más crueles chanzas en las redes sociales. Aún sigo sin comprender cómo se prestó Zarzuela a un ejercicio tan banal de exageración, y sospecho que existió una mano larga y negra detrás del desafortunado reportaje.

El sábado 4, el día antes de su cumpleaños, Rafael Spottorno quiso dar el toque serio a la «espectacular recuperación» del jefe del Estado en el espacio *Audiencia abierta* de Televisión Española, donde se quejó suavemente de la tardanza del juez Castro en poner fin al caso Nóos porque su presencia diaria en los medios era «un poco martirio» para la institución.

Quizá lo más ajustado a la realidad esos días fue la encuesta que publicó *El Mundo* el domingo 5 de enero, el día mismo del cumpleaños del rey. No tenía nada que ver con los planes de Zarzuela en ese momento, pero mostraba la verdad, por muy dolorosa que esta fuera.

En el párrafo inicial de mi crónica ese día se leía esto:

> Por tercer y consecutivo *annus horribilis*, se agranda la brecha entre los españoles y su monarquía. En estos últimos 12 meses, el apoyo al reinado de don Juan Carlos ha bajado nueve puntos (solo cuenta con el 41,3%), mientras que ha subido 17 puntos el porcentaje de españoles que piden su abdicación (62%). De igual forma, la institución monárquica perdió cinco puntos de apoyo, hasta situarse en el 49,9%. Esta tercera encuesta consecutiva de Sigma Dos para *El Mundo*, la más larga y detallada, con 15 preguntas, fue

> realizada entre el 28 y el 31 de diciembre de 2013, apenas tres días después del primer discurso regeneracionista del rey. Su compromiso de continuar con «ejemplaridad y transparencia» no parece haber surtido el efecto deseado, a juzgar por estos datos.

Un jarro de agua fría que no me agradó arrojar sobre Zarzuela, embarcada en su enésimo plan de salvación de la monarquía, pero que mostraba una realidad ineludible. No sabíamos entonces dónde estaba el rey el día de su cumpleaños y cómo recibió la encuesta de *El Mundo*. Según la Agencia EFE, así pasó su aniversario el monarca: «Don Juan Carlos celebra hoy en privado su setenta y seis cumpleaños, en una jornada durante la que ultimará el discurso de la Pascua Militar con la que reanudará su actividad fuera de La Zarzuela, sin descuidar tampoco las sesiones de rehabilitación física, según han informado fuentes de la Casa del Rey».

Pero la información de la agencia estatal de noticias no se ajustaba exactamente a la realidad, como pudimos comprobar el lunes 6 de enero, pasada la una de la tarde, cuando don Juan Carlos protagonizó uno de los momentos más embarazosos de su final de reinado.

En YouTube es fácil de encontrar lo que ha quedado etiquetado, con música rock incluida, como «El espectáculo lamentable del rey Juan Carlos Borbón». Fueron apenas dos agónicos minutos, un instante de rubor nacional suficiente como para que los españoles rubricaran ese día a través de las redes sociales la descarnada falta de respeto que sentían por el rey.

El lapsus de la Pascua Militar consistió en las dificultades —siete, llegué a contar— que tuvo el rey para pronunciar correctamente lo escrito sobre el atril. En una determinada ocasión llegó a resoplar y al final sustituyó la palabra «milicia» por «familia». Mariano Rajoy no daba crédito a lo que estaba ocurriendo: su cuello se le quedó rígido de mirar insistentemente al monarca mientras este tartamudeaba vestido de capitán general del Ejército ante unos militares que trataban de mantenerse impertérritos. Solo el pestañeo de sus ojos delató la desazón que sentían al ver al jefe supremo incapaz de hablarles con dignidad.

Javier Ayuso, que siguió la intervención en una sala contigua al salón del trono, sufrió una lipotimia. A Pedro Morenés, el ministro de Defensa, el pudor le impidió en todo momento levantar los ojos del suelo. Otros optaron por refugiar la mirada en el techo. Fue un momento espantoso de vergüenza y angustia colectiva por lo que estaba sucediendo ante nuestros ojos.

Tardamos algún tiempo en saber exactamente lo que le había ocurrido. Los portavoces recurrieron a la excusa de «la luz», que se había reflejado sobre el papel impidiendo al rey leer con claridad. No sonaba a verdad y tampoco dejaba en buen lugar a las «fuentes de la Casa del Rey». Unos días más tarde, se empezó a hablar de «nervios y cansancio». El recurso a la mentira provocó un mal mayor: en España se corrió pronto el rumor de que el monarca padecía dificultades cognitivas debido a su avanzada edad, lo que planteaba la duda de si el Gobierno debía inhabilitarlo.

Por fortuna, ese día no estuve en la sala del desastre, pero las imágenes en directo por televisión no me ahorraron el mal trago. Desde el primer momento pensé mal: seguro que el rey se había excedido celebrando su cumpleaños y lo pagó con una confusión mental que no era la primera. A pesar de la intensidad de la sospecha, se hacía difícil comprobarla, pero me propuse investigar si, además de problemas en los huesos, don Juan Carlos los tenía también en la cabeza.

Efectivamente, no fue un arrebato de demencia senil lo que se sufrió el rey en esa Pascua Militar. Lo ocurrido fue consecuencia de una nueva dosis de mala suerte y de irresponsabilidad. El monarca decidió celebrar su cumpleaños fuera de España a pesar de que al día siguiente se enfrentaba no solo a la Pascua Militar sino también al enésimo regreso a la vida pública fuera de Zarzuela después de la última operación. Desde el 25 de noviembre de 2013, cuando salió en coche del hospital Quirón, los españoles no lo habían visto fuera del recinto de El Pardo. Su actuación el 6 de enero era por tanto de suma importancia para justificar su continuidad en el trono.

Podía incluso haberse marchado después de la Pascua y celebrar su cumpleaños a toro pasado. Pero una vez más, como en Botsuana, don Juan Carlos prefirió confiar en su proverbial suerte de antaño que, de nuevo en el presente, desapareció: el domingo 5 de enero, al final de la jornada, y después de haber bebido y comido copiosamente como corresponde a un buen cumpleaños, emprendió el regreso desde Londres a Madrid cuando ya era noche cerrada. La niebla inglesa, esa maldita manta blanca que impide la visión y cancela los despegues de los aviones aunque sean oficiales, lo retuvo en un aeropuerto privado más tiempo del esperado. Exasperado, don Juan Carlos apenas pegó ojo. ¿Seguiría hoy en el trono si el 5 de enero se hubiera quedado en Madrid con su familia y se hubiera metido temprano en la cama?

No es difícil imaginar lo que ocurrió en Zarzuela después de la Pascua Militar. En el cóctel que siguió al discurso, y al que cuando la normalidad imperaba en la Corona tenían acceso los periodistas, don Juan Carlos permaneció apenas un cuarto de hora. Después intentó descansar. Para los reproches hubo mucho tiempo esa semana, una de las más largas y duras de su reinado.

El martes 7 de enero, la infanta Cristina fue imputada por el juez Castro. Fueron días difíciles. Entre los empleados de la Casa del Rey había malas caras, ojeras, gestos de preocupación. De nuevo, tenían que hacer un esfuerzo por recoger los platos que había roto el monarca. La energía, tras dos años de lucha permanente, menguaba. ¿Cómo volver a pelear por un timonel que les había decepcionado una vez más?

El relato varía según el grado de simpatía que los conocedores de los hechos sienten por don Juan Carlos. Para algunos, era normal que un hombre mayor, solo, sin familia ni amigos de verdad, con problemas, quisiera pasar su cumpleaños rodeado de lo que en ese momento le ofrecía más calor emocional: CSW, sus hijos y su exmarido, Philip Adkins. Para otros, el rey volvió a demostrar que su caso era irrecuperable: después de los desastres públicos de Botsuana y de Abu Dabi, ¿quién sino alguien sumamente irresponsable volvería a poner en riesgo no solo a sí mismo sino a la institución a la que representaba?

No es difícil imaginar las convulsas escenas que se vivieron en Zarzuela los días posteriores a la Pascua Militar y a la imputación de doña Cristina. Los periodistas apenas podíamos intuirlas, aunque el viernes, después de que la duquesa de Palma durmiera en Zarzuela y se reuniera allí con su abogado, Miquel Roca, en una de mis crónicas llegué a usar el término «vodevil». La impresión era de despropósito y de falta de dirección.

«Como capitán general del Ejército, no podía seguir haciendo el ridículo por ahí», señala una persona del entorno que se sintió dolida y también indignada por lo que el propio monarca había provocado. Con el agua llegando al río y el monarca en una posición moral de extrema debilidad ante su propio círculo, en Zarzuela se tomó una importante decisión: la infanta Cristina pasó de estar «desaparecida» por un tiempo a resultar «irrecuperable» para la institución. Nada se dijo sobre la decisión del juez Castro como la vez anterior, ni una palabra en defensa de la infanta, solo respeto por la justicia. Se había intentado, pero doña Cristina no había puesto nada de su parte, y salvarla para la Corona era ya imposible.

La herida personal e institucional en La Zarzuela se agrandó esos días aciagos de enero hasta hacerse insoportable. De nuevo, la montaña rusa de la abdicación se había puesto en marcha. Esta vez, el motor de la atracción apenas pudo empujar el vagón del rey unos metros hacia arriba.

Al ir investigando esta crónica de las circunstancias que se dieron en los cuatro últimos años del reinado de don Juan Carlos, me tropecé con algún obstáculo. Especialmente complicado me resultó encontrar el equilibrio entre las dos narrativas existentes para explicar el proceso que condujo a la abdicación del rey. El relato oficial insiste en que se trató de una decisión escrupulosamente personal del monarca, en la que no intervino nadie más y que se basó de forma exclusiva en su sentido del deber dinástico. El oficioso, que Juan Carlos I se vio forzado a tomar una decisión que él consideraba prematura, y que lo hizo presionado —en una ocasión he llegado a oír la palabra «chantaje»— por personas con sentido del Estado que le impidieron poner en peligro la monarquía constitucional que él mismo había contribuido a crear tras la dictadura.

Después de mucho preguntar, una de las personas involucradas en el proceso que condujo a la abdicación zanjó así la discusión: «La verdad es poliédrica». También me dijo este protagonista algo sobre lo que yo ya había reflexionado en otras circunstancias de mi vida: «Cuanto más sabes, más discreto eres». Los servicios de inteligencia, y también los diplomáticos, trabajan con una máxima que es la «la necesidad de saber» (*the need to know*). Si hay algo que no necesitas saber para desempeñar tu trabajo, es más prudente y pragmático no saberlo. Cargarte de información confidencial innecesariamente es complicarte la vida.

Estas aseveraciones, discutidas con dos hombres de amplia experiencia política y de Estado, me ayudaron a entender que las personas directamente involucradas en la abdicación del rey estaban contando *su* verdad, y que las que más sabían al respecto menos hablarían. Incluido, y sobre todo, el propio rey, que jamás se saldrá del «guion establecido», según me explicó una persona conocedora del modus operandi en las alturas.

Rafael Spottorno y Felipe González, piezas fundamentales en la partida de ajedrez que condujo finalmente a la abdicación, son personas muy discretas. Según fuentes solventes, ambos elaboraron un breve documento llamado «Condiciones para la abdicación», que fue «determinante» para que el rey diera el paso tras convencerse de que ni su posición ni la de España peligraban si él dejaba el trono a su hijo don Felipe antes que después.

Según el relato oficial, tras el desastre mediático que supuso el discurso de la Pascua Militar, el rey empezó a rumiar una decisión que anunció a Spottorno en el mes de febrero de 2014. En el primer anillo de información se encontraban el jefe de la Casa, el expresidente González, el jefe del CNI, Sanz Roldán y, algo posteriormente, los exjefes Aza y Almansa, así como los empresarios César Alierta y Javier Monzón.

Spottorno, que ya había vivido otros momentos en los que el rey se había declarado dispuesto a abdicar, dejó pasar dos semanas. «Quería estar seguro, no se fiaba», me cuentan. «Durante ese tiempo, preguntó a diario al monarca si había cambiado de opinión. Cuando comprobó que *esta vez* iba en serio, le recomendó que se lo dijera a don Felipe y a doña Sofía».

El relato oficial continúa por la senda del escrupuloso respeto por las instituciones y describe a un rey digno y convencido que no varió la decisión final: el lunes 31 de marzo, tras el funeral de Estado en La Almudena de Adolfo Suárez, se lo habría transmitido personalmente al presidente del Gobierno, Mariano Rajoy. Dos días más tarde, habría hecho lo propio con Alfredo Pérez Rubalcaba, el líder de la oposición.

A partir de ese momento, habría entrado progresivamente en funcionamiento, siempre según ese relato oficial, el trabajo técnico de las personas que conformaron el segundo nivel de información: por parte de presidencia del Gobierno, Soraya Sáenz de Santamaría y, sobre todo, su número dos, Jaime Pérez Renovales; y por la Casa del Rey, Jaime Alfonsín, el secretario del príncipe de Asturias, Javier Ayuso, responsable de Comunicación, y Domingo Martínez Palomo, de Planificación.

Pero el relato oficial chirría si uno recuerda la aparente seguridad con la que habló el rey en su último discurso de Nochebuena cuando aseguró a los españoles su «determinación de continuar estimulando la convivencia cívica, en el desempeño fiel del mandato y las competencias que me atribuye el orden constitucional».

Al parecer, la necesidad política se impuso de nuevo en la vida de Juan Carlos I como ya lo hizo en otros momentos fundamentales. «Esa es su virtud principal: la cintura política», señalan los que le conocen. Como ejemplo, la entrevista que concedió a la revista francesa *Point de Vue* en 1965, donde afirmó: «Nunca aceptaré la corona mientras mi padre siga vivo». A principios de 1966, reprodujo estas palabras la revista americana *Time*, que entonces tenía un enorme predicamento internacional. Para apaciguar a un Franco irritado por estas declaraciones, don Juan Carlos no dudó en conceder una entrevista a la Agencia EFE, firmada por Carlos Mendo, en la que afirmaba que si Franco le nombraba, aceptaría ser sucesor a título de rey tras jurar los Principios del Movimiento Nacional y las Leyes Fundamentales, como así acabó ocurriendo. Dos años más tarde, en enero de 1968, unos días después de cumplir treinta años, Franco recompensó la maestría política del joven Borbón sin título asegurándole que todo quedaría dispuesto para el año siguiente.

Así fue, el 22 de julio de 1969, lo nombró su sucesor en la jefatura del Estado con título de rey y dejó sin opciones al legítimo aspirante al trono, don Juan de Borbón, conde de Barcelona y heredero de Alfonso XIII desde que en 1941 recibiera de este sus derechos dinásticos. Franco pronunció un discurso ante las Cortes para aclarar que se trataba de una «instauración, no una restauración» de una nueva monarquía. La expresión «instauración» fue obra de Gabriel Elorriaga, entonces jefe de gabinete de Manuel Fraga Iribarne. Elorriaga escribió, de su puño y letra, las preguntas y las respuestas de la entrevista de la Agencia EFE. Lo cuenta en su último libro, *Manuel Fraga y el eje de la Transición*. La propuesta fue ratificada por las Cortes franquistas ante las que el príncipe prestó, efectivamente, el juramento de lealtad al jefe del Estado y fidelidad a los Principios del Movimiento y demás Leyes Fundamentales del Reino. Luego, obviamente, ignoró el juramento.

Esa inteligencia política o ese talento de actor consumado, como se quiera llamar, lo llevó a la meta el sábado 22 de noviembre de 1975 a las doce y media del mediodía en las Cortes, donde puso la mano derecha sobre los santos evangelios para jurar de nuevo que cumpliría y haría cumplir las Leyes Fundamentales y guardaría lealtad a los principios que conforman el Movimiento Nacional. Cinco días más tarde, el 27 de noviembre de 1975, acompañado por su familia y cinco militares franquistas —el marqués de Mondéjar, jefe de la Casa; el marqués de Santa Cruz de Rivadulla, Alfonso Armada, secretario general de la Casa; el coronel Manuel Dávila, ayudante; el teniente general Sánchez Galiano, jefe de la Casa Militar, y el general Fuertes de Villavicencio, de la Casa Civil—, fue confirmado en los Jerónimos, tras entrar bajo palio y besar el *lignum crucis*, en una misa de exaltación de la Corona.

¿Qué importancia tiene un simple discurso televisado ante la nación como el de 2013 comparado con el quiebro de dos juramentos sucesivos? De esta manera, el «magnífico político que habría sido el rey» supo emprender el camino correcto en febrero de 2014. En esa decisión influyó sobre todo su «fuerte sentido del deber» para el que hay que remontarse al discurso pronunciado el día de su proclamación: «En este momento decisivo de mi vida afirmo solemnemente que todo mi tiempo y todas las acciones de mi voluntad estarán dirigidas a cumplir con mi deber».

Palabras que se las lleva el viento. Por eso he creído oportuno hacer un recuento de los nueve hechos que conocemos y que sí sabemos a ciencia cierta que ocurrieron.

El primero, y quizá más relevante, fue la incapacidad de Juan Carlos I para recuperar el cariño y el respeto de los españoles tras el caso Nóos y la caída en Botsuana. El desafecto hacia él estaba provocando un peligroso cuestionamiento de toda la monarquía, y esa regla no escrita —desde luego no en la Constitución española— de que los reyes mueren en la cama cobraba cada día menos sentido en nuestro país. El 28 de septiembre de 2013, como colofón a una dramática semana en la que el monarca reingresó en el hospital de la mano de los médicos de la clínica Mayo, en Madrid se celebró una manifestación denominada «Jaque al rey».

«¡Juan Carlos I, de Franco heredero!» y «¡España, mañana, será republicana!», gritaban los miles de manifestantes que ese sábado se concentraron en la capital con la intención, abortada por la policía, de llegar hasta el Palacio Real. Esos mismos gritos los oí el mismo año en Palma de Mallorca bajo la ventana del juzgado en la que declaraba la infanta Cristina. También en Las Palmas de Gran Canaria durante la visita de los príncipes de Asturias.

La marcha de Madrid había sido convocada por la Coordinadora 25-S, la misma que el año anterior organizó la manifestación destinada a rodear el Congreso. La coincidencia de los organizadores demostraba la peligrosa identificación de Juan Carlos I como clave de bóveda de un régimen político caduco y corrupto del que había que deshacerse.

Participó poca gente en un día de intensa lluvia en Madrid. Pero sucedió. Como no les dejaron llegar hasta el Palacio Real, en el que ahora sí pasa tiempo el rey emérito pero en el que ese día no había nadie de la familia, se concentraron ante el Teatro Real para leer un manifiesto exigiendo la apertura de un proceso «destituyente y constituyente» que acabara con el actual sistema de monarquía parlamentaria, que consideraban «ilegítimo y corrupto».

Los medios tradicionales no daban espacio a los indignados aplicando la máxima del «ojos que no ven» para proteger a la monarquía. No así los extranjeros, que de nuevo acudieron en tropel a Madrid para reportar sobre el insoportable deterioro de la institución. La imagen de la Casa de Borbón fuera de nuestras fronteras estaba mucho más dañada que aquí. Cualquier viaje fuera de España implicaba ser cuestionado por la inminencia del final de Juan Carlos I.

Una vez más, se produjo un fenómeno extraño en nuestra sociedad. El *todo Madrid* hablaba y se interesaba por asuntos que no aparecían reflejados con claridad en la prensa tradicional, donde lo habitual era encontrar partes médicos positivos y actos irrelevantes en los que el rey daba muestras de estar mejor que en el anterior. Pero los españoles querían saber cosas muy concretas: ¿iba a abdicar? ¿Cuándo lo iba a hacer? ¿Se iba a casar con CSW? ¿Estaba preparado el príncipe? ¿Quién llevaba la batuta en Zarzuela?

Las respuestas no llegaban, pero las encuestas internas de Zarzuela replicaban con obstinada precisión lo que *El Mundo* había adelantado en su primera encuesta del año: los españoles se mostraban partidarios por mayoría abrumadora de la abdicación de Juan Carlos I. Negro sobre blanco, sin remisión.

«El rey no tenía más remedio que abdicar. No había espacio para que siguiera. No remontaba —explica una persona de su entorno en Zarzuela—. Todos los planes imaginativos, todos los esfuerzos por revivirlo fracasaron. Él puso todo de su parte en el plano físico, pero no pudo ser».

Hasta el último momento se intentó. Al regreso de uno de los últimos viajes por la península arábiga, apenas un mes antes de la abdicación, los portavoces de Zarzuela comunicaron a los periodistas que las encuestas iban mejor. Sin datos, sin pruebas, sin comparaciones, a simple voz. Los medios, deseosos de que ese deseo se transformara en realidad, reprodujeron, sin cuestionarlas, las declaraciones. Alguno, incluso, se lanzó al estrellato y abrió el periódico con la noticia del *revival* de la monarquía.

El segundo hecho irrefutable es el papel fundamental que jugó, entre bambalinas, el expresidente Felipe González Márquez, que *correinó* en España junto a Juan Carlos I entre 1982 y 1996. González, cuatro años menor que el rey, era ya secretario general del Partido Socialista en 1974, un año antes de que este llegara al trono. Su presencia en la vida política española va más allá de los veintitrés años que estuvo al frente un partido socialista.

La «estrecha y sincera» relación que algunos describen desde hace más de cuatro décadas entre don Juan Carlos y González resulta de enorme interés para la historia reciente de España. Ninguno de los dos se prodiga en detalles acerca de dicha relación, ni siquiera el rey, al que erróneamente se le atribuye una incontinencia verbal que sí sabe dominar cuando se trata de sus propios intereses. El monarca, al que se supone liberal de corazón, es claramente conservador de cabeza: pocas cosas quedan hoy día más cercanas al antiguo régimen que la monarquía. González no es exactamente lo que se dice un monárquico convencido, pero sí se considera, y lo lleva muy a gala, «un hombre de Estado».

Es en ese papel de estadistas en el que la Historia juntó a ambos septuagenarios —el rey exiliado proveniente del más elitista de los ambientes y el político andaluz de origen humilde—, en el que coincidieron y en donde floreció su amistad. Juntos forjaron la España que conocemos, la democrática, la que es miembro de pleno derecho de la sociedad occidental, con sus imperfecciones y su capacidad de mejorar. Juntos aprendieron también a hacerse mutuas concesiones en pro de esa obra mayor —la España actual— que se habían conjurado para construir: González miró para otro lado cuando el comportamiento personal del rey no le pareció correcto y el monarca miró desde la barrera cuando González tuvo que tomar la última decisión política. El expresidente no ha querido dejarse entrevistar para este libro, pero a través de terceras personas no es difícil resumir lo que piensa de Juan Carlos I, por encima de sus desatinos finales: «Ha prestado grandes servicios a España».

Así funcionó el dúo que, expulsado Suárez de la corte, gestionó en última instancia los destinos de España hasta la llegada de José María Aznar. «Se entienden y se fían el uno del otro», señalan los que además destacan los encuentros y las largas conversaciones que mantuvieron ambos antes y después de la abdicación. Algunas en la finca que González tiene en la sierra de Guadalupe (Cáceres), donde ha construido su auténtico hogar y que, de alguna manera, está relacionado con el rey.

Según *El Confidencial*, González vendió su terreno en la playa de Jbila, en Tánger, por dos millones y medio de euros al actual rey Salman de Arabia Saudí para invertir en la finca extremeña, de tamaño «pequeño», menos de cincuenta hectáreas, y que compró al constructor Joaquín Vázquez. Este empresario es uno de los cuatro grandes amigos del rey que forman parte del llamado clan de *Las cuatro estaciones*, en referencia al restaurante del mismo nombre, e integrado por Miguel Arias, Francisco Sitges y el fallecido Jaime Cardenal.

Esa confianza mutua entre González y don Juan Carlos fue «fundamental» en esas conversaciones: «El exmonarca es un hombre muy, muy desconfiado. Ha vivido convencido de que tenía que mirar por sí mismo».

Influyó en el rey el convencimiento de que González, retirado de la política activa desde que dejó su escaño en la pasada década, carecía de interés oculto en su abdicación. «El rey hablaba mucho con Felipe. En más de una ocasión esa primavera, estuvo en su finca en Extremadura», señalan desde el entorno de Zarzuela.

Con González puede argumentar de una manera que le resulta cada vez más difícil con los políticos más jóvenes que él. Con el expresidente podía recordar consejos como este del año 1985 del periodista Emilio Romero, tan desconocido para los españoles de hoy: «El rey Juan Carlos ha realizado esta gran conmoción: tiene en el cesto al enemigo histórico del trono, que es la izquierda, y tiene también en el cesto, aunque refunfuñando, a la derecha. Su vuelta histórica de la tortilla ha sido una acción descomunal, cualesquiera que sean los juicios de sus críticos. Eso no quiere decir que su riesgo haya desaparecido, sino que es permanente, porque este país es diferente a Inglaterra, a Suecia, a Bélgica, a Holanda o a Dinamarca. Su destino estará siempre ligado a ser necesario, y el de estar dispuesto, sin bajar la astucia, al juego de ajedrez de los políticos. Cualquier descuido, acaba siempre en España, desde 1808 hasta ahora mismo, en un jaque al rey. Y en dos ocasiones, lo fue con jaque mate».

Así, muchos se atreven a hablar de Felipe González como «ideólogo» de la abdicación y de Rafael Spottorno y de Félix Sanz Roldán como «ejecutores». En cualquier caso, estos tres hombres fueron protagonistas cruciales en la decisión.

Todas las fuentes consultadas coinciden en que Felipe González arrancó del rey ese último servicio suyo al Estado: la abdicación.

Un tercer hecho en el que también coinciden la mayoría de los protagonistas de esta historia es la importancia que tuvo la «Cuarta página» que el historiador Santos Juliá publicó en *El País* el domingo 2 de febrero de 2013. Se tituló: «La erosión de la monarquía», y llevó como subtítulo: «Desvincular la institución de la persona del rey sería el beneficio más notorio de la transmisión en vida de la Corona. Puede ser el principio de una recuperación de confianza bajo un nuevo titular».

El prestigioso catedrático, experto mundial en Manuel Azaña, escribió:

> Es el peligro principal de la fuerte vinculación en origen de la institución monárquica a la persona del rey: que la pérdida de confianza en este entrañe la masiva deslegitimación de aquella [...]. Eso es precisamente lo que venimos presenciando de 2008 a esta parte en un proceso inversamente paralelo al ocurrido en los años setenta: si entonces las decisiones del rey dotaron de legitimidad a la monarquía, ahora ha sido la conducta de las personas, no solo del rey, también de su hija y de su yerno, las que han restado hasta límites que pueden llegar a ser insoportables la confianza en la institución. Y si entonces la legitimidad otorgada a la institución gracias al ejercicio de su función por el rey volvió irrelevante la cuestión monarquía o república, no es sorprendente que ahora la pérdida de esa confianza en el rey y en su Casa acabe por infligir una grave herida a la monarquía y eleve hasta cotas impensables hace cinco años la opción por la república [...].

> Hoy, con la esperanza de vida situada en torno a los ochenta años, es pertinente recordar que el césar Carlos, rey de Castilla y Aragón y emperador del Sacro Imperio Romano Germánico, se retiró a Yuste a la edad de 58 años. Nada obliga a esperar la ceremonia pública en la que el rey, máximo celebrante, se echaba a morir entre negros crespones y el llanto de la corte. Antes de que llegue el trance podría disfrutar durante unos años de la condición de emérito, como el papa que, ese sí, debe su elección a los inescrutables designios de la providencia y, sin embargo, ahí está, tan contento en su retiro.
>
> Lucubraciones vanas, se dirá, pues hasta que la Constitución no lo establezca, el rey es dueño de su propia muerte. Pero a poco que mire más allá, comprenderá el rey los beneficios que para la institución, y de rechazo para la democracia, se derivarían de la transmisión en vida de la Corona. El más notorio, el que puede ser principio de una recuperación de confianza si bajo un nuevo titular la monarquía emprende a fondo la tarea de su propia democratización interna, que consiste en desvincular la institución de su propia persona. De otra manera, es muy posible que la desafección hacia la persona, convertida en hostilidad contra la institución, agudice en los próximos años la imparable erosión de la monarquía.

El rey no solo sentía un enorme respeto intelectual hacia el venerable historiador gallego de setenta y cinco años, sino que sabía que su publicación en un periódico como *El País* representaba algo mucho más trascendente: podía aguantar las críticas de otros diarios como *El Mundo*, pero no esta clara petición de abdicación por parte de lo que en España sigue siendo aún hoy, aunque debilitada, una institución vestida de papel.

Había un cuarto punto que para el rey era de suma importancia: su decisión inquebrantable de pasar a la Historia con un currículum de servicio político impecable y alejado de un final deslucido. Eso era una condición sine qua non para el monarca, que aceptó abdicar «por motivos políticos» pero no «por problemas de salud». Su exigencia ineludible era demostrar que abdicaba porque había entendido que España encaraba una nueva época que exigía un nuevo protagonista: su hijo don Felipe, al que machaconamente se describe como «el mejor preparado de la Historia».

Para demostrar que no abdicaba por problemas de salud, pedía tiempo hasta que estuviera más recuperado. Sin embargo, en su entorno sabían que ese cálculo era de doble filo: ¿mejor antes o después? ¿Cuánto más podía deteriorarse la situación si seguía posponiendo la decisión? También había un riesgo adicional: si el rey se recuperaba de verdad, ¿caería en la tentación, como ya había hecho en el pasado, de volverlo a intentar?

No había tregua para las malas noticias. El domingo 30 de marzo, otra vez en *El Mundo*, la escritora Pilar Urbano concedió a Miguel Ángel Mellado una entrevista que él tituló así: «Para Suárez estaba claro que el alma del 23-F era el rey». Al día siguiente se celebró el funeral de Estado del expresidente del Gobierno, que había fallecido el domingo 23 a los ochenta y un años.

«Había que sacar la batería pesada», señalan fuentes cercanas a Zarzuela. Efectivamente, no quedaba más remedio: el 23-F y el papel que Juan Carlos I jugó en él, ese vellocino de oro de la reinstaurada monarquía española. Sin él, seguiría careciendo de legitimidad para muchos españoles. Sobre él se asienta el legado histórico de Juan Carlos I como el monarca constitucional que devolvió la democracia a España.

Debido a los persistentes rumores sobre lo sucedido en la tarde-noche del 23-F en el despacho de don Juan Carlos, Zarzuela no deja pasar una cuando del intento de golpe de Estado se trata. El 9 de febrero de 2012, el semanario alemán *Der Spiegel* publicó un cable diplomático desclasificado por Alemania según el cual el rey habría mostrado simpatía por los golpistas durante un encuentro con el entonces embajador de Alemania, Lothar Lahn. Spottorno desmintió esta atribuida simpatía y afirmó: «Ni su majestad ni la Casa Real acostumbran a valorar escritos u opiniones de terceros, que es una responsabilidad exclusiva de sus autores y que, en este caso, no se compadecen [*sic*] con la realidad de unos hechos, cuyo desarrollo y corolario final son de público conocimiento».

De nuevo, tras la publicación de *La gran desmemoria. Lo que Suárez olvidó y el rey prefiere no recordar*, de Pilar Urbano, hubo un oral y «rotundo» comunicado de Zarzuela: «La Casa quiere destacar el carácter impecable con el que S. M. el rey ha cumplido siempre sus obligaciones institucionales». Después fue desplegada la *batería pesada* junto a un extraordinario mensaje firmado por seis ministros, dos militares, el cuñado de Suárez y su hijo mayor.

El ataque frontal a Urbano ocurrió el mismo día que ella presentó el libro. En la rueda de prensa, la escritora tuvo mucho cuidado en no repetir las declaraciones que había hecho a Mellado, sino todo lo contrario: «El golpe de Estado se produce no sabiéndolo el rey».

No obstante, en su libro de ochocientas sesenta y tres páginas, la escritora mantiene que don Juan Carlos puso en marcha en el verano de 1980 una operación de Estado para sustituir a Adolfo Suárez por el general Alfonso Armada, el militar que lo acompañó en su trayectoria personal y política desde la adolescencia hasta esa fatídica fecha de 1981.

El libro de Urbano, demasiado novelado como para ocuparse de un hecho histórico de tanta importancia, sirvió a Zarzuela para comprobar cómo el deterioro del prestigio personal de don

Juan Carlos por los escándalos de su final de reinado estaba poniendo en solfa sus logros más certeros.

Los desmentidos han continuado. En enero de 2015, a través del libro de Fernando Ónega, el rey emérito desmiente la escena del pastor alemán: según Urbano, *Larky*, el perro del monarca, estuvo a punto de morder a Suárez porque notó la voz enfadada de su amo llamando al presidente del Gobierno. «Ni hubo perro ni hubo nada. Fue una conversación cordial, tranquila, muy agradable y de reconocimiento a Suárez por la valentía y dignidad que había demostrado en su escaño y por haber desconfiado tanto de Armada», afirma don Juan Carlos. Asimismo, deriva a su expreceptor Alfonso Armada, fallecido en diciembre de 2013, su condición de *elefante blanco*: el autor intelectual del golpe, figura que a día de hoy se sigue desconociendo quién fue.

Superado con éxito el *affaire Urbano*, el monarca decidió «despedirse de sus colegas árabes como rey». Ya en ese viaje, había empezado a digerir el trauma de la abdicación. «Si estos supieran», se le oyó decir en referencia a los ministros Margallo, Morenés y Pastor que viajaban en el mismo avión mientras algunos de sus ayudantes ya aprovechaban los largos desplazamientos para ir perfilando el discurso final —ese discurso fue también obra «en gran medida» de la pluma de Felipe González.

Hay un quinto hecho, particularmente desagradable, pero que existió e influyó en el final de partida: el regreso de los esqueletos del pasado, esos huesos mal enterrados que emergen en los peores momentos y que ponen en alerta a la seguridad del Estado. Por ejemplo, los pagos a través de fondos reservados a la *vedette* Bárbara Rey a finales de la década de los noventa. A finales de 2013, Zarzuela supo de la existencia de una persona con ganas de lucrarse con este asunto.

«Eso que tú llamas puntos negros aparecían prácticamente cada mes. Cuando no era una cosa, era otra», me confirman quienes se resisten a entrar en el detalle de los esqueletos que se han ido amontonando en el armario real a lo largo de cuatro décadas. Muy al principio de su reinado, son memorables las fiestas a las que acudía en Aqaba, en Jordania, organizadas por su gran amigo el fallecido rey Hussein.

«Era el pan nuestro de cada día. Prácticamente cada mes había algo. Así no podía seguir», continúan esas fuentes conocedoras del cerco que se fue cerrando en torno al rey entre 2013 y 2014. Del mismo modo, las tradicionalmente estrechas relaciones entre la Casa (del Rey) y la Casa (el CNI) comenzaban a dificultarse: el nuevo Gobierno del Partido Popular, y en particular la responsable de los servicios de inteligencia, Soraya Sáenz de Santamaría, se mostraba cada vez más reacio a utilizar esos recursos del Estado para taponar las aguas fecales del reinado de Juan Carlos I.

El sexto hecho es un interrogante: ¿hubo frenazos y acelerones? ¿Pensó el rey en algún momento, sin verbalizarlo, que al final no daría ese un paso «personalísimo»? La pregunta carece de respuesta ante la imposibilidad de entrar en la mente del exmonarca. Según el relato oficial, el pulso no le tembló en ningún momento desde que comunicó la decisión a Rafael Spottorno en febrero. Esto es, don Juan Carlos nunca transmitió sus dudas al primer círculo de información.

El segundo círculo —recordemos, Jaime Alfonsín y Jaime Pérez Renovales, en los aspectos legales, y Javier Ayuso y Domingo Martínez Palomo en todo lo demás— no tenía por qué conocer los detalles. Este grupo de hombres trabajó con enorme discreción: utilizaron el *pen drive* para evitar que la información quedara incluida en el disco duro. Alfonsín, que aún tiene una especial relación con el papel, recurrió al Shredder, el triturador de papeles, cada vez que terminaba una reunión de trabajo. Las preocupaciones de este grupo eran más pedestres que las del primero: por ejemplo, llegar a los cien mil seguidores en el Twitter de Casa Real el día del anuncio.

No obstante, y aunque nada se comentó, durante su viaje a Omán y Bahréin, entre el 29 de abril y el 5 de mayo, el rey siguió expresando sus dudas acerca de la abdicación, según fuentes de estos países a las que hizo partícipes de sus pensamientos. El monarca les dijo que estaba «pensando» en la posibilidad de abdicar, pero que aún veía muchas «complicaciones» al respecto.

Al mismo tiempo, distintas fuentes dentro de España no relacionadas con Zarzuela han hecho hincapié en que Juan Carlos I tomó la decisión empujado por fuerzas externas. «Lo conozco muy bien, y por mucho que se diga que es un buenísimo actor, sé cuándo me miente. En mayo de 2014 es imposible que hubiera decidido abdicar», señala una persona allegada. En similares términos se expresa otra que sacó el asunto ante el rey y Rafael Spottorno en abril y pudo comprobar la reacción negativa del monarca: «Hay veces en que se sabe que no está fingiendo».

Hay un séptimo punto que considero relevante: CSW no lo sabía. El lunes 2 de junio de 2014, cuando recibió el sms del rey anunciándole su abdicación, CSW dormía plácidamente en el hotel The Mark de Nueva York. El jueves anterior, el monarca le había dicho que tenían que hablar de algo importante, pero nunca llegaron a hacerlo hasta el lunes después de la abdicación.

Muchas personas han hecho recaer sobre su expareja la responsabilidad de la decisión: la realidad, especialmente dramática para Juan Carlos I, es la contraria. Según el entorno de CSW, esta nunca quiso que el monarca abdicara porque consideraba que la vida de un hombre acostumbrado a ser rey se complicaría mucho al dejar de serlo. Ella estaba convencida de que él continuaría en el trono porque, aparentemente, el viento soplaba a su favor en junio de 2014: sus problemas de salud habían mejorado; la percepción pública del estado de su matrimonio con doña Sofía también había mejorado, sobre todo después de la visita al papa; el núcleo duro, los príncipes de Asturias, había alcanzado velocidad de crucero como pareja profesional, y el caso Nóos estaba ya superado con eyección total y absoluta del matrimonio Urdangarin-Borbón de los aledaños del trono.

Según el entorno de CSW, quedó sumida en la perplejidad cuando conoció lo que estaba ocurriendo en España. «Su sentido de la supervivencia es grande, y lo primero que pensó es cómo le afectaría a ella», ya lo había demostrado cuando quiso distanciarse públicamente de don Juan Carlos con su paseíllo por los medios de comunicación en febrero de 2013. Al conocer la abdicación, la estrategia de CSW fue la misma: hacer saber que está alejada de don Juan Carlos, que ha rehecho su vida personal y profesional y que la amistad entre ellos se atenúa con el paso del tiempo.

En el plano personal, lo realmente trágico de toda esta historia es que la mujer por la que seriamente apostó Juan Carlos I al final de su vida también le falló: supuestamente CSW rechazó la oferta que le hizo de matrimonio en verano de 2013 porque no creía conveniente para ella casarse en terceras nupcias con un exrey septuagenario en cuyo país no sería bien recibida como su alteza real Corinna de Borbón.

De nada sirvió la insistencia de don Juan Carlos: ni recluida en los apartamentos del Palacio Real en Madrid ni instalados en el extranjero creía ella que podría encontrar la tranquilidad de espíritu que buscaba tras romper con el rey.

En el entorno del exmonarca, la desconfianza hacia CSW es tan grande que aún se teme que don Juan Carlos quiera recuperar el contacto «a poco que ella tire del hilo». No creo que haya nadie, exceptuando a los dos protagonistas, que conozca la naturaleza verdadera de esta relación, aunque las especulaciones no cesan. Cuando este libro se disponía a ir a imprenta, y en medio de un incomprensible —o muy comprensible— nerviosismo general, varios medios españoles publicaron hipótesis sobre el motivo de la ruptura de la pareja. Según *Interviú*, CSW consiguió amasar una fortuna en Suiza de treinta millones de euros durante el tiempo que duró el noviazgo semioficial y su estancia en España como consorte oficiosa. Hasta el momento, Schillings, el poderoso bufete de abogados que representa a la consultora global, no ha emitido desmentido alguno.

El octavo punto, lo que ocurrió entre el domingo 25 de mayo de 2014 y el lunes 2 de junio, me resulta particularmente movido. Para que en el mes de agosto todo estuviera terminado —el proceso de abdicación y la proclamación de Felipe VI—, Zarzuela manejaba tres escenarios para realizar el anuncio: la semana del 25 de mayo, la del 2 de junio o, con más seguridad, la del 9 de junio.

Alfredo Pérez Rubalcaba ya había comunicado al rey en primavera su decisión de no presentarse a las primarias de su partido para revalidar su liderazgo; pero había asegurado su permanencia como líder de la oposición para facilitar el proceso de abdicación. Sin embargo, los sorprendentes resultados en las elecciones europeas del 25 de mayo «supusieron un frenazo» en el proceso porque Rubalcaba le comunicó a Spottorno esa misma noche que desconocía «la situación de fortaleza en la que iba a quedar, y que por tanto convenía esperar a realizar el anuncio».

El lunes 26 de mayo, el líder socialista dijo en rueda de prensa que se iba pero que se quedaba hasta julio. Su reacción es interpretada como un deseo de seguir medrando en los destinos del PSOE, pero en realidad lo hizo «por sentido del Estado, porque tenía la abdicación en mente y sabía que su permanencia era necesaria para asegurar la fluidez del proceso».

El martes 27 de mayo, la Agencia EFE celebró su setenta y cinco aniversario en el Matadero de Madrid con la asistencia de los reyes de España. El periodista Luis Lianes, corresponsal real de Televisión Española, quiso confirmar con representantes de la Casa una información que le había llegado sobre la posible abdicación del rey. Sus interlocutores ni se lo confirmaron ni se lo desmintieron, pero quedaron avisados de que el reportero estaba ya sobre el rastro.

El miércoles 28 mayo, en la redacción de *El Mundo*, ofrecí como historia para el periódico del domingo 1 de junio la abdicación del rey, sobre la que no tenía información precisa pero sí sabía que se estaba fraguando. Pero los responsables del periódico no se decidieron a publicarla.

El jueves 29 mayo, hacia las siete de la tarde, tras pasar gran parte de la tarde en la sede del CNI con la intención de confirmar esa información, abandoné en coche el edificio principal de los servicios de inteligencia sin saber que, al mismo tiempo, el general Sanz Roldán estaba llamando por teléfono a Spottorno: «Ana Romero lo sabe».

La información alarmó a Spottorno: ya éramos dos los periodistas que habíamos preguntado al respecto. La semana anterior, el rey se lo había comunicado a José María Aznar y a José Luis Rodríguez Zapatero. Al parecer, Aznar se lo transmitió a Javier Zarzalejos y Zapatero a María Teresa Fernández de la Vega. El círculo se iba agrandando demasiado.

Sin dilación, Spottorno convocó a Rubalcaba y a Rajoy al despacho del rey. Allí les informó sobre el número de personas que ya estaban enteradas de la noticia. Sobre la marcha se tomó la decisión, y alguien dijo: «Ni un minuto más. Que se haga ya».

Las sospechas estaban justificadas, pero no por parte de *El Mundo*. El sábado por la mañana, el periodista José Antonio Zarzalejos, hermano de Javier, avisó en *El Confidencial* de que pronto habría un importante anuncio por parte de Zarzuela. Dejó el artículo preparado, y el lunes 2 de junio, cuando comenzaron los rumores sobre la intervención de Rajoy en Televisión Española, *El Confidencial* se convirtió en el primer medio en anunciar la abdicación de Juan Carlos I.

Todo lo que ocurrió después, hasta el 19 de junio, según uno de sus protagonistas «no tuvo importancia alguna. Todo lo importante ocurrió antes. Lo que ocurrió en junio fue un puro trámite, pura mecánica de Estado». Yo añadiría que hubo algunas imperfecciones debido a las prisas y al vacío legal, sobre todo en lo concerniente a la ley orgánica necesaria para aforar al rey don Juan Carlos.

Acaba esta improvisada novena con la opinión profesional del historiador Paul Preston: «Creo que el proceso de convencerlo para que abdicara ha tenido que ser muy difícil. Pero al final, lo hizo, y eso es lo importante. De alguna manera tomó la misma decisión que en los setenta: incluso si su natural se hubiera inclinado por un régimen autoritario, sabía que la supervivencia de la dinastía dependía de su identificación con la democracia. En 2014, aun sin querer dejar el trono, entendió que era la única manera de asegurar la supervivencia de la dinastía que representa».

El lunes 2 de junio por la tarde, después del doble anuncio en Televisión Española —primero de Rajoy, que exigió la noche anterior intervenir antes que el rey, y después del monarca—, Juan Carlos I recibió en audiencia al presidente de la Cámara de Comercio de Estados Unidos, Thomas Donohue. «¡Qué barbaridad! —exclamó el monarca cuando entró en el salón de audiencias al ver a tantos periodistas y fotógrafos allí—. Nunca os habíais interesado tanto por mí como hoy...».

El acto, por lo demás, no tuvo nada de especial. Más me interesó el sentimiento de conmoción que observé en La Zarzuela, con muchos empleados preguntándose qué sería de ellos en el futuro. Uno de ellos, cáusticamente, me comentó: «Aquí van a cambiar mucho las cosas».

No sabía este buen hombre hasta qué punto. Desgraciadamente, en vez de completar esas últimas impresiones en un día histórico, me dediqué a llamar por teléfono a expertos constitucionales para que me explicaran cómo iba a llevarse a cabo el aforamiento exprés del rey. Aún no sabía que el intenso trabajo de campo que llevé a cabo ese día serviría para poco en el periódico del día siguiente.

Curiosamente, alguien me recordó en ese momento que el último título otorgado por Juan Carlos I recayó sobre el prestigioso doctor Valentín Fuster, que se volcó con la infanta Elena y con Jaime de Marichalar cuando este requirió asistencia médica en Nueva York tras el ictus. El exministro de Justicia, Alberto Ruiz Gallardón, fue uno de los muchos que agradecieron este gesto de reconocimiento del monarca con Fuster, que es nieto del fundador del Clínic, el hospital donde comienza el relato de este libro, que termina con la extravagante jubilación de Juan Carlos I.

El rey Felipe VI ha prescindido del conde de Fontao, ese *maquinista* de la dinastía que reinstauró el general Franco a través de Juan Carlos I. Sin función constitucional alguna, despojado de su condición de jefe del Estado pero conservando la condición de rey, Juan Carlos I se mueve en un terreno complicado. Vaga por España y por el mundo de una manera que a algunos más mayores les recuerda al deambular de su abuelo Alfonso XIII por Europa a mediados del siglo XX.

En un solo un mes, el de enero de 2015, fue visto en Los Ángeles (California), Palm Beach (Miami), Berlín y Riad. Algunos de sus acompañantes son mucho más jóvenes que él, como el diputado conservador alemán Philipp Missfelder, con el que cenó en el Café de los Artistas de Berlín antes de hospedarse en el lujoso hotel Adlon. O como el primer exmarido de CSW, Philip Adkins, al que sigue viendo.

Recibe algún que otro premio —el Tiépolo de la embajada italiana en diciembre de 2014 o el de Tauromaquia de *ABC* en febrero de 2015—, protagoniza algún acto oficial en representación de España, como la toma de posesión de Tabaré Vázquez en Uruguay, y come mucho, como atestiguan las imágenes que nos regalan esporádicamente de él haciendo la ruta gastronómica por España.

A veces lo hace solo con un guardaespaldas. Juan Carlos I no tiene a mucha gente a su alrededor en esta postrera etapa de su vida. Probablemente, el origen de su patrimonio personal y los pormenores de su última relación afectiva le sigan persiguiendo hasta después de su muerte. O no. ¿Quedará su loable quehacer político en la España contemporánea unido para siempre a los desatinos últimos que le llevaron a la abdicación? ¿O, con el tiempo, serán estos desatinos una simple mota de polvo escondida entre las ventanas del Palacio Real donde ha encontrado su último refugio finalizada la partida?

Epílogo

DON JUANITO, SIN IMPOSTURAS

«Si alguien se atreviera a decir a Vuestra Alteza que le he abandonado, sepa que no es verdad».
EUGENIO VEGAS LATAPIÉ, preceptor del príncipe Juan Carlos, en su carta de despedida cuando este llegó a España a los diez años

«*Lascia ch'io pianga mia cruda sorte, e che sospiri la libertà. Il duolo infranga queste ritorte de miei martiri sol per pietà*».
«Deja que llore mi cruel suerte y suspire por la libertad. Que la tristeza rompa las cadenas de mis sufrimientos por piedad».
HAENDEL, «Lascia ch'io pianga», «Déjame que llore», aria de la ópera *Rinaldo* popularizada en la película *Farinelli, il castrato*

Un cielo de invierno, de un azul limpio salpicado de gris, encuadra el Palacio Real de Madrid. En el centro de la plaza de Oriente, la fuente de Felipe IV aparece seca y cubierta por altavoces: se aproxima la Navidad y pronto sonarán los villancicos. De momento, los setos de boj ya se han llenado de luces.

Desde la balaustrada, Recaredo, Leovigildo, Liuba II y Witerico observan la puerta principal, hoy excepcionalmente abierta a las cinco de la tarde. Los cuatro reyes godos hacen guardia en la cornisa del antiguo alcázar desde el 19 de junio de 1974, exactamente cuarenta años antes de que, bajo sus pies, Felipe VI relevara a Juan Carlos I, cuyo rostro entristecido contrastó ese día con la ilusión de los españoles congregados en la plaza para vitorear a la nueva familia real: la reina Letizia, la princesa de Asturias, Leonor, y la infanta Sofía.

El rey emérito aceptó resignado el beso en la mejilla de la reina emérita y entró de espaldas al público en el futuro incierto de un edificio cuyas desgracias no le son ajenas. El primer Borbón que lo habitó, Felipe V, mitigó su profunda depresión con las hermosas arias del castrado Farinelli. El último, Alfonso XIII, salió de España para siempre por la puerta de atrás, la del Campo del Moro.

Medio año después de la escena del balcón, una línea de coches oficiales con cristales tintados entra en palacio, donde los *hombres de gris* de la seguridad y el protocolo maniobran agitados sin mucho que hacer. Los reyes eméritos vuelven juntos por primera vez a ese mismo lugar con ocasión de un acto que tiene mucho de agrio. Se trata de una exposición que incluye el gigantesco retrato que Antonio López comenzó a pintar veinte años antes bajo el título de *La familia real*. Hoy, el retrato se llama *La familia de Juan Carlos I* e incluye a don Juan Carlos, doña Sofía y los tres hijos habidos en común: las infantas Elena y Cristina y Felipe VI.

Desde el relevo no se les ha visto juntos, y las interpretaciones abundan en el postreinado de Juan Carlos I, crepuscular y melancólico. Hay un aire ligeramente surrealista en el paso de los vehículos de los reyes cuando cruzan ese umbral custodiado por los silenciosos reyes godos a la luz menguante del solsticio de invierno. En apenas unos minutos, ya solo quedará el recuerdo del sol entre los árboles de la Casa de Campo. A don Juan Carlos se le aseguró que seguiría siendo rey tras la abdicación y que su «posición personal» estaría asegurada. Pero apenas una persona le hizo ver lo duro que sería.

Dentro de palacio, la temperatura es sofocante. Hay mucha expectación por ver a la pareja real rota, junta y sola, sin ninguno de los hijos que aparecen en el cuadro. En la primera sala de la exposición —«El retrato en las Colecciones Reales: de Juan de Flandes a Antonio López»— se hacinan más de un centenar de personas entre redactores, fotógrafos y camarógrafos. La comitiva oficial se retrasa y el espacio es tan escaso que una cámara de televisión amaga con destruir el joyel de los Austrias —el brillante El Estanque y la Perla Peregrina que cuelgan del cuello de Margarita de Austria— pintado por Bartolomé González en 1621. Algunos han empezado a sudar.

Pasadas las siete de la tarde, la impostura de Juan Carlos I y de Sofía de Grecia se abre paso arrastrando consigo casi medio siglo de abismo. Entran hombro con hombro, más separados que nunca. Sin hablarse y sin mirarse, dos personas en un mismo escenario actuando cada uno por su cuenta. El rey emérito con corbata encarnada, apoyado sobre un bastón y escondiendo su pesadumbre bajo las bromas. La reina emérita con un dos piezas dorado y moviendo ligeramente la cabeza, como suele hacer, sin perder la sonrisa.

Vienen rodeados de una corte de representantes públicos, como la alcaldesa Ana Botella o el presidente Ignacio González, actores secundarios de una obra que concluye y en la que no van a repetir. Ninguno de estos figurantes logra atenuar con sus movimientos el lacerante desprecio que destilan los cuerpos de los reyes. El retratista de la corte, bufanda al cuello, va pegado a ellos ajeno a la aversión que los envuelve.

El grupo hace paradas en distintos puntos de la historia de España. Ahora frente a don Juan José de Austria, un joven de diecinueve años que cabalga sobre Nápoles sobre un caballo blanco en corveta pintado en 1648 por José de Ribera. Su padre, Felipe IV, lo concibió con la actriz María Inés Calderón, *La Calderona*, y en esos tiempos los hijos naturales no tenían que querellarse para ser reconocidos o para recibir a escondidas el pago de su manutención. Con total naturalidad, obtenían prebendas y títulos, como el citado Juan José de Austria, que llegó a virrey de Nápoles tras sofocar la revuelta que se intuye en el cuadro. Más tarde, junto al famoso retrato de Carlos IV pintado en 1799 por Goya. A su lado, María Luisa de Parma, con mantilla, pasa desapercibida mientras Juan Carlos I se aproxima a los periodistas claramente preparado para decir algo, como hará al final, después de ver tres cuadros que le pertenecen: el Sorolla de su abuelo retratado con uniforme de húsar en La Granja y los bellos László de su abuela, Victoria Eugenia de Battenberg, y de su padre, don Juan de Borbón, con tan solo catorce años.

Le gusta actuar, y es lo que mejor hace. Como el evento es complicado, ha pedido a los *hombres de gris* que le organicen una *charla espontánea* con los periodistas. «Si hubiera sido político, habría arrasado», señala un conocido. Tiene las mejillas encendidas, la carcajada a punto, el tono burlón. Un Borbón en estado puro pegado ya de por vida a un bastón que detesta y del que huye para fotografiarse. En su nueva vida, muy distinta a la que imaginó en 2009, pasea por restaurantes en España y viaja por todo el mundo, como hacía su abuelo por Europa. O como deseó en 2005, según recoge José Bono en su *Diario de un ministro*: «Ojalá pueda acabar como empecé».

Con la familia, lo justo. El día que el juez Castro volvió a imputar a la infanta Cristina, fue un rato a casa de un sobrino —Juan Gómez-Acebo— para celebrar su boda con una chica norteamericana. El fiscal pide casi veinte años de cárcel para su único yerno, Iñaki Urdangarin, pero del monarca apenas sabemos que comió morcilla y kokotxas en Arzak, que cenó con el duque de Ahumada o que se hizo un *selfie* con jóvenes españolas en Washington DC.

Esa adicción a la rumorología política de la que padece Madrid no le ayuda. Intermitentemente se habla de su relación con CSW. «Es una amistad diferente, atípica», dicen unos. «Están peleados», dicen otros. «Son íntimos y lo serán siempre», insisten terceros. Cuando este libro iba a imprenta, la relación —hace tiempo inexistente— había descendido a las llamadas cloacas del Estado. La distancia puesta por CSW entre ella y el rey emérito se convirtió en objeto de contienda entre un policía *fontanero*, de esos que hacen trabajos especiales para el Estado, y otros cuerpos de la seguridad del Estado. Lo que nunca debió de salir de la esfera de la representación institucional, de los himnos y de los símbolos de Estado, se convirtió un día en materia de *cecilios* (agentes del CNI), *maderos* (policías), *achicharramientos* (grabaciones) y *canutos* (teléfonos móviles). ¿Cómo se llegó a ese deshonroso punto?

CSW, por ser la última, por tener solo cincuenta años, por haber contribuido a acelerar la abdicación, seguirá estando en boca de los españoles muchos años por venir. Ella se defenderá con uñas y dientes de cualquier intento de difamación. El Estado español, a veces selectivo cuando se trata de desvelar corrupciones políticas, no caerá seguramente en la tentación de *hacerle un Pujol*. En un mundo de bolsas de té con polonio 210, CSW encontrará siempre un despacho en Madrid dispuesto a ayudarla.

Otros protagonistas de esta obra, como Rafael Spottorno, nunca vieron su desenlace escrito en *black*. El jefe de la Casa fue víctima del escándalo de las tarjetas opacas de Caja Madrid, que dio al traste con su plan de ser secretario general de la Fundación Cotec, esa organización alimentada por César Alierta y dirigida por la fotogénica Cristina Garmendia y que iba a endulzar la agenda institucional del rey emérito. Congelada la fundación de los empresarios de cabecera del monarca, otro miembro del coro, Javier Ayuso, se reconvirtió en periodista en su casa de siempre, el Grupo Prisa.

El exministro Miguel Ángel Moratinos, fracasados sus intentos por permanecer en la política como líder de la lista europea del PSOE o como alto representante de la política exterior, se decidió por el mundo de la consultoría global, como CSW. Ha creado su propia empresa, ICP Consulting España, y trabaja por el mundo ayudando a empresas españolas a abrirse camino en países como Cuba, Guinea Ecuatorial o Marruecos.

El teniente general Félix Sanz Roldán, que ya ha cumplido setenta años, celebrará en septiembre de 2015 un hermoso aniversario: cincuenta y tres años al servicio de España. Los últimos once, primero como JEMAD (Jefe de Estado Mayor de la Defensa) y luego como director del CNI, muy cerca del rey. Tan cerca que a veces tuvo que servir al hombre doliente tanto como al jefe del Estado. Ha visto mucho, algunos dirían que demasiado, y en el camino le ha quedado una cierta desazón acerca de la condición humana.

Doña Sofía ha entrado en su *emeritud* con la misma suavidad con la que reinó. No dará problemas, como tampoco los dio durante los treinta y ocho años y medio que ejerció de reina primera. Ayudará en todo lo que pueda a Felipe VI, que no es mucho. Y cuidará del resto de su familia, a su manera.

El protagonista absoluto, Juan Carlos I, ha salido vencedor, pero no del todo. Por un lado, ha podido conjurar la maldición de tres de sus cuatro antecesores directos (el cuarto, Alfonso XII, murió rey con apenas veintiocho años), que vivieron el exilio de España como adultos. Por otro, sufre como ellos el distanciamiento del sucesor, que ve en él un claro foco de contaminación política. La Zarzuela actual no sabe ni contesta sobre la inmensa mayoría de las actividades del rey emérito. Aun así, y a pesar de sus errores finales, se impone el criterio de que Juan Carlos I fue el segundo mejor borbón después de Carlos III, cuya imagen preside ahora el despacho de Felipe VI. Ojalá sepa emular el actual monarca al exrey de Nápoles en todo lo bueno que hizo por la España del siglo XVIII.

Sus victorias no le ayudan a Juan Carlos I a combatir un mal que Sabino Fernández Campo supo detectar muy pronto, en 2005, como leemos en el mencionado diario de Bono: «El rey no aprecia la vejez y durante toda su vida ha hecho alardes de juventud, siendo el primero en las regatas, en la caza, en todo... Un día íbamos de viaje a África y estaban poniéndonos las vacunas en una dependencia de La Zarzuela; llegó el rey, se encaró con el marqués de Mondéjar y le dijo medio en broma: "Y tú, ¿para qué te pones una vacuna? Con la edad que tienes no merece la pena". Mondéjar quedó afectado».

«Pobre rey», me dijo de él un renombrado político. «¿Alguna vez lo dejarán en paz?». Para lo que le queda de vida, Juan Carlos I tendrá que reinventarse, como lo ha hecho tantas veces a lo largo de su trágica vida personal. El rey autócrata que se tornó constitucional dejó paso al primer monarca verdaderamente constitucional del siglo XXI, Felipe VI, que ya no tuvo que jurar Leyes Fundamentales del general Franco, su mentor, el dictador, sobre el que no acepta bromas y al que siempre se refiere como *el caudillo*.

«Franco fue su mejor profesor», resume una persona que lo conoce desde la niñez y que recomienda volver a sus orígenes como *don Juanito* para entender esta historia de éxito para España pero amarga para él.

Los testimonios, hechos desde la más profunda fe monárquica —«Antes un mal rey que un presidente de la república» proclaman sus seguidores— contienen luces y sombras: poco hay de *campechanía* en Juan Carlos I, que fue un rey implacable; un líder egoísta que se «movió por lealtades» según el espíritu militar en el que Franco lo educó; el último monarca «medieval»; un hombre «que pasó por la vida con total impunidad»; un político maquiavélico que maniobró con soltura para culminar una buena obra, como fue conducir a España a la democracia. El fin justificó los medios.

«Si no hubiera sido así de implacable no habría durado tanto», afirma un fiel monárquico que no duda en usar palabras muy duras para describir a Juan Carlos I. Habla de un ser «inhumano» que se curtió desde niño en una cruel soledad vigilado por un dictador astuto y cínico como el general Franco.

No hay más que releer la biografía de Paul Preston, publicada inicialmente en 1993, para comprobar la inhumanidad que sufrió un monarca que nació exiliado porque exiliados estaban su padre y su abuelo. Cuenta Preston que hasta los cuatro años y medio hubo cierta normalidad en su estancia romana, en el número 112 de la Via le dei Parioli, gracias a las institutrices suizas, *mademoiselle* Any y *mademoiselle* Modou, que eran supervisadas por la vizcondesa de Rocamora y no por su madre, doña María de las Mercedes.

En plena guerra mundial, don Juanito y su familia buscaron refugio en la neutral Suiza, donde se le adjudicó como preceptor al «intelectual ultraconservador» Eugenio Vegas Latapié, «profundamente autoritario y reaccionario», según Preston. Vegas Latapié, miembro del consejo privado de su padre, siguió siendo su preceptor cuando fue enviado al colegio interno Ville Saint-Jean, de Friburgo, regido por padres marianistas, y donde se hizo amigo del príncipe Zourab Tchokotua y de Karim Aga Khan, en cuya fundación trabaja actualmente la infanta Cristina.

«Mi ingreso en el internado fue el adiós a la niñez, a un mundo sin preocupaciones lleno de calor familiar. Mi padre prohibió a mi madre que me llamara en los primeros catorce días. Yo tuve que superar solo esa primera etapa de difícil separación de mi familia», señaló Juan Carlos I en 1978 al diario alemán *Die Welt*. Allí se quedó solo, con ocho años, cuando sus padres se instalaron en Estoril, ese lugar costero de vacaciones al oeste de Lisboa al que fueron llegando aristócratas españoles para formar al corte alrededor de don Juan.

Como era mal estudiante, no todos los fines de semana podía salir y visitar a su abuela, la reina Victoria Eugenia, en Ville

Fontaine, a orillas del lago Lemán: «Allí, lejos de mi padre y de mi madre, aprendí que la soledad es un fardo muy duro de soportar».

Preston se atreve a calificar esa época como de «desesperada infelicidad», un sentimiento quizá parecido al que experimentó a lo largo de esos veinticinco meses transcurridos entre la caída en Botsuana y la abdicación. Fueron los tiempos en los que llegó a preguntar en alto si se trataba de empujarlo al suicidio y a desear la abdicación para casarse con CSW.

En el año 2013, en uno de sus peores momentos, el monarca volvió a sentirse abandonado como lo fue de niño por su propio padre, que a los diez años lo dejó solo en Suiza cuando le operaron del oído, al igual que lo envió solo el 8 de noviembre de 1948 a Madrid en el *Lusitania Express* tras el trueque decidido con el general Franco a bordo del *Azor*.

«Todo el asunto de enviarlo a España se podría haber hecho teniendo más en cuenta las necesidades emocionales del niño», concluye Preston, que subraya en su libro el cruel colofón a tanto sufrimiento: Vegas Latapié, la persona con la que más tiempo había pasado hasta entonces, fue obligado a marcharse.

La carta de despedida que Vegas Latapié le envió a *Juanito* toca el corazón:

> Mi queridísimo Señor:
>
> Perdón por no haberle dicho que me iba. El beso que le di al marcharme anoche era de despedida. Muchas veces le he repetido que los hombres no lloran, y para que no me viera llorar he decidido regresar a Suiza la víspera de su posible marcha a España. Si alguien se atreviera a decir a Vuestra Alteza que le he abandonado, sepa que no es verdad. No han querido que siguiera a su lado y me tengo que resignar. Cuando vuelva yo a España para quedarme allí para siempre iré a visitar a V.A. Que sea muy bueno, que Dios le bendiga y que alguna vez rece por mí, desea y le pide

su fiel servidor que le quiere con toda el alma, Eugenio Vegas Latapié.

Cómo no pensar ahora en esa carta, como otras veces a lo largo de estos cuatro años. Cómo no recordar al Juan Carlos I que dice: «Ahora sé lo que es estar solo de verdad, porque nunca antes estuve acompañado». O cómo no verla detrás de ese hombre de ojos brillantes que más de un político me ha descrito para este libro.

Con el general Franco comenzó la impostura. La caza y los militares franquistas conformaron su mundo desde esos primeros faisanes que tiró con su mentor en Aranjuez. Con dieciséis años, terminado el Bachillerato en el Palacio de Miramar (San Sebastián), Franco y don Juan decidieron que el joven príncipe tenía que pasar por las tres academias militares —Academia General de Zaragoza, Armada en Marín, del Aire en San Javier—. Ultraconservadores como Alfonso Armada Comyn, Nicolás Cotoner y el comandante Cabeza de Calahorra lo prepararon para las academias. Armada, excombatiente de la División Azul, se convirtió en una especie de Vegas Latapié que terminó organizando la primera secretaría general de la Casa del Príncipe y durante diecisiete años fue el alma de Zarzuela. Don Juan Carlos lo adoraba, pero en 1977 tuvo que dejarlo caer porque le convenía más estar al lado de Adolfo Suárez. Cuatro años más tarde, Armada participó de lleno en el golpe de Estado de 1981 y fue condenado por ello a treinta años de cárcel, aunque sólo cumplió cinco. Murió hace apenas un año, en diciembre de 2013. Tenía noventa y tres años. Don Juan Carlos no fue a su funeral, como tampoco acudió cuatro años antes al de Manolo Prado. La Casa del Rey envió un telegrama de pésame, pero se nadie se dejó ver «por las habladurías que habría causado». Un año y medio después de su muerte, el rey emérito sugirió que pudo ser él el elefante blanco o cerebro gris del intento de golpe. Ajustó esa cuenta en el libro de Ónega.

Cotoner, condecorado en la batalla del Ebro, empezó siendo su profesor de equitación y se convirtió en el primer jefe de su Casa. Agradecido, el rey lo convirtió en marqués de Mondéjar. El tercero, Cabeza de Calahorra, fue codefensor del teniente general Miláns del Bosch en el juicio del 23-F.

Hubo otro general, Carlos Martínez Campos, duque de la Torre, muy cercano al príncipe. En ese tiempo, de nuevo solo, *Juanito* vivió en la casa madrileña de los duques de Montellano —los padres del marqués de Cubas y del marqués de Griñón—. Al cumplir los dieciocho, juró bandera en Zaragoza y Franco permitió que la imagen fuera portada en el diario *ABC*.

La tragedia ocurrió seis meses después, el 29 de marzo de 1956: don Juan Carlos mató accidentalmente a su hermano pequeño, el infante don Alfonso, mientras jugaban con una pistola en Estoril una tarde de Jueves Santo. Franco mandó silenciar el hecho y así fue hasta que Paul Preston le preguntó directamente por ese episodio al rey en 1993 y don Juan Carlos reconoció que había sido él.

Durante treinta y siete años, nadie en España osó hacerle esa pregunta, de la misma manera que al día de hoy nadie puede o quiere plantearle otras también incómodas. El accidente trajo cola. Un año más tarde, don Jaime, el hermano sordomudo de don Juan, que había renunciado a sus derechos pero que luego se había arrepentido, pidió una investigación oficial «como jefe de la Casa Borbón». «No puedo aceptar que asuma el trono de España quien no ha sabido asumir sus responsabilidades», escribió don Jaime en referencia al accidente.

El 16 de octubre de 1992, el infante don Alfonso de Borbón fue enterrado en el Pabellón de Infantes del Monasterio de

El Escorial después de que, cercano ya a la muerte por un cáncer de garganta, don Juan se lo hubiera pedido expresamente a Juan Carlos I.

Desde la trágica muerte de su hermano pequeño y hasta que se casó, en 1962, don Juanito vadeó solo las aguas de las diferentes familias franquistas. «Hacia 1964-1965 la pareja comenzó a tener un minipapel en la sociedad madrileña», recuerda un protagonista de la época. «Prácticamente hasta el verano de 1974, cuando ocupó la jefatura provisional del Estado, no las tuvo todas consigo. Entre 1965 y 1969 sintió auténtico pánico a Franco. Después, a la camarilla de El Pardo».

Según esta persona, muy cercana al monarca, de esta «lucha permanente» que don Juan Carlos libra para convertirse en el pretendiente único y seguro al trono español se forja su carácter desconfiado y su tendencia a enfrentar a unos políticos con otros.

Durante trece años pareció apoyarse en doña Sofía, pero los lazos de la pareja se rompieron antes de que muriera Franco, según mi confidente. «En 1968, cuando nace don Felipe, los cauces ya están rotos entre ellos», recuerda la misma persona. «Doña Sofía ha sido nefasta para la Corona. No ha sabido constituir una familia, nunca lo acompañó en las decisiones y asumió que había cumplido su papel al producir un heredero».

Así como sobre las hechuras personales del rey hay unanimidad —«Hasta que se muera, don Juan Carlos será siempre don Juan Carlos»—, sobre la reina doña Sofía las opiniones difieren. Una parte de la clase dirigente la critica por «no haber sabido educar a sus hijos». Otra, «por solo haber querido que reinara su hijo olvidándose de su marido. Ha despreciado siempre a la que gente que ha rodeado a su esposo». La mayoría de los españoles, sin embargo, la tiene en alta estima: considera que es una profesional que ha sabido sobrevivir a las constantes infidelidades de su marido.

Camino de los ochenta años, y aún con el cinturón de Patrick Mavros, ha regresado a África con el hispano-sirio Kayali en parecido viaje al que protagonizó cuando el escándalo de Botsuana. Genio y figura. Ya tiene despacho en el Palacio Real. Quizá también, apartamento. ¿Querrá convertirse en un rey *castizo* que pasea por el centro de Madrid? ¿En quién se apoya? Hace lo que le gusta. Se quedó en Abu Dabi invitado por los Al-Nahyan para asistir a la Fórmula Uno en vez de acudir al entierro de la duquesa de Alba, la aristócrata con más títulos de España. En el club de golf Yas Link de Abu Dabi pudo estar cinco días con amigos como los príncipes saudíes Mansour bin Muqrin bin Abdulaziz al-Saud, propietario de Issa Limited, el mayor conglomerado de negocios de Oriente Próximo, o su primo Alwaleed bin Talal bin Abdulaziz al-Saud, uno de los hombres más ricos del mundo.

Se deja querer, sea por el general Mohammed bin Zayed Al-Nayhan, príncipe heredero de Abu Dabi; por Pepe Fanjul, el millonario cubano que lo invita a Casa de Campo, o por Luis María Anson, que escribió recientemente: «Ahora se puede ya afirmar, los Reyes Católicos aparte, cuatro han sido los grandes reinados de la Historia de España: el de Carlos I, el de Felipe II, el de Carlos III y el de Juan Carlos I. El rey que devolvió la soberanía nacional al pueblo español ha presidido durante cuatro décadas el periodo de mayor libertad de nuestra Historia, factor al que es necesario sumar la paz y a prosperidad de los últimos años». Con algunos amigos como Miguel Arias, Josep Cusí o Felipe González mitiga la soledad. Va a pocos actos oficiales en España, como la inauguración de la estatua de Blas de Lezo en Madrid. Envidia a los hombres de su edad que pueden divorciarse de sus mujeres, aunque no sea para casarse con otra.

Ese día de diciembre de 2014 en el que se pronunció sobre su futuro, esperó a estar frente al cuadro de López, y con doña Sofía desaparecida en la penumbra de los figurantes, para hablar. Lo hizo junto a otro retrato de su propiedad, *El príncipe de ensueño*, pintado por Dalí en 1979. Entonces, y sin bastón, se dejó rodear por reporteros para proclamar su buen estado de forma borbónica: «Ahora estoy más *descansao*».

«Las debilidades humanas las entiendo muy bien», concluye un hombre que trabajó en este palacio cargado de historia donde reinaron los antepasados de Juan Carlos I, sin duda el mejor Borbón hasta la fecha. «El espíritu es fuerte pero la carne es débil. ¿Dónde estabas tú cuando el golpe de Estado?».

«En el Congreso no quedaba nadie, la calle estaba vacía, había gente camino de San Sebastián, otra destruyendo papeles en casa... Tengo un gran respeto por el monarca. Él, con Sabino y Laína [Francisco, el director de la Seguridad del Estado que el 23 de febrero de 1981 lideró la Comisión Permanente de Secretarios de Estado y Subsecretarios, un gobierno de facto que asumió las funciones del Ejecutivo secuestrado en las Cortes] pararon el golpe. Eso es todo lo que importa».

A la salida de palacio, la luna, casi llena, ilumina el patio de la Armería, y desde las ventanas parece que suena la voz de Farinelli. Don Juanito, por fin, puede ser libre.

Cronología

2010

7 de mayo. El vicepresidente estadounidense Joseph Biden visita al rey en Zarzuela dada la preocupante situación económica en España. Juan Carlos I «no consigue concentrarse intelectualmente» en la conversación.

8 de mayo. En Barcelona, operan al rey de pulmón por temor a un cáncer. Le acompaña desde la noche anterior CSW, que se marcha del Clínic cuando llega la reina Sofía para hacerse la foto oficial.

10 de mayo. El presidente Obama telefonea al presidente Zapatero para conminarle a tomar reformas económicas drásticas dada la alarma existente sobre la situación de España, que amenaza con arrastrar a la Unión Europea.

2011

Semana Santa. Por primera vez, el rey no va Palma junto al resto de la familia y no posa ante la catedral.

Abril. Visita oficial del emir de Qatar y la jequesa Mozah a Madrid. El rey empuja a la reina con su muleta para que se aparte de la alfombra roja.

Mayo. Viaje privado del rey a Marrakech, que se hace público porque la prensa marroquí lo desvela.

3 de junio. En Madrid, operan al rey de la rodilla derecha.

Septiembre. Operan al rey del tendón de Aquiles.

Octubre. Visita del rey, aún convaleciente, a Sevilla para inaugurar el proyecto Gemasolar en compañía del príncipe heredero de Abu Dabi, Mohammed bin Zayed al-Nahyan.

12 de octubre. Última fotografía de la familia real al completo en la tribuna oficial al paso del desfile militar.

7 de noviembre. La policía judicial registra la sede del Instituto Nóos en Barcelona y el caso salta a la opinión pública a través de todos los medios de comunicación.

8 de noviembre. Primer comunicado de Urdangarin desde Washington DC *dirigido a la nación española.*

15 de noviembre. El rey asiste a la Fórmula Uno de Abu Dabi en compañía de CSW, que es invitada por la primera dama de Emiratos Árabes Unidos como consorte oficial de don Juan Carlos.

9 de diciembre. Segundo comunicado de Urdangarin desde Washington DC *dirigido a la nación española,* este en un tono más humilde que el primero.

12 de diciembre. Iñaki Urdangarin es alejado de la agenda oficial de la familia real. Sobre la infanta Cristina, Rafael Spottorno afirma: «Ya veremos».

Nochebuena. El rey afirma en su discurso que «la justicia es igual para todos».

2012

Febrero. Primera declaración de Iñaki Urdangarin ante el juez Castro en Palma de Mallorca. Al llegar a Madrid, procedente de Washington DC, pernocta en La Zarzuela, y en Palma de Mallorca lo hace en el palacio de Marivent junto a la infanta Cristina.

Marzo. Fotografía exclusiva del rey reunido con dieciséis de los diecisiete hombres que formaban parte del CEC (Consejo Empresarial de Competitividad, conocido como el *lobby* del Ibex 35) antes del fallecimiento de Emilio Botín.

2 de abril. El rey mantiene un último despacho semanal con el presidente Mariano Rajoy y le dice que el siguiente lunes 9 no lo verá porque «estará fuera», sin especificar dónde.

3 de abril. El rey viaja a Kuwait «en visita privada». Lo acompaña Rafael Spottorno, el jefe de la Casa, pero no lleva ministro de jornada.

5 de abril. El rey regresa a Madrid, y cuando llega unas imágenes de la prensa kuwaití desvelan que ha estado en ese país.

8 de abril. El rey se fotografía con la reina, los príncipes de Asturias y las infantas Leonor, Sofía y Elena ante la catedral de Palma. Posteriormente, sin esperar al almuerzo, vuela a Montecarlo, donde pernocta.

9 de abril. Vuelo en avión privado de Montecarlo a Maun (Botsuana). Esa tarde, en Soria, su nieto mayor, Felipe (conocido como Froilán), se dispara un tiro en el pie en la finca de su padre, Jaime de Marichalar.

12 de abril. En un encuentro con periodistas en Zarzuela, los portavoces oficiales afirman que el rey está «trabajando en su despacho» y que pronto, quizá ese día, irá a visitar a Froilán al hospital.

Ese mismo día, de madrugada, el monarca se resbala en su *lodge* de Botsuana y se rompe la cadera.

13 de abril. El rey regresa a Madrid en un avión privado y es ingresado poco antes de la medianoche en el hospital para una doble operación de la cadera derecha (por la fractura provocada al caer y para insertar una prótesis).

14 de abril. Los españoles se enteran, a través de un comunicado oficial de Casa Real poco antes de las diez de la mañana, de que el rey ha sido operado.

15 de abril. Los medios informan con detalle de la caída en Botsuana y de la operación. Comienzan las críticas.

18 de abril. El rey, al salir del hospital, declara: «Lo siento mucho, me he *equivocao*, no volverá a ocurrir».

24 de abril. El rey sufre una luxación en la cadera recién operada durante una audiencia en Zarzuela y tiene que regresar al hospital durante unas horas.

Día de las Fuerzas Armadas. Primera salida pública tras Botsuana.

Junio. Viaje a Brasil y Chile.

Julio. Viaje a Moscú.

Agosto. Los Urdangarin-Borbón regresan a Barcelona y se instalan en el palacete de Pedralbes después de que el duque de Palma deje de trabajar en Telefónica.

Septiembre. CSW declara a *The New York Times* que don Juan Carlos es «un tesoro nacional». El mismo periódico afirma que Juan Carlos I tiene una fortuna personal que supera los dos mil millones de euros.

Octubre. El rey realiza un viaje de trabajo a la India.

16 y 17 de noviembre. Cumbre Iberoamericana de Cádiz. Anuncia que va a pasar por el «taller».

23 de noviembre 2012. Operación de la cadera izquierda.

25 de noviembre. Iñaki Urdangarin y la infanta Cristina visitan al rey en el hospital acompañados por la reina, la infanta Elena y Juan Valentín Urdangarin Borbón.

2013

9 de enero. Diego Torres filtra un intercambio de correos entre Iñaki Urdangarin y CSW en torno a la Fundación deportiva Laureus.

11 de enero. Se cancela drásticamente el viaje del rey a Abu Dabi menos de veinticuatro horas antes de su llegada prevista. Desde Zarzuela se dice que se hace «por recomendación facultativa». CSW se queda esperando allí a la delegación española.

Enero. Urdangarin es borrado de la página web de Casa Real tras conocerse un intercambio de correos con personal de Zarzuela: en uno firma como «el duque em...Palma...do».

Marzo. Operación de hernia discal en Madrid. Lo visita la infanta Cristina pero sin su marido, acompañada por Carlos García Revenga, el asesor oficial de las dos hermanas, que está imputado por el juez Castro.

Agosto. Los Urdangarin-Borbón se van a vivir a Ginebra.

24 de septiembre. Operación de la cadera izquierda por infección de la prótesis insertada en noviembre de 2012.

21 de noviembre. Operación de la cadera izquierda para colocar la prótesis definitiva.

Nochebuena. En su discurso, el rey afirma que se mantendrá en el trono.

2014

6 de enero. Durante la Pascua Militar, el rey sufre un embarazoso lapsus ante los altos mandos militares del país.

7 de enero. La infanta Cristina finalmente es imputada por el juez Castro.

8 de enero. El rey protagoniza la portada de *¡Hola!* para celebrar el setenta aniversario de la revista.

8 de febrero. La infanta Cristina declara ante el juez Castro en Palma de Mallorca. Se acreditan medios de comunicación de todo el mundo para acudir a Palma.

Febrero. Viaje a Lisboa.

23 de marzo. Muere Adolfo Suárez y el rey pronuncia un discurso en televisión.

Abril. Viaje a Abu Dabi y Kuwait.

Abril-Mayo. Viaje a Omán y Bahréin.

Mayo. Viaje a Arabia Saudí.

29 de mayo. En el despacho del rey se toma la decisión de que el anuncio de la abdicación será el lunes. Lo acelera el temor a filtraciones.

2 de junio. Abdicación de Juan Carlos I.

19 de junio. Proclamación de Felipe VI.